INSIDE THE BLACK BOX
A Simple Guide to Quantitative and
High-Frequency Trading, Second Edition

打开量化投资的黑箱

|原书第2版|

［美］里什·纳兰（Rishi K. Narang）著
上官丽英 王思洋 王锦炎 译

图书在版编目（CIP）数据

打开量化投资的黑箱（原书第2版）/（美）纳兰（Narang, R.）著；上官丽英，王思洋，王锦炎译 .—北京：机械工业出版社，2016.5（2025.11 重印）

书名原文：Inside the Black Box: A Simple Guide to Quantitative and High-Frequency Trading

ISBN 978-7-111-53729-8

I. 打… II. ① 纳… ② 上… ③ 王… ④ 王… III. 投资－研究 IV. F830.59

中国版本图书馆 CIP 数据核字（2016）第 091110 号

北京市版权局著作权合同登记　图字：01-2013-4444 号。

Rishi K. Narang . Inside the Black Box: A Simple Guide to Quantitative and High-Frequency Trading, 2nd Edition.

Copyright © 2013 by Rishi K. Narang.

This translation published under license. Simplified Chinese translation copyright © 2016 by China Machine Press.

No part of this book may be reproduced or transmitted in any form or by any means, electronic or mechanical, including photocopying, recording or any information storage and retrieval system, without permission, in writing, from the publisher.

All rights reserved.

本书中文简体字版由 John Wiley & Sons 公司授权机械工业出版社在全球独家出版发行。未经出版者书面许可，不得以任何方式抄袭、复制或节录本书中的任何部分。

本书封底贴有 John Wiley & Sons 公司防伪标签，无标签者不得销售。

打开量化投资的黑箱（原书第 2 版）

出版发行：机械工业出版社（北京市西城区百万庄大街 22 号　邮政编码：100037）	
责任编辑：黄姗姗	责任校对：董纪丽
印　　刷：三河市国英印务有限公司	版　次：2025 年 11 月第 1 版 23 次印刷
开　　本：170mm×242mm　1/16	印　张：22.25
书　　号：ISBN 978-7-111-53729-8	定　价：89.00 元

客服电话：(010) 88361066　68326294

版权所有·侵权必究
封底无防伪标均为盗版

赞　誉

里什用简单易读的语言对量化交易进行了全面概述。这本书清楚地对不同类型的策略进行分类，解释宽客如何和何时进行量化交易。最重要的是，他帮助人们消除了宽客都是完全一样的观点，展现了量化交易中技术类型和策略类型的多样性。对于想了解这个领域的人士而言，这是一本优秀的读物。

——沙克尔·艾哈迈德（Shakil Ahmed）
博士，花旗集团做市商全球负责人

看到里什，你怎么也不会想到这个人能将量化交易如此复杂的事情清晰而有效地表达出来，但是他做到了，而且做得很漂亮。即使你已经有了第 1 版，你也应该购买这一版。高速交易的新内容会让你觉得这样做是值得的，尤其在第 16 章，你将看到里什的智慧和斗志。

——盖伦·伯格哈特（Galen Burghardt），新际集团研究主任

如果投资者阅读了这本书，与量化经理的交流将会非常顺畅。如果经理阅读并理解了这本书的内容，更是如此。

——大卫·德默斯（David DeMers），SAC 资本顾问公司投资组合经理

在新版本中，里什用清晰的语言、不用任何一个复杂的公式强调了近期金融危机中量化交易的角色。在第 11 章中，他描述了对量化交易的看法。里什毫不费力地带领我们进入量化交易世界，并使得量化交易极易被理解，因为他本人就是量化交易者。

——帕拉卡 N. 帕特尔（Pankaj N. Patel）
瑞士信贷集团股票量化研究全球负责人

此书献给我的儿子 Solomon K. Narang，他对这个世界充满好奇，我希望他永远如此。

推 荐 序

Inside The Black Box

我们所经历的能称为开创新篇章的事情少之又少。但是,我相信作为全球第二大经济体的中国,其资本市场的开放以及与之相关的投资市场的自由化和放松管制,将是全球市场发展过程中能达到这一高度的重要历史时刻。

中国的发展使其更多地融入全球市场。中国政府不断开放更宽泛的经济要素范畴,充分提升中国市场的影响力。目前中国内地的投资者,或者借助中国香港市场的连接作用买卖证券,或者通过当地的分销商买卖基金,可以进入国际股票和信贷市场。

正是由于放松管制的进度很快,中国投资者才能够接触到世界上一系列最先进的投资机会。身处国际投资界,我们希望见证这令人激动的时刻,也很高兴为中国市场提供最大限度的培训和支持。

为达到这一目的,《打开量化投资的黑箱》一书将为中国投资者提供清晰的结构化观察,而这些观察已经在美国和其他很多国家为本书赢得盛誉。

为什么你要从本书着手呢?让我猜一下。投资新手不太可能关心量化投资。所以,你可能熟知投资的基本原则，但像很多专业的投资人士一样，量化工具容易唤起你对复杂数学公式（俗称的"黑箱"）的记忆，而这些公式你自从上完大学微积分课程后就再没有碰过。即便如此，你可能会认为电脑可以将生活中的许多事情高效化，你可能想知道投资管理的系统化方法是否与你有关。

选择这本书对于读者是好消息也是坏消息。好消息是你可以放松下来，因为本书讲述主题的方式对于专业人员和普通大众都适用。首先，量化投资确实很容易被定义：为解决市场效率低下问题而将人类设计的策略系统化地执行。里什在所有的量化策略描述中都贯彻了简单明了、易于理解的基本原则，并将简单的例子和相关的轶事结合起来，使读者能够对该行业的顶级从业者所使用的交易策略有透彻的理解。

坏消息是，如果你希望从这本书中得到尽可能多的知识，你必须对很多事情进行深入的思考。通过将体系化的阿尔法模型、风控方法以及最后的策略实施和执行技术分开加以阐述，里什深入浅出地介绍了量化交易策略。他并不直接给出答案，而是给出很多正确的问题，让你从自身（或你所访谈的宽客）和数据中寻找答案。

本书对于投资者和从业者都很有帮助。最近我的公司和诺亚财富管理公司（Noah Wealth Management）㊀联合成立了一个量化投资基金，以此为例来突出强调投资者应该如何使用这本书（及其内容框架）才更有意义。我们（投资基金）的量化方法恰当地使用了本书中所描述的很多概念。阿尔法模型突出了全球投资范围内市场效率低下的问题。投资组合构建模型和风险模型确保基金的敞口保持平衡，避免在缺乏可识别的有效边界的区域内投注过多。我们的交易团队遵循本书所提及的基于规则的执行准则，以确保订单造成的市场冲击最小。为阐述如何使用本书，我们将从里什所提供的视角审视交易策略中的阿尔法模型和风险模型。

㊀ 诺亚财富管理是一家独立（非政府）财富管理公司，通过其子公司 Gopher 资产管理公司提供第三方基金、公共和私人股权以及定制的资产管理和分配解决方案。它隶属于诺亚控股有限公司（股票代码：诺亚美，NOAH-US），在纽约证交所上市，是当今世界上增长最快的公司之一。

本书第3章详尽地揭开了量化阿尔法模型的神秘面纱。"很多宽客认为其理论具有一定的独特性，而许多量化交易圈外的人士认为那些交易策略都很复杂。这些看法通常都是错误的。"里什提供了阿尔法模型的分类方法，有助于我们理解绝大部分的交易策略（包括我们的基金所使用的交易策略）。

我们也将主要的输入变量分为价格类变量和基本面变量。动量策略和反转策略主要使用价格类变量，而使用基本面变量的策略主要以收益的变化速度（成长型的定义）为主，辅以收益修正型、品质型和价值型策略。迄今为止，宽客和传统的基本面从业者之间貌似没有太大不同，但作为宽客，我们可以利用计算机和数学工具识别出这些输入变量最有效的组合方式。

第3章对数据驱动型模型进行了完美介绍。作为附加方法的数据驱动型模型在大数据时代显得越来越重要。这种方法具有人工智能的性质，包括机器学习和模式识别（从历史数据中寻找"可能会对未来具有预测能力"的相似价格趋势），并可以应用于各种数据集，包括新闻观点、Twitter和微信文本的识别。这种包含数据挖掘内容的策略在技术上富有挑战性，在实业中尚未被广泛采用，导致竞争者较少而效率更加低下。

读者很容易可以想象到，基本面分析师综合考虑价值、成长、品质、情绪（包含新闻报道流数据）以及价格等因素，来评判股票的吸引力。基本上按照相同的思路，我们可以在投资范围内建立系统化的框架，将股票按照好坏程度进行排序。通过对这些基本概念的介绍，里什使普通人也可以更加深入地理解量化投资的过程。

风险管理就是对敞口及其规模进行选择以改进收益的质量并保持一致性，也可以用于降低投资组合遭受重大损失的可能性。第4章带领读者系统地对不同种类的风险进行实证分析，对单个证券、板块或国家范围的规模限制进行解释，解释宽客通常如何利用统计风险模型最大化盈利的敞口，同时避开不盈利的敞口（通常称为风险），进一步可以根据模型定位绝对风险的具体水平，以个性化地满足特定委托人的需求。例如，我们希望构建一个策略，使得投资组合的波动性不超过基准的一半甚至1/5。如何才能做到这一点？通过具体的例子可能更好理解。2015年商品价格大幅下跌，市场需要进行调整以应对这一情景。明显地，很多变量，如货币、信贷规模甚至股票价格，都有很多相似之处或很高的相关性。如果不进行有效的管理，将可能带来更大的投资组合波动性或更大幅度的下滑，或二者兼而有之。通过更加深入地理解阿尔法模型如何选择一揽子有价证券，读者可以知道在给定的风险水平下宽客如何构建投资组合，以获得最大期望收益。

自从马科维茨博士1952年提出日后为其赢得诺贝尔奖的投资组合理论假设㊀后，量化交易策略的实施过程就处于不断的进步之中。在20世纪60年代早期只有计算尺、电脑主机和Fortran打孔卡片的环境下，马科维茨和他的同辈人就将其创新的投资方法投入到实际应用中，这很令人吃惊。从那时起，基本上所有的经理都越来越依赖计算机，即便仅仅为了得到基本面数据就会对整个投资范围进行扫描。最近有研究表明，量化投资是目前世界范围内最快速发展的投资趋势，旗下管理的资产已经达到5万亿美元㊁。里什以见多识广的从业者的视角展开其话题，不仅解释了为何需要以及如何使用量化投资功能，还不断检验实际操作背后的经济理性。

几年前在加利福尼亚的圣莫尼卡我第一次遇见里什。一位共同的朋友介绍我们认识，很巧合的是当时我刚刚读完这本书的第1版。第一次见面就变成了两个小时的深入交流，我们聊了量化金融、工具、数据、影响因素、系统和应用，这对我和我的事业都非常重要。我发现这本书很深入地理解并阐明了量化投资这一话题的方方面面，并且作者还在不断进行更新，所以我将这本书推荐给我的同事和朋友，并在2015年1月邀请作者

㊀ Markowitz,H.M.(March 1952)."Portfolio Selection".The Journal of Finance 7(1):77-91.doi:10.2307/2975974.JSTOR 2975974

㊁ eVestment Alliance 9/21/2015.eVestment Alliance universes included in analysis are:All US Equities,All EAFE Equities,All ACWIXUS Equities and All Global Equities

加入我们公司的科研咨询团队。目前读者手上拿到的这本书的第2版，除了对已有章节的大幅改进外，新增了关于高频交易的4章内容，对容易误解的工具进行详细的描述，进一步丰富了本书的内容，增加了本书的深度。如果量化投资者能对其加以合理使用，带来收益增长的可能性大增。

作为麦金利资本（一家专注于传统和替代策略量化投资的国际资本管理公司）的首席投资官，过去20年中，我一直在从事本书中所描述的这些业务。我们公司的格言是"为合适的客户选择有针对性的策略"。我们认为，让委托客户理解我们的投资决策所试图捕捉的风险敞口极为重要。此外，客户应该对我们的投资为何以及如何产生额外的收益有所了解。可能更为重要的是，客户应该理解有时市场环境对于我们的投资是不利的，因此要有耐心去渡过任何好的投资必然会经历的表现低谷期。为此，我和我投资团队的同事花很多时间为客户及潜在客户提供咨询服务，详细解释我们的投资过程。本书为学生或潜在投资者提供了一个很宝贵的框架，对我们的投资方法进行评估。它也给作为首席投资官的我提供了一个框架，用以度量策略执行的成功与否以及未来继续实行该策略的可能性。

麦金利资本很荣幸成为这一新潮流的先锋，最近我的同事和我花了大量时间，愉快地向中国最富有和最有影响力的商业人士介绍量化投资的概念。有了这本书的帮助，我们期待着将这种对话继续下去。

R.A.G.

阿拉斯加安克雷奇市

2016.02

译者序

2016年3月，备受瞩目的人机围棋大战落下帷幕。经过5局比赛，Alphago最终以4∶1的比分战胜韩国传奇棋手李世石。人工智能再次获得空前的关注。与此同时，将人工智能应用于资本市场的讨论也越来越多，人们开始研究其在投资决策中的应用，期待其在金融市场大放异彩。事实上，人工智能应用于资本市场的初期表现即为量化投资。量化投资是将投资思想转化为投资模型，借助于数据检验投资模型的有效性，进而利用有效的投资模型指导交易的过程。量化投资因其纪律性、系统性、准确性、一致性等特点，越来越受到投资者的关注。

2015年是中国资本市场发展过程中的重要一年，中国资本市场经历了前所未有的动荡，6～8月的股市异常波动成为人们最深的记忆之一。本轮异常波动波及面积之大、历时之久、影响范围之广，与市场运行机制、投资者情绪、场外配资等有密切的关系。各种基金产品受到严重冲击。但是从最为公开、透明的公募量化产品来看，量化产品的业绩普遍跑赢指数收益，业绩表现较好。据万得（Wind）资讯数据统计，2015年6～8月，有数据统计的44只量化基金的累计净值增长率为-24.9%。其中9只基金获得正收益，表现较为突出。同期，A股上证综指、深证成指、创业板指数跌幅分别高达34.5%、41.7%、48.8%。

相对于国外发达资本市场，中国的量化交易尚处于起步阶段。随着国内资本市场的逐步完善与发展，未来量化交易预期会呈现稳定增长的态势。这主要有以下7个原因。其一，人工操控速度与计算机操控速度无法相比。量化交易平台Progress Apama的交易速度可以达到每秒30万笔，加入风控措施之后也可达到每秒1000笔。其二，在大数据背景下，量化投资可以借助于计算机技术和数学模型，同时跟踪并处理具有海量样本和高维变量的金融数据，利用计算机系统快速执行交易。在股票市场，经常需要面对上千只股票的特征信息，包括宏观经济变量、市场结构变量、股票估值因子、股票成长因子、股票盈利因子、市场情绪等众多变量的数据信息，量化投资能够从海量样本中捕捉到更多更好的投资机会。其三，量化交易借助于科技的发展，利用越来越成熟的计算机平台，能够从数据的微小变化中捕捉机会，获得更大的盈利空间。例如，在新兴的交易方式，诸如统计套利、跨期套利、期限套利等套利策略中，每次套利交易的盈利较少，但策略能够实时跟踪走势，在有套利机会出现的时候迅速进行交易，获取利益。其四，量化投资能够规避投资者的心理偏差，克服人类在投资决策中的弱点，避免人的主观臆断及贪婪、恐惧、侥幸心理等情绪的影响，实现传统投资无法实现的收益。其五，相较于海外的成熟资本市场，国内的A股市场发展历程相对较短，还不是特别有效的资本市场。目前，中国A股市场的股票有2800多只，预计未来10年的股票数量会突破5000只，再加上商品、各种期货、期权类产品等，投资标的将呈爆炸式增长。国内金融衍生产品种类较少，未来衍生品的进一步繁荣有助于量化交易的快速发展，为量化交易的发展提供更广泛的空间与可能。其六，散户占国内投资者的比例较高，中国资本市场去散户化较难。受计算机技术以及模型开发水平的限制，散户直接进行量化投资及程序化交易较难。但是市场上出现的微量网等策略零售化平台以及其他各种量化交易平台，为散户进行量化交易提供了便利条件。其七，互联网金融发展得如火如荼，量化基金每年成倍增加，借助互联网金融的发展，投资者尤其是散户可以借助各种互联网平台直接或间接进行量化交易，保护中小投资者自身的利益。

本书摒弃复杂的数学公式，分模块对量化投资"黑箱"的各个部分娓娓道来，使读者对量化交易的整体框架具有清晰的认识。本书第1版出版之后，受到对量化投资感兴趣的投资者、爱好者的极大欢迎。除了对已有章节的改进之外，原书作者在第2版中着重添加了第四部分的高速交易和高频交易内容，进一步丰富了本书的内容。不同的交易类型及交易策略，对速度的要求有所不同。高速交易不同于高频交易。根据艾特集团研究数据显示，高频交易目前在美国占比份额略高于50%，欧洲占比高于40%，亚洲占比大约是20%。高频交易策略相对于中低频策略而言，在国内尚处于更初级的阶段。这一内容的加入，无疑会加快国内投资者对于高速交易的理解以及高频交易策略发展的进程。

中国银河证券是国内率先向投资者提供量化投资服务的证券公司，并建立了一个适合于中国证券市场的量化交易平台，拥有一支优秀的量化开发团队，为各类专业投资者提供各种量化投资服务，如利用高端量化投资策略运行平台Progress Apama为各类投资者进行优质服务。Progress Apama采用先进的复杂事务处理技术，执行速度较快，能在毫秒内完成监控事件流、探测与分析事件模型以及触发相应行动等一系列任务。译者有幸全程参与了银河证券量化团队的组建及量化平台的建设工作，一直紧跟国际金融市场在量化投资方面的前沿研究及最新动态，了解、学习各种量化投资方法，更好地为实践服务。

在本书翻译过程中，首先要感谢银河证券副总裁陈静女士，为市场实践提供了指导；感谢银河证券量化开发团队，他们为本书的翻译工作提供了技术性支持，包括对一些专业词汇的规范和理解。此外，感谢银河证券博士后工作站研究团体，对一些专业词汇提出建议和见解；感谢机械工业出版社给予专业性的指导和意见，对他们的无私奉献表示衷心的感谢。

译者

前言

> 历史是无情的主宰，根本没有所谓现在，只有不断成为未来的过去。保守的下场就是被扫出历史的舞台。
>
> ——约翰·肯尼迪

在相对默默无闻的投资管理领域，广泛被误解的有利可图的市场正快速发展。这个有利可图的市场被一直工作在这个领域的最聪明的人所主宰。他们在现代金融领域正努力解决一些最有趣且最具挑战性的问题。这个有利可图的市场有很多名字：量化交易、系统化交易或者黑箱交易。几乎在每个领域，技术都是改革的重要方式，极少数情况下，也是正在发生的事情。

上面提到这是一个技术革命，在量化交易领域，这可能让你感到很奇怪。但事实上，量化交易者和主观判断型交易者准确的不同点便在于技术。不要搞错：投资总是离不开数学，无论是对公司税收、成本、产生的利益和损失的基础分析，还是在计算市盈率指标等方面。格雷厄姆和多德所著书籍《证券分析》(Security Analysis)中有一个章节专门讲解财务报表分析。关于这一点，这本投资者的"圣经"比本书的阐述更详尽。

正如在其他领域，以遵守纪律的、可重复的、保持一致的方式做事情是很有用的（无论是制造汽车还是飞机），投资同样可以系统化，而且应该系统化。量化交易者在系统化的道路上已经走了一段距离了，汽车制造仍是汽车制造，手工安装的齿轮还是机器安装的齿轮并没什么区别。驾驶飞机亦是如此，飞行员驾驶和无人机工作没有什么不同。换句话说，只是以不同的方式做着同样的工作。核心是技术的不同。

如果我说"我喜欢拥有便宜的股票"，理论上，我会计算每个公司的市盈率，手工搜寻最便宜的股票，然后进入市场购买。或者我可以写一个计算机程序，扫描包含所有有关市盈率的数据库，找到符合预先定义的股票，然后利用交易算法在市场中购买。两者在**如何**操作方面是完全不同的，但是最终所购买的股票和购买原因是完全相同的。

所以，如果这里讨论的是如何对一种具体工作的完全理性的演进，而且对新技术没有不合理的恐惧，那么，新闻报道者、政治家、普通公众甚至许多行业专家为什么又不喜欢量化交易呢？这有两个原因。第一个原因是在许多情况下，人们不喜欢自己的工作被技术取代。例如，高频交易的许多活跃对手进行战斗，并不是因为对资本市场的关心，而是因为他们的生计被更先进的技术威胁，这一点是很明显的。这是可以理解并有道理的，但是如果他们取胜的话，对市场是不利的。因为最终，他们拥护的是停滞不前。

第二个原因在我的经历中非常常见，是人们不能理解量化交易，对于不能理解的事情，我们倾向于恐惧和不喜欢。这本书旨在改善人们对投资管理行业量化交易的许多类型的参与者的理解。宽客经常内疚于因为缺乏必要的谨慎描述而使这个问题雪上加霜。而这只会在某些方面产生不信任，事实上丝毫没有必要内疚。

这本书将带着你开启"黑箱"。本书阐明了宽客所做的工作，帮助人们揭开量化交易的神秘面纱，让对量化交易感兴趣的人能够更好地评估宽客和他们的策略。

首先要弄清楚一点，是人，而不是机器，应该对量化交易有趣的方面负责。量化交易可以被定义为人们通过严谨的研究，系统化地执行交易策略。关于这点，**系统化**（systematic）被定义为遵守纪律的、有条不紊的、自动化的方法。尽管依赖于自动化和系统化，但是**人们**开发策略并决定策略是什么，是**人**选择系统交易的证券种类，是**人**选择获取什么数据以及如何清洗这些数据，还有许多其他事情也是由**人**完成。给予量化交易策略的**人**通常被称为**宽客**（quants）或者**量化交易者**（quant traders）。

宽客在研究中采用科学方法。虽然这个研究使用技术（包括数学方法和各种公式），但是研究过程完全取决于人的决策。实际上，人类决策几乎存在于设计、执行和量化交易策略监管的各个方面。正如我已经表明的，量化策略和传统的主观型投资策略所做的事情是非常相似的，都依赖于决策者日复一日地管理投资组合。

量化策略和主观判断型策略的区别在于策略**如何**被制定以及**如何**被执行。通过仔细研究这些策略，宽客能够用科学家验证理论知识的方法评估这些想法。而且，通过使用计算机，系统化地实施策略，宽客能够消除很多存在于主观判断型交易中的随意性。本质上，由情绪、无纪律性、激情、贪婪和恐惧驱使的决策，能够在量化投资过程被消除，而这些心理因素被许多人认为是市场投资中出现重大失误的原因。这些心理因素被理性分析和系统化的方法所取代，这些方法都是从许多其他领域获得的：对于需要重复完成并要求遵守纪律的事情，计算机比人做得出色。计算机比人更适合重复性劳动，这并无不妥。毕竟，计算机也不适合创造性的劳动；如果人类不告诉计算机如何操作，计算机将一无所知。相对许多主观判断型策略而言，由于在设计和执行策略上的不同，运行良好的量化策略能够持续获得有利的风险／收益回报。

为了更好地阐明本书的观点，我在书中主要集中探讨阿尔法方向的策略，没有涉及量化指数型交易者或者其他贝塔型策略。阿尔法策略通过择时和调整持仓头寸进而获利；贝塔策略是复制或者稍微改进指数的表现，例如标普500指数。虽然量化指数基金管理是一个大的行业，不过对它的解释不必过多。我没有必要在金融工程上花费太多的时间，金融工程主要在创造和管理新的金融产品（例如，债务抵押债券）方面起着重要的作用。我也不陈述量化分析，因为这也支持主观判断型投资决策。这是两个非常有趣的话题，可惜它们不是量化交易专有的特点，这些讨论还是留给相关专家吧。

这本书的主体结构分为四个部分。第一部分（第1章和第2章）介绍量化交易的背景知识。第二部分（第3～9章）详细讲述了黑箱的内容。第三部分（第10～12章）对量化交易进行分析，并指出评估宽客和策略的技巧。第四部分（第13～16章）对高频交易、支持高速交易的基础设施、量化交易的传言和真相进行介绍。最后，第17章分析量化交易的当前形势并展望未来。

用直观的方式解释量化交易是我的愿望。本书基于经济学原理和技术理论基础，描述了宽客做了什么以及如何操作。本书避免使用大量公式，行业术语也仅有限使用或者被解释以后使用。本书旨在表明很多人认为的"黑箱"实际上是透明的、直观的和易于理解的。我也探索了在量化交易中得到的经验教训，以及如何评估量化交易策略和宽客。总之，这本书对于许多资本市场的参与者和评论者都是有用的。对于投资组合经理、分析师以及任何类型的交易者，这本书将帮助其系统化地理解"宽客做什么，如何做，为什么这样做"。对于投资者、财经媒体、监管者或者对金融市场有一些基本知识的人来说，这本书对于帮助他们进一步理解量化交易有很大的帮助。

里什·纳兰（Rishi K. Narang）

致 谢

非常感激我的兄弟 Manoj Narang 对于本书第四部分给予的帮助，感恩 Mani Mahjouri 提供的许多建议和帮助。感谢迈克·贝勒和 Dmitry Sarkisov 对信息微爆发提出的具有启发性的观点。我在 T2AM 的同事 Myong Han、Yimin Guo、Huang Pan 和 Julie Wilson 通读了本书的不同部分，给出了许多有价值的建议。如果没有编辑 Arzhang Kamarei 不知疲倦的工作，这本书的可读性将会大打折扣。本书的第 1 版也是由 Arzhang Kamarei 帮助编辑校对的。

我必须感谢我在 T2AM 的同伴 Eric Cressman、John Cutsinger 和 Elizabeth Castro 的帮助。

我在量化交易领域学到了许多知识，应该感谢许多朋友和机构的帮助，它们是新际集团（Newedge）的 Chris Kennedy 和 Ryan Duncan，艾特集团的 Sang Lee 以及巴克莱集团。除非另有说明，书中的基础数据来自 YAHOO 金融和彭博。

自 2009 年信息技术及广播局（ITBB）出现后，我对于很多人和很多机构的帮助表示感激，它们是新际集团（尤其是 Keith Johnson、Leslie

Richman、Brian Walls、Galen Burghardt 和 Isabelle Lixi)、美林证券（尤其是 Michael Lynch、Lisa Conde、Tim Cox 和 Omer Corluhan）、摩根士丹利（尤其是 Michael Meade）、芝加哥商业交易所（尤其是 Kelly Brown）。

  对于第 2 版，我感谢 Philip Palmedo、Brent Boyer、Aaron Brown 和 Werner Krebs 提出的建设性的批评意见，使得这本书进一步得以改善，也很感谢 Pankaj Patel、Dave DeMers、John Burnell、John Fidler 和 Camille Hayek 对各种新内容的帮助。

目录

推荐序

译者序

前　言

致　谢

第一部分　量化交易的世界

第 1 章　关注量化交易的原因　/2

深度思考的益处　/7

风险的正确度量和错误度量　/9

遵守纪律　/10

小结　/11

第 2 章　量化交易简介　/12

何为宽客　/14

量化交易系统的典型结构　/16

小结　/19

第二部分　打开黑箱

第3章　阿尔法模型：宽客如何盈利　/ 22

两类阿尔法模型：理论驱动型和数据驱动型　/ 24
理论驱动型阿尔法模型　/ 25
数据驱动型阿尔法模型　/ 45
实施策略　/ 49
混合型阿尔法模型　/ 61
小结　/ 67

第4章　风险模型　/ 71

控制风险规模　/ 73
限制风险种类　/ 77
小结　/ 82

第5章　交易成本模型　/ 85

定义交易成本　/ 86
交易成本模型的种类　/ 91
小结　/ 96

第6章　投资组合构建模型　/ 98

基于规则的投资组合构建模型　/ 99
投资组合最优化　/ 104
投资组合构建模型的输出　/ 120
宽客如何选择投资组合构建模型　/ 121
小结　/ 122

第 7 章　执行模型　/ 124
　　订单执行算法　/ 126
　　交易基础设施　/ 138
　　小结　/ 140

第 8 章　数据　/ 142
　　数据的重要性　/ 143
　　数据类型　/ 145
　　数据来源　/ 147
　　数据清洗　/ 149
　　数据存储　/ 155
　　小结　/ 156

第 9 章　研究　/ 158
　　研究蓝图：科学的方法　/ 159
　　思想的产生　/ 160
　　检验　/ 163
　　小结　/ 184

第三部分　量化投资策略实战指南

第 10 章　量化策略的风险内生性　/ 188
　　模型风险　/ 189
　　结构关系变化风险　/ 194
　　外生冲击风险　/ 198
　　蔓延风险和同质投资者风险　/ 200
　　宽客如何监控风险　/ 208
　　小结　/ 210

第 11 章　对量化交易的批评　/ 212

　　交易是一门艺术，不是科学　/ 213
　　由于低估风险，宽客引起更多的市场波动性　/ 214
　　宽客不能应对市场行情中的不寻常事件或
　　　快速的变化　/ 220
　　宽客完全相同　/ 222
　　长远来看，只有少数几个大型量化公司能够
　　　蓬勃发展　/ 223
　　宽客在数据挖掘中存在错误　/ 227
　　小结　/ 230

第 12 章　评估宽客和量化交易策略　/ 232

　　收集信息　/ 233
　　评估量化交易策略　/ 236
　　评估量化交易者　/ 239
　　优势　/ 242
　　评估宽客的诚信　/ 246
　　宽客如何适应投资组合　/ 248
　　小结　/ 251

第四部分　高速及高频交易

第 13 章　高速及高频交易概要　/ 254

第 14 章　高速交易　/ 260

　　速度的重要性　/ 261
　　延迟根源　/ 270
　　小结　/ 281

第 15 章　高频交易　/ 284

契约型做市　/ 284

非契约型做市　/ 289

套利　/ 291

快速的阿尔法策略　/ 293

高频交易风险管理和投资组合构建　/ 295

小结　/ 297

第 16 章　关于高频交易的争论　/ 299

高频交易创造不公平的竞争了吗　/ 300

高频交易导致老鼠仓交易或市场操纵吗　/ 304

高频交易导致更大的波动性或者结构
不稳吗　/ 311

高频交易缺乏社会价值吗　/ 319

监管注意事项　/ 320

小结　/ 323

第 17 章　量化交易的展望　/ 326

Inside
The Black
Box

第一部分
量化交易的世界

第 1 章

关注量化交易的原因

向智者学习，才能像智者一样做事。

——马可·奥勒留，《沉思录》

约翰是一个中等规模对冲基金的量化交易员。20世纪90年代初期，他在一所高等学府获得了数学与计算机科学学士学位。毕业之后，约翰立即在华尔街交易部门开始工作，渴望能够将自身的数量化知识资本化。经过7年时间的历练，并在华尔街从事多种量化相关工作之后，他成立了自己的对冲基金。他的合伙人负责业务和运营，约翰负责创建量化策略。目前，每天股票的交易规模已经超过15亿美元。最显赫的成就是，这些策略在60%的交易日和85%的交易月里均获得收益。

尽管每天有高达数十亿美元的交易量，但是在约翰的办公室里，既听不到嘈杂的喧哗声，也看不到通过电话发出的订单。事实上，唯一看到的是约翰办公室的一些平板显示屏，显示着当天交易策略的表现和交易量。约翰并不能像讲一个非常有趣的故事一样，讲述他为什么买入一只股票或卖出一只股票。当有需要干预的事件发生时，他会跟踪监测这些数以千计的股票。而在大部分时间内，这些复杂的工作都是由策略自动执行完成。约翰最关心的还是策略的稳健性以及市场环境对其产生的影响。他锐意进取，会根据市场的变化进而调整模型。

马克坐在约翰的对面，是近来加入基金的合伙人，对高频交易有着深入的研究。不同于公司前面能够在60%的交易日获利的策略，马克和约翰希望能完成一个更具野心的任务：寻找每天都能赚钱的更小的机会。马克最先的高频交易策略已经能在几乎95%的时间里盈利。事实上，他们对于高频交易具有更高的目标，希望复制那些在交易日内每小时甚至是在每分钟都能够获利的交易策略。一些高频交易策略并不适用于大规模的投资，因为所发现的盈利机会比较小且转瞬即逝。创建高频交易的技术设备费用非常昂贵，而且在维护方面也价格不菲。然而在任何资本市场，高频交易都极具吸引力。约翰和马克希望他们的高频交易策略能够每年获得不低于2倍的回报水平。

在资本市场，许多规模较小的量化交易公司在默默耕耘着，诸如约翰和马克的公司，但是它们在较长的时间里业绩骄人。例如，弗吉尼亚州夏洛茨维尔的量化投资管理公司在2002～2008年年收益高达20%，这是一个许多主观判断型经理望尘莫及的记录[1]。

与这些小的量化投资公司不同的是大型量化投资公司，这些公司被许多投资者所熟悉。在这些引人注目的成功的量化公司中，最出众的当属于文艺复兴科技公司（Renaissance Technologies）。这家公司最著名的量化基金业绩是，自1990年以来，平均每年能获得35%的回报率，这是在除去各种高昂的费用以外的数字，且风险较低。2008年，许多对冲基金业绩不佳，而文艺复兴科技公司的旗舰基金——大奖章基金的业绩仍然接近于80%[2]。我个人比较了解这家基金的业绩，随着时间的流逝，即使面对越来越激烈的竞争，模型的业绩仍然会更好。

并非所有的宽客都是成功的。似乎每过10年，都有一次因量化交易者的失败引起的，或者至少是感觉由量化交易者的失败而引起的市场戏剧化变动。当然，迄今为止最著名的案例当属长期资本管理公司案例（LTCM）。如果当时没有美联储和华尔街银行联盟的干预，这一事件极可能引起资本市场的崩塌。虽然市场救助成功，但是长期资本管理公司并不那么幸运。曾经在4年时间里，扣除各种费用之后，每年平均获得30%回报率的长期资本管理公司，于1998年8～10月，清算了自己几乎100%的资产，留下了许多对量化交易心存疑虑和害怕量化交易的投资者。事实上，对于长期资本管理公司失败的原因，是归因于量化交易还是归因于人性在风险管理中的判断失败，还有所争议。而且对于长期资本管理公司是否为真正的量化交易公司，也有所争论。长期资本管理公司的员工主要是一些博士生和获得诺贝尔奖的经济学家，将其定性为量化交易，无疑会使从事量化交易的宽客蒙羞。

不仅仅长期资本管理公司的倒闭使得宽客受到严重的质疑，1987年的股灾事件（也许不公平）和2007年量化交易基金清算事件（也许公平）也将量化交易推上了审判台，很多量化公司深受后者事件的影响，包括许多大的量化交易公司。例如，高盛旗下最大的量化基金——全球阿尔法基金在2006年达到6%的损失以后，在2007年估计达到40%的损失[3]。2007年8月不超过一周的时间里，许多量化基金在几天时间内的损失为10%～40%，虽然在这个月余下的日子里，一些量化基金强势反弹，减少了一些损失。

在一本非小说类畅销书中，《华尔街日报》的前记者指出发生大量经济危机的量化交易会在2008年走到尽头。虽然他的逻辑有些混乱，但是普遍还是对量化交易持否定的态度，这种观点一直持续到2010年，这一年5月闪电崩盘事件的发生使得高频交易进入公众的视野。即使这样，对量化交易关心的人也很难断言宽客是否应该对不断上升的市场波动性、资本市场的不稳定性、市场操纵、内幕交易以及其他行为负责。我们将会在第 16 章对高频交易进行讨论。

撇开量化交易的成功与失败，以及人们对于量化交易的批判不谈，量化交易每天对于资本市场的影响毋庸置疑。美国股票市场的交易大都是通过算法执行的，而且这个比例在快速上升。**算法执行**（algorithmic execution）指的是，在电子化市场中，投资者的买卖行为是通过计算机软件实现的。自动化执行技术不仅仅在量化策略中使用，而且在指数基金或者主观判断型宏观交易基金中也会使用，但是确定的是，其在量化交易中占有较大的比例。而且，宽客是算法交易引擎（algorithmic trading engines）的发明者和主要创新者。在美国市场，仅仅 5 个宽客**每天**就可以负责 10 亿美元的交易量。值得注意的是，尽管这样，这些人在高频交易被广泛宣传之后，也并不为投资大众所知。TABB 集团是一个聚焦于资本市场的咨询公司，估计在 2008 年，大约 58% 的买方交易订单是由算法交易来完成的。同时 TABB 也估计，自从 2005 年，这个速度是以每年 37% 的复合速度增长。更为直接的是，Aite 集团在 2009 年早期出版的研究报告显示，股票市场 60% 的交易是由短期量化交易完成的[4]。这些统计数据在非美国市场也是有效的。2008 年第 1 季度，欧洲 Xetra 电子订单匹配系统中，约 45% 的交易量是由黑箱交易实现的，与一年前相比，增长了 36%[5]。

量化交易并不局限于股票市场。在期货和外汇市场，以及商品交易顾问（commodity trading advisors，CTA）所涉及的领域，量化交易也是市场的主角。新际另类投资咨询公司（Newedge Alternative Investment Solutions）和巴克莱集团（Barclay Hedge）估计，截至 2012 年 8 月，CTA 旗下几乎 90% 的资产是由系统的交易公司进行管理。虽然许多大型的 CTA 并不公开它们管理的资产数量及市场表现，但是这些公司很可能有超过 75% 的交易属于量化交易。新际估计，截至 2012 年 8 月，量化型期货基金管理的资产达到 2823 亿美元。

毋庸置疑，在对冲基金中，量化交易的规模巨大。对冲基金是私募产品，适合于那些成熟老练的、富有的个人以及机构投资者。对冲基金可以投资于任何能想象到的领域，管理人可以根据投资利润进行分红。这仅是量化交易被广泛应用的原因之一。不同银行的自营交易柜台、自营交易公司以及使用一定比例进行量化交易的多策略对冲基金管理者，使得量化交易在资本市场具有较大的规模。

由于量化交易成功或者失败案例的大规模或者极端影响，宽客经常占据金融出版物的头条就不足为奇了。虽然许多对宽客的报道是负面的，但事实并不总是这样。实际上，许多量化基金不仅因为稳定的收益受到表扬，而且许多专家认为各种风格的成功量化策略促进了市场发展。例如，瑞德·弗兰乔尼（Reto Francioni）是运营法兰克福交易所的德国证券交易所（Deutsche Boerse AG）的首席执行官，在一个演讲中谈到，算法交易能够"改善市场流动性，市场参与者均从中受益"。弗兰乔尼并引用一项近期学术研究成果，指出"算法交易和流动性之间是正向的因果关系"[6]。确实，这就是事实。使用执行算法（即**算法交易**）的量化交易者主要是将订单拆分成各种小的订单，以期降低交易成本和提高交易效率。正如前面所谈到的，虽然算法最初是由量化基金提出的，但目前被众多投资团体所使用。通过拆分成多个小的订单，具有不同观点和需求的投资者也能改进它们的执行效率。

当其他交易者的需求使得证券市场的供需关系短暂失衡时，量化交易可以通过提供流动性使得市场更有效率。从**有效市场**（efficient market）的经济角度而言，不平衡性也称为**市场无效**（inefficients）。真正的无效市场代表着存在很少的、转瞬即逝的无风险套利机会。但是，无风险获利或者套利并不是宽客改进效率的唯一方法，甚至不是最主要的方法。宽客并不是能够绝对地消除市场无效性并从中获利，而是概率性地获利，并且需要承担风险。

一个经典的策略叫作**统计套利**（statistical arbitrage），其中最为经典的**当属配对交易**（pairs trade）。想象两只来自同一行业，具备相似商业模式和财务状态的资本市场化的股票。因为某种原因，公司 A 股票属于主要市场指数成分股，该指数是许多大的市场指数基金所跟踪的标的。同时，公司 B 股票不属于任何一个主要市场指数。很可能的结果是，A 股票的市场表现会优于 B 股票，因为指数基金为了跟踪指数会买入较多份额的 A 股票。这样，A 股票相对于 B 股票而言，具有较高的市盈率 P/E，这是市场无效性的一种微妙表现。然而，两只股票的基本面并没有发生变化，仅仅是供求关系发生了变化，这时可以通过卖出股票 A，买入股票 B，阻止两个基本面相似的公司股票的市场定价偏离，促进市场有效性的同时进行统计套利。促进市场有效性并不是因为利他主义，而是因为这些策略确实当 A 股票和 B 股票之间的偏差越来越小时，策略能够带来收益。

并不是说，只有宽客能够通过改善市场无效性而获利。事实上，追求阿尔法回报的交易也是通过寻求市场错配而获利。当然，有时候，例如 2007 年 8 月，量化交易使得市场短暂**弱**有效。然而，对于那些市值较小、流动性较低且容易被忽视的股票，统计套利者是主要的市场流动性提供者，以帮助市场参与者发现有效的市场价格。

那么，我们能够从宽客那里学到什么？答案可以分为 3 个方面。这几个方面对于任何一个投资管理者都是重要的经验。

深度思考的益处

文艺复兴公司的奠基人詹姆斯·西蒙斯（James Simons）认为，宽客带给投资领域最伟大的成就在于解决问题的系统化方法。正如西蒙斯博士所说的:"科学家带入这场游戏中的并不是他们的数学或者计算机技巧,而是科学思考的能力。"[7]

研究宽客最主要的原因之一是,宽客会深入思考那些非量化投资者认为理所当然的策略的许多方面。为什么会这样?毫无疑问,计算机是一种工具,但是如果没有绝对精确的指令,计算机也将一无是处。因此,为了让计算机完成黑箱交易,必将付出艰苦的努力。你不能告诉计算机"发现廉价的股票",你必须明确指出**发现**指的是什么,**廉价**指的是什么,**股票**是什么。例如,**发现**可能包括搜索含有股票信息的数据库,然后在市场行业内部对股票进行排序(按照行业对股票进行分类)。**廉价**可能意味着市盈率(P/E),投资者必须明确指出廉价的度量方法,以及满足何种条件才可以被认为廉价。照此,宽客可以建立一个系统,设置10倍市盈率为廉价,或者在行业内部排名,市盈率位于最后10%的被认为廉价。**股票**是模型的核心部分,可能是美国股票、全球股票、欧洲市场大市值股票或者宽客想交易的其他任何股票。

所有这些定义会督促我们去深入思考一些问题,策略是什么,如何实施策略等。在前面的例子中,宽客可以选择不是在行业内部对股票进行排序。股票可以在行业内进行比较,也可以在全市场范围内,还可以与其他有意义的股票群体内股票进行比较。重点是宽客要注意到这些,因为计算机不能自动填写这些空白。

这样做的好处是不言而喻的。对策略进行深入思考是一件好事情。更胜一筹的是,对于宽客和主观判断型交易者而言,通过对策略细致缜密的思考,能够弄清楚问题的本质,进而执行投资策略,这是非常重要的。在整个交易过程中,这都被认为是投资和交易成功的主要组成部分。相反,许多主观判断型交易者,在他们的策略说明和执行中,做得并不够精确,看上去像临时做出一个决定。我参加过无数场主观判断型交易者参加的会议,当问到他们如何决定持仓规模的时候,他们以"看上去合理"为理由回答了这个问题。这绝不是对主观判断型交易者的谴责。我仅仅是想指出对一些细节的精确和深入思考,以及更长远地考虑策略,是一件很好的事情。宽客对此深有体会。

风险的正确度量和错误度量

正如本章所谈到的,错误度量风险是长期资本管理公司崩盘的原因之一。宽客天生喜欢执行包括风险暴露在内的各种度量。但是这种行为自身存在着优点和缺点。从积极的方面讲,一个好的构想的量化策略鼓励承担一定的风险。不同于接受偶然风险,纪律严明的量化策略要求精确划分所能接受的范围,并且将所能承担的风险控制在一定范围内。为了彻底清除这些风险,宽客必须事先知道这些风险是什么以及如何度量这些风险。例如,认为没有足够能力预测市场运行的方向的许多股票量化交易者,都会度量市场风险敞口程度(利用净头寸或者贝塔系数度量),通过平衡多头和空头组合以使得风险暴露处在较低的一个水平。另一方面,精度不准确、度量错误以及设置不正确的假设条件会使得风险度量和量化管理陷入困难。

以上我们所提及的例子以及我们未提及的绝大部分例子,都是由于过度依赖并不尽善尽美的风险度量技术造成的。例如,在长期资本管理公司的例子中,历史数据表明某些情况很可能发生,另一些情形不太可能发生,还有些情形绝不会发生。那个时候,绝大部分市场参与者并没有意识到作为核武器和核原料大国的俄罗斯会违约。毕竟在历史上这种事情从未发生过。但是,俄罗斯在1998年夏天的确出现了债务违约,导致世界市场一片混乱,使得任何风险度量手段都毫无意义。在这次事件中,单纯地过度依赖量化风险度量技术导致1998年秋天全球金融市场几近崩溃。倘若不是美国政府发起的救助行动，并得力于华尔街很多重量级银行的支持，我们今天看到的资本市场和金融界都将会是另外一番模样。

实际上，从2007年和2008年开始压垮市场的信用危机也是可以避免的。银行所依据的信用风险模型，显然不能准确地捕捉到所有的风险。很多情形下，银行似乎故意对此视而不见，因为这样有助于银行得到短期超额利润（当然它们自己也会得到奖金）。需要指出的是，依赖这些度量方式的市场参与者通过使用更好的度量手段，这类度量错误本是可以避免的，或者至少可以减少损失。但是，正如我们无法将2005年卡特里娜飓风给新奥尔良所带来的损失归咎于天气预报模型一样，不能因为创造和使用量化风险模型的人的失败而归咎于量化模型本身。只要交易者没有被诱惑而采取错误的行动，通过理解和度量风险还是会有所收获的。

遵守纪律

也许，从宽客那里学到的最显而易见的一条经验就是严格遵守纪律。一旦设计出交易策略并通过严格的检验验证了该策略可以获利并具有可行性，宽客都会让模型自动运行而不会进行非必要的任意干预。在诸多领域（从运动到科学），在活动的筹备计划阶段，人们具有的推断、推理、假定、创造和从历史经验进行学习的能力都大有裨益。但计划方案的执行过程也很重要，这经常是人们所缺乏的。失败的一个很重要的原因就是缺乏纪律性。

很多成功的交易者都很认同这么一句古老的交易格言："亏损时要止损，盈利时要让利润奔跑。"但是，主观判断型投资者通常很难及时意识到发生了亏损，相反却会很快意识到盈利。这种已经被关注的行为偏差称为**处置效应**（disposition effect）[8]。但是计算机不会发生这种偏差。因此，遵守前面交易准则的交易者很容易将其交易策略程序化，使其每次运行都能遵守行为准则。这并非是因为系统型交易者比主观判断型交易者更有优势，只是因为系统型交易者可以在没有压力的环境中做出理性决策，从而避免了绝大多数人在遵守行为准则时所面临的挑战。主观判断型投资者可以学习其投资纪律性。

小结

国际投资界存在着形形色色的量化交易者，并占据着较大的比重。在世界各地的各种交易场所，各种金融资产的交易中，无论大型还是小型交易公司中都可以看到他们的身影。量化交易的成功和失败都会引起人们的关注，很多投资者从中受益。宽客合理配置和实施量化交易策略时所表现的完整性和严格性值得绝大部分交易者认真学习。同样地，在小心谨慎避免错误的前提下，宽客度量风险与各种市场敞口的习惯也值得学习。最后，宽客实施量化策略的一致性和纪律性值得所有决策者学习。

注释

1. M. Corey Goldman, "Hot Models Rev Up Returns," HFMWeek.com, April 17, 2007; Jenny Strasburg and Katherine Burton, "Goldman Sachs, AQR Hedge Funds Fell 6% in November (Update3)," Bloomberg.com, December 7, 2007.
2. Gregory Zuckerman, Jenny Strasburg, and Peter Lattman, "Renaissance Waives Fees on Fund That Gave Up 12%," *Wall Street Journal Online*, January 5, 2009.
3. Lisa Kassenaar and Christine Harper, "Goldman Sachs Paydays Suffer on Lost Leverage with Fed Scrutiny," Bloomberg.com, October 21, 2008.
4. Sang Lee, "New World Order: The High Frequency Trading Community and Its Impact on Market Structure," The Aite Group, February 2009.
5. Peter Starck, "Black Box Trading Has Huge Potential—D. Boerse," Reuters.com, June 13, 2008.
6. Terry Hendershott, Charles M. Jones, and Albert J. Menkveld, "Does Algorithmic Trading Improve Liquidity?" WFA Paper, April 26, 2008.
7. www.turtletrader.com/trader-simons.html.
8. Hersh Shefrin and Meir Statman, "The Disposition to Sell Winners Too Early and Ride Losers Too Long: Theory and Evidence," *Journal of Finance* 40, no. 3 (July 1985).

第 2 章

量化交易简介

> 有线电报就像一只身长很长的猫。你在纽约拽一下它的尾巴,它在洛杉矶就会发出喵喵的叫声。可以理解吗?无线电的原理与之类似。你在这里发出信号,他们在别处接收信号,唯一的区别就是并不存在这样一只形象的猫。
>
> ——爱因斯坦解释何为无线电

提及**黑箱**(black box),人们头脑中总是会浮现出鲁布·戈德堡(Rube Goldberg)装置的样子,这种装置可以将一个简单的输入,经过严格而精密的操作,得到神秘的结果。第 3 版《韦氏新国际词典》定义鲁布·戈德堡装置为"通过极其复杂迂回的方法实现看似运行比较简单"的装置。实际上,业界的很多人也用极为相似的说法来描述宽客。《华盛顿邮报》一篇题为"华尔街的数学大脑也会犯错:市场低迷时量化交易的任何复杂公式都不奏效"的文章这样定义量化交易:"量化型对冲基金通过复杂而巧妙的数学算法去发掘市场中异常的和那些隐藏的获利机会"[1]。《纽约时报》一篇名为"如今不再精明"的文章指出,"基于复杂的数学指标，量化型对冲基金通过电脑程序同时买卖成千上万只股票……"[2] 也许是广泛传播的力量，世界上最受人敬仰的一些投资者也认同这一观点。大卫·史文森（David Swensen）是耶鲁大学 170 亿美元捐赠基金的首席投资官，同时也是《机构投资的创新之路》（*Pioneering Portfolio Management*）的作者，在一次接受"财富/CNN 金钱"（*Fortune/CNN Money*）的采访中指出，"由于我们不了解量化黑箱策略如何运作，因此从来不依据其进行投资"。[3]

黑箱这个词本身听起来就颇有一些神秘色彩。据我所知，黑箱这个词汇最早出现在 1915 年赫伯特·罗林森（Herbert Rawlinson）主演的一部科幻电影的名字中。影片讲述了一个叫桑福德·奎斯特（Sanford Quest）的犯罪学家发明了一种可以帮助自己破案的机器，称为黑箱。该影片的制片商环球影城通过悬赏的方式鼓励大家去破解黑箱的秘密[4]。

直到今天，在任何场合使用**黑箱**这个词汇，人们仍觉得其内涵是很模糊的。通常地，在自然科学领域以及金融领域所提到的黑箱，是指提供输入变量就可以产生输出变量的一个系统，而我们往往并不清楚其内部运行机理。而最能恰当地描述量化策略的两个特征便是**复杂性**和**神秘性**。量化交易策略本质上是一种决策过程。对读者而言，本书中的绝大部分量化交易策略都很容易理解，不会比其他决策过程更难于理解。

例如，听起来很高深的**统计套利策略**（statistical arbitrage），本身是很简单并且容易理解的一种交易策略。统计套利所依据的理论是，相似的金融资产市场行为表现应该相似，例如埃克森美孚公司（Exxon Mobil）和雪佛龙公司（Chevron）两只股票的价格，如果短期内二者的价格发生较大偏离，极有可能是该产品供需的短期不平衡造成的，而不是二者的基本价值发生偏离。这一简单直接的结论所带动的套利交易，每日的交易额可达数十亿美元。主观判断型交易者也经常使用这种套利策略,只是他们更习惯称其为**配对交易**。然而,这些主观判断型交易者更多的是依靠主观经验做出决策,对于如何认定两种金融产品相似以及何种因素驱使价格背离等问题,不能给出统一而连贯的框架。而宽客恰恰能够对这些问题进行细致的研究,并得到一些有用的结论进而指导交易。

何为宽客

宽客(quant)通常会基于高深的理论构造追求超额利润,并系统地加以实施。宽客之所以被称为宽客,就在于他们会刻苦钻研交易策略的产生和实施过程。至于交易策略本身,宽客和主观判断型交易者并没有什么差别,就像上文所提到的配对交易和统计套利策略的例子那样。但是我们从未试图消除人们对于投资过程的贡献,毕竟我们只是在讨论宽客而不是机器人。恰如前文所提及的,不管是在跟踪标准普尔500指数策略,还是在构建复杂的金融产品(exotic products)策略中,尽管宽客在很多交易策略中都使用了数学和计算机的很多知识,但在本书中我们仍将注意力集中在从长期来看投资策略回报与市场趋势无关的、追求阿尔法超额利润的量化交易策略上。

除了构造和研究核心投资策略,人们还设计软件系统来自动实现投资策略。一旦这样的系统"开始运转",人们的操作只能被限制于投资组合的日常管理,而不必涉及其他内容。但是,在运行过程中,不应该低估人类主观判断的重要性。优秀的宽客都具有良好的判断力。在上文统计套利策略例子中所提及的策略,只是宽客做出的经常性决策中的一小部分。这些决策具有最为重要的作用,一旦产生便直接推动交易行为的开展和实施。随着计算机严格地按照人们所下达的指令进行交易,量化分析决策的好坏随着时间的推移变得愈加分明。这一点在其他领域也经常碰到。例如，在制导系统的设计中，如果设计者在设计系统时犯了错误，随着越来越多的导弹按照错误的制导指令进行发射，结果偏差会越来越严重，最终导致灾难性的后果。

为了全面理解量化交易的本质，仔细研究系统性方法的适用范围是大有裨益的。所谓其适用范围，即什么情形下宽客不得不**放弃**系统性方法而采用主观判断型交易策略。宽客对其策略进行人工干预的最常见情形是，出现了影响市场行为的消息，而已有策略无法自动进行调整，为削弱其影响宽客不得不进行人工干涉。例如，2008年美林和美国银行的合并使得美林的股价飙升。如果制定量化策略时不考虑这一因素，很容易认为美林的股票严重估值过高，应当对其进行做空操作。但这一结论显然是有缺陷的，因为合并的消息可以合理地成为美林股价攀升的原因，理性的宽客都不会选择做空。这时，就需要对策略进行人工干预，将美林从备选的股票中移除，以避免模型基于不完全的信息做出错误的决策。从另一个层面看，这是"输入垃圾，输出垃圾"的生动例子。如果一个量化交易组织的投资经理意识到模型进行决策所依赖的基础是不准确的、不完全的甚至是无关的信息，为降低风险，她可能会取消受到这些信息影响的金融产品的交易。

注意到，在这个例子中，合并的消息可能在宽客对交易策略系统进行了干预之前已经进行披露。有些激进型的交易组织，一旦听到具有一定可信度的并购流言就将其从交易名单剔除掉。相反地，有些宽客则从不轻易改变交易名单。在市场风险过大时，很多分析师通过减小投资组合的资金规模或降低杠杆来人为地控制风险。例如在2001年的"9·11"事件后，许多宽客担心突发事件会导致资本市场受到更大的冲击而降低了杠杆。一旦市场行为恢复正常，宽客们会提高杠杆到正常水平。

尽管在本章的开始部分，在操作层面上我们对宽客进行了定义，但是在**严格的主观判断型**（fully discretionary）交易策略和**严格的系统型**（fully systematic）交易策略或**严格的自动化**（fully automated）交易策略之间，还存在着很多兼顾型策略。区分交易策略所属类别的关键在于，在该策略下投资组合的规模和日常交易品种的选择是依赖于系统（允许上文例子所描述的"紧急"情形下的处理）还是主观判断决定的。如果**建仓的点位选择**及**头寸的规模大小**都是系统自动生成的，则是量化交易；如果两者中有一个是需要人工干预的，就不是量化交易。

随着量化交易规模的增加，逐渐出现了越来越多的**伪宽客**（quasi-quant traders），这是个很有趣的现象。例如，有些伪宽客利用自动化的系统进行扫描，寻找潜在的交易机会，将大量的备选对象减少到一个相对较少、更加可控的规模；这时再进行人工干预，采用一系列手段在筛选后的名单中选择值得进行投资的对象。还有两种不太常见的情形：一是将交易品种的选择完全由人工完成，而不是通过电脑来优化投资组合的具体配置并管理风险；更为不常见的情形是先使用电脑筛选出所有可进行交易的品种，然后人为地决定如何在这些品种间分配头寸的规模。这些伪宽客使用了宽客常用的一些工具，因此我们的研究也将他们所使用的技术涵盖在内。

量化交易系统的典型结构

理解宽客及其黑箱的最好方法是逐一了解量化交易系统的各个组成部分，这也是本书其余部分的框架。图2-1展示了一个典型的量化交易系统的框架。此图描绘了一个生动"有效"的交易策略的各个组成成分（例如，决定买卖哪些证券、买卖数量以及买卖时间），但不包括交易策略的所有必要元素（例如，设计交易系统所需的研究工具）。

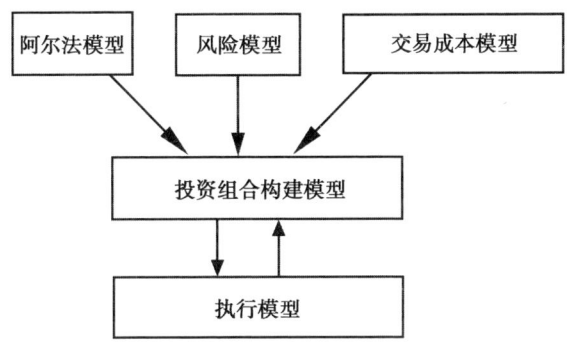

图 2-1　量化交易策略的基本结构

交易系统包含 3 个模块——阿尔法模型（alpha model）、风险模型（risk model）和交易成本模型（transaction cost model）。这 3 个模型构成投资组合构建模型（portfolio construction model）的输入变量，而投资组合构建模型与执行模型（execution model）又相互作用。阿尔法模型旨在预测宽客所考虑交易的金融产品未来趋势。例如，在期货市场上的趋势追随策略中，宽客利用阿尔法模型预测投资组合中想要包含的期货产品的价格变动方向。

相比之下，风险模型旨在帮助宽客控制不太可能带来收益但会造成损失的敞口规模。例如，趋势追随者可以选择限制某类资产（如商品）的方向性风险，因为交易者进行操作所依据的预测结果可能都处于同一方向，从而带来过多风险；风险模型将包含给出这些商品风险敞口水平。

在图 2-1 中，风险模型右边的框中显示的是交易成本模型，它用于帮助确定从目前的投资组合到新的投资组合（已达到最优投资组合模型）的交易成本。无论交易者预计能获利丰厚还是收益微薄，进行任何交易都需要成本。继续讨论前面趋势跟随者的案例，如果预计的趋势不是很强并且只持续很短时间，交易成本模型可能会显示建立头寸和退出头寸的成本会比预期的利润更大。

投资组合构建模型利用阿尔法模型、风险模型和交易成本模型的结果作为输入变量，主要在追求利润和控制风险、交易相关成本间进行平衡，从而确定最佳的投资组合。做出决策之后，该系统将目前的投资组合和目标投资组合加以比较，根据二者之间的差异来执行所需要的交易，如表2-1所示。

表2-1 从现有投资组合到新的目标投资组合的交易过程

	现有投资组合	新的目标投资组合	执 行 交 易
标准普尔500指数	空头30%	空头25%	回补买入5%
欧洲斯托克指数	多头20%	多头25%	买入5%
美国10年期国债	多头40%	多头25%	卖出15%
德国10年期国债	空头10%	空头25%	卖空15%

目前的投资组合方案体现了量化交易者目前的持仓情况。运行投资组合构建模型后，量化交易员生成新的目标投资组合权重，显示在新的目标投资组合中。两者之间的差异显示现在需要执行的交易，这是执行算法所需要进行的工作。执行算法执行所需执行的交易，并利用其他各种输入（如需要执行交易的紧迫性以及市场动态流动性）以高效和低成本的方式执行交易。

图2-1所示的结构并不具有普遍性。例如，许多量化策略并不包含交易成本模型、投资组合构建模型或执行模型，而其他一些策略包含这些模型的不同组成部分。我们可以把任何关于风险的要求和认为有必要的限制加入到阿尔法模型中。另一个变化是在不同组成部分之间建立更多的递归连接。有些交易者捕捉自身实际执行策略的数据，并利用这些数据去优化他们的交易成本模型。但是，该图的用途在于，在大多数情况下，它反映了一个量化交易系统内的各个组成部分，无论它们是否严格按照这种框架进行组织。

图2-1只是反映了量化交易者的一部分工作，仅考虑了交易系统的

生产部分，忽略了两个重要的组成部分：数据和研究。缺少了数据的输入，而且必须是精确的数据的输入，黑箱将毫无用处。量化交易者通过输入数据，对信息进行加工，做出交易决策，进而建立输入/输出模型。例如，采用趋势跟踪策略的交易者通常根据价格数据判定趋势。没有这些数据，将一事无成。正因如此，数据是宽客的命脉，决定着策略的各个方面。对于给定的数据，宽客可以对其进行研究，通常包含对数据的测试和仿真。通过研究，宽客可以判断量化策略的运行情况。还值得注意的是，框架中的各个模块，也需要基于大量的研究方可正确建立。因此，添加数据和研究两个重要的组成部分后，框架图如图2-2所示。

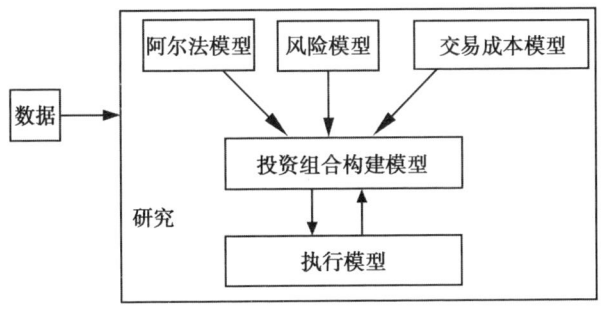

图 2-2　黑箱示意图

小结

宽客可能并不像想象中那么神秘。他们也是首先观察市场，产生一些普通人也会想到的想法，然后采用市场的客观数据进行研究来确定其想法是否正确，而不是基于传闻或经验甚至直接假设他们的想法是正确的。一旦宽客得到了一个满意的策略，他们会将其布置于一个量化系统中。这类系统在进行投资时，排除了情绪的影响，严格地执行经过测试的策略。但这并不是否定人在量化交易过程中的作用。宽客产生想法，测试策略，并决定使用哪个策略、交易品种以及交易速度等。此外，人类还控制着"恐慌开关",一旦觉得市场走势已经超出了模型可以控制的范围,便可以通过这个开关来降低风险。

量化策略通常模糊难懂,因而被投资者所忽视。即使是关注量化策略的人,也将主要精力放在量化策略的核心部分:阿尔法模型部分。我们想要着重指出的是,量化交易系统的其他很多部分值得进行深入理解和评估。例如,交易成本模型可以帮助确定交易的换手率,风险模型可以帮助我们避开错误的头寸敞口,投资组合模型可以在交易成本、风险管理、盈利等相互冲突的目标之间进行平衡,并将目标投资组合传输至执行模型,对投资组合模型执行策略。这些都是基于数据并经过研究才能完成。由远及近,我们开始对黑箱有了一定的了解。

在本书的第二部分,我们将沿着黑箱内部逐一展开阐述这些模型。在每一章节的结尾,我们将会指出已经研究了黑箱的哪些部分,还有哪些部分有待研究,作为对黑箱内部结构的提醒。

注释

1. Frank Ahrens, "For Wall Street's Math Brains, Miscalculations," WashingtonPost.com, August 21, 2007, A01.
2. Roddy Boyd, "Not So Smart Now," NewYorkPost.com, August 19, 2007.
3. Marcia Vickers, "The Swensen Plan," Money.CNN.com, February 24, 2009.
4. Michael R. Pitts, *Famous Movie Detectives III* (Lanham, Maryland: Scarecrow Press, Inc. 2004), 265.

Inside
The Black
Box

第二部分

打开黑箱

Inside The Black Box | 第3章

阿尔法模型：宽客如何盈利

> 预测，尤其是预测未来，是极为困难的一件事。
>
> ——尼尔斯·玻尔

我们已经对黑箱的框架进行了研究，接下来将探索其**内部**，通过理解量化交易的核心交易系统来加深对黑箱操作的认识。**阿尔法模型**是量化交易系统的第一个重要组成部分，主要是为了寻找盈利机会。目前对量化交易的研究重点大都集中在对阿尔法模型的研究上。**阿尔法**是希腊字母 α 的音译，常用于量化表述投资者的盈利**能力**，或投资者得到的与市场波动无关的回报。在通常的定义中，阿尔法是指**扣除**市场基准回报之后的投资回报率，或仅仅是由投资策略所带来的价值。由于市场因素带来的回报率称为贝塔，例如，某基金的回报率是12%，而同时期的市场基准回报率是10%，则该基金的阿尔法值就是2%（这里假设了基金投资组合的贝塔恰好为1）。采用这种阿尔法计算方法的缺陷在于，无法判断收益是由交易策略还是单纯的好运带来的。显然，任何交易者都倾向于把超过基准回报率的利润归功于交易策略。阿尔法模型就是，为了增加盈利，在投资过程中所使用的一系列技巧或策略。例如，趋势跟随策略，就是系统地分析市场未来的走势，顺应市场趋势进行交易的一种策略。

这里我们给出阿尔法的一种非常规定义：**在交易中关于买卖时机把握和持有头寸选择的技巧**。阿尔法模型的追捧者都持有这么一个基本观点：没有永远好或者永远坏的金融产品，因此没有任何产品值得一直持有或从**不**值得持有。趋势跟随策略的拥趸者通过选择合理的买入卖出产品的时机以获利，价值型投资者也会进行同样的操作。这些都属于典型的阿尔法交易策略。在趋势跟随策略中，阿尔法策略体现在识别趋势的技巧中，帮助趋势跟随策略的交易者判断买入或卖出的最佳时机。类似地，价值型投资者也不会认为，某只股票因为目前价格较低就永远值得持有。事实上，如果某只股票的价格总是处于低位，基本上可以确定它不值得持有，因为对投资者而言它的估值不会发生什么变化。价值型投资法的观点是，在股票被低估时买入，在其处于合理估值区间或被高估时卖出。这也是一种买卖时机的选择策略。

宽客建立和使用的用于系统地进行时机选择的软件系统就是**阿尔法模型**。对于这个系统还有很多其他的称谓，例如预测、因子、阿尔法、模型、策略、估计等。所有成熟的阿尔法模型都具有一定的局限性，在一定范围内可以对未来的情形有着精确的预测效果，虽然在某些情形下也会犯错误，但在扣除这些错误所导致的损失及交易成本之后，这样的策略仍然是有利可图的。从某种意义上看，在量化策略的各个组成部分中，阿尔法模块就像个乐观主义者，它通过对未来的预测来取得收益。

一般地，收益与风险并存。通过使用策略，我们总是尽量降低不利环境中可能遭受的损失。例如，大家都说沃伦·巴菲特可以在很长时间里跑赢市场，他所得到的超出市场基准收益部分就是他的阿尔法收益。在20世纪90年代末互联网泡沫浪潮中，巴菲特的投资策略并没有发挥什么作用，他的阿尔法收益就很低，因而饱受争议。对于所有的阿尔法模型而言，如果能带来盈利，那么所承担的风险便是值得的，否则便没有丝毫价值。本章我们将介绍各式各样的阿尔法模型，以及宽客利用这些模型预测其收益的主要方式。

两类阿尔法模型：理论驱动型和数据驱动型

真正追求阿尔法收益的交易策略是少之又少的，这一重要事实并未被普遍认可或接受。实际上，这些基础交易策略的实现方式多种多样，从而由有限的几个核心策略衍生出花样繁多的交易策略。理解量化交易策略的关键在于，理解宽客科学地分析问题的视角。

绝大部分宽客都是理工科出身，之后投身金融业，因此在其整个职业生涯中他们的理工科背景经常会左右其进行交易的策略选择。科学的两个重要分支是理论主义和经验主义。**理论型科学家**（theoretical scientists）通过假设世界是目前这种状况的**原因**来解释我们所处的世界。这是我们接触最多也最为熟悉的"科学"。例如，正是根据空气动力学原理，工程师们才设计出具有远距离飞行能力并且飞行平稳的飞机。**经验型科学家**（empirical scientists）认为，即使不假设行为的合理性，通过对世界的充分观察，我们也可以对未来的行为模式进行预测。换句话说，知识源于经验。作为这种经验科学的重要应用的典型例子之一的人类基因组计划（Human Genome Project），研究组成人类DNA的众多碱基对和人类的很多特征之间的对应关系。

理论型科学与经验型科学的区别直接导致了两种类型的交易策略，从而产生了两种类型的宽客。第一种，也是目前为止最为常见的一种，是理论驱动型的。他们通过观察市场行为，寻找可能用来解释这些行为的普适性理论，再依据市场数据来检验该理论是否可以有效解释市场行为。在量化交易中，这些理论中的绝大部分都是通俗易懂的，即使在鸡尾酒宴会上解释给朋友们听，大家也都会点头赞同。例如，很多人都认同这一观点"便宜的股票比贵的更有投资价值"，这也是众多价值型基金存在的原因。某种理论，一旦可以被准确地描述或定义，我们就可以对其进行检验。

目前处于少数派地位的第二类科学家认为，通过对现实情况的经验观察和分析并进行总结，可以取代理论的地位。简言之，这类科学家认为，通过合理使用正确的技术性手段，人们可以识别出隐藏在数据中的模式或规律。仍以人类基因组计划为例。我们已经知道，某些基因片段对应着特定的人类行为，人类基因组计划的科学家认为，我们并不需要对此进行理论解释，不需要从理论上来解释为什么存在这种对应关系。相反，他们仅仅从理论上说明，基因片段和人类行为特征之间的对应关系可以通过统计方法进行刻画，在该思路指导下他们去具体研究这种对应关系。经验型科学家有时被戏称为"数据矿工"（data miners），很多情形下的确如此，因为他们并不关注对自己的理论进行升华，而只是千方百计地利用数据分析方法去揭开并不显而易见的市场行为的面纱。

值得注意的是，在研究之初，理论型科学家（以及宽客）也很依赖观测数据。类似于经验型科学家，他们也认为，数据中表现出来的某些现象在未来仍会出现。但是，经验型科学家宁愿花费很大精力去发掘隐藏在数据中的繁芜丛杂的各种关系模式，也不愿总结一套理论去对数据进行统一的解释。

理论驱动型阿尔法模型

绝大多数宽客是理论驱动型的。对于市场为何以现存方式运行，他们给出符合经济学理论的解释，并检验该理论是否可用于预测未来的市场行为。很多宽客认为其理论具有一定的独特性，这也是他们对自己的策略保密的一个重要原因。事实证明，这通常都是错觉。此外，许多量化交易圈外的人士认为宽客们所使用的交易策略都基于复杂高深的数学公式。这种看法也通常是错误的。

事实上，这些交易策略既没有保密的必要，也不是只有那些博士们才能理解。绝大多数理论驱动型交易策略可以较为容易地划分为六类：趋势型（trend）、回复型（reversion）、技术情绪型（technical sentiment）、价值型/收益型（value/yield）、成长型（growth）和品质型（quality）。**值得注意的是，宽客所使用的这些交易策略，和追逐阿尔法收益的主观判断型交易者所使用的策略是完全相同的**。通过观察这些策略所使用的数据是价格数据还是基本面数据，有助于更加深入地理解这六类策略。在本书中我们将看到，理解一个交易策略所使用的数据比理解策略本身更加重要。**趋势型**和**均值回复型**交易策略都依赖于价格数据。**技术情绪型**策略较为少见，可看作基于价格的第三类型策略。而剩余的**价值型/收益型**、**成长型**和**品质型**策略都基于基本面数据。

很多成功的宽客都是组合使用多种交易策略。但为了更好地理解这些策略，我们将逐个对其进行讨论，然后将其组合。图 3-1 给出了宽客经常使用的阿尔法模型的框架图。

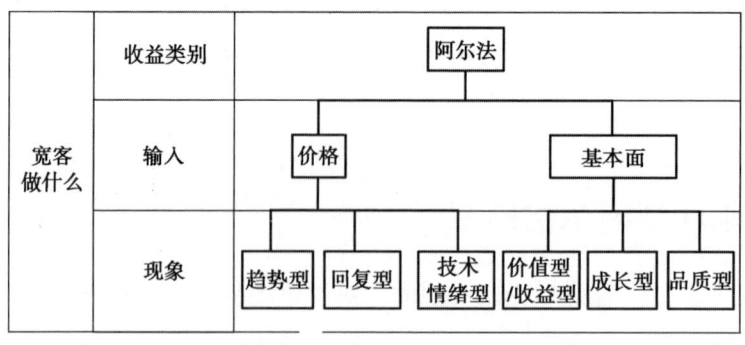

图 3-1　理论驱动型阿尔法模型的分类图

基于价格数据的交易策略

首先,我们研究基于价格数据的阿尔法模型。这里所说的价格数据,一般是指与各种金融产品价格相关的数据,或者交易所产生的其他数据信息(如交易量等)。试图预测价格并从中获利的宽客,通常都是在分析以下两种现象之一:一是已有的趋势是否会延续,二是目前的趋势是否会反转。换句话说,价格是沿着目前的态势继续向前还是会反向波动。前者我们称为**趋势跟随策略**(trend following)或**动量策略**(momentum),后者称为**反趋势策略**(counter-trend)或**均值回复策略**(mean reversion)。第三类是**技术情绪型**策略,虽然是阿尔法模型中不太常见的类型,但仍值得进行一些探讨。

1. 趋势跟随策略

趋势跟随策略是基于以下基本假定:在一定时间内市场通常是朝着同一方向变化。据此对市场趋势做出判断就可以作为制定交易策略的依据。趋势法存在的经济学基本原理是市场均衡理论。假设美国经济的中期前景具有很大的不确定性。一方面,劳动力市场看着不错,但通货膨胀过于严重,贸易赤字在不断扩大;另一方面,居民消费仍在快速增长,并且房地产市场表现强劲。这种看似相互矛盾的情形是市场的常态,有些指标是利好的,而另一些看起来是利空的。在这个例子中,我们可以想象,通货膨胀失去控制对经济带来很大创伤,市场转入熊市。最早意识到市场动向的交易者,很快就采取了和市场形势保持一致的交易措施,例如卖空债券。随着市场形势越来越朝着预期的方向发展,逐渐明朗化,越来越多的交易者会采取相同的策略,从而债券价格需要经过一个很长的时间达到新的均衡。这种从一个均衡向另一个均衡的缓慢过渡期,正是趋势跟随者苦苦寻觅的机会。

值得一提的是，还存在另一种对趋势的解释，被亲切地称为**博傻理论**（greater fools theory）。博傻理论认为，人们因为相信趋势才会去追涨杀跌，这种行为反过来又促进了趋势的形成。关键在于将持有的产品卖给更"傻"的下家而避免自身成为最后的持有者。无论是理论解释，还是市场实证分析，看上去都成为相信趋势的充足理由。

典型的趋势跟随者都试图寻找某种金融产品的价格在预期方向上的"显著"变化。他们认为，这种显著变化一旦出现便会持续一段时间，因为这种显著变化很可能是参与者对市场预期更加一致的一个信号。他们之所以注重变化的显著性，是因为趋势跟随策略的绝大部分风险在于市场上的"拉锯战"，即价格上的快速上下波动。例如，由于标准普尔500指数过去3个月都在上涨，你选择了做多策略，你就需要这种上涨趋势在3个月的观察期后仍能够延续下去。如果标准普尔500指数差不多每3个月就发生一次反转，那么在这个时期内依据趋势跟随策略进行的交易基本都会造成损失。对于何种变化是显著的，有很多种定义方式，最为常见的是**滤波**（filtering）和**调理**（conditioning）。对于显著的不同理解，也是造成同样推崇趋势跟随策略的不同交易者之间的策略千差万别的原因所在。在"策略实施"部分我们将探讨相关细节。

趋势跟随策略的最典型例子出现在期货交易行业，称为期货管理者或者商品交易顾问（CTA）。图3-2显示了始于2007年第4季度的一次美国股市下跌趋势。以交易为目的，定义趋势的一种方法是**移动平均线交叉指标**（moving average crossover indicator），通过对比较短期间和较长期间的某个指标来判断趋势，例如通过短期（60天）价格均线和长期（200天）价格均线的交叉点来判断趋势。当短期均线位于长期均线之下时，认为市场处于下跌趋势；反之则认为市场处于上涨趋势。按照这个策略，趋势跟随者在2007年年底应该做空标准普尔500指数，因为这时

60日均线开始转入200日均线下方，并且在2008年的大部分时间这种状况一直在持续。

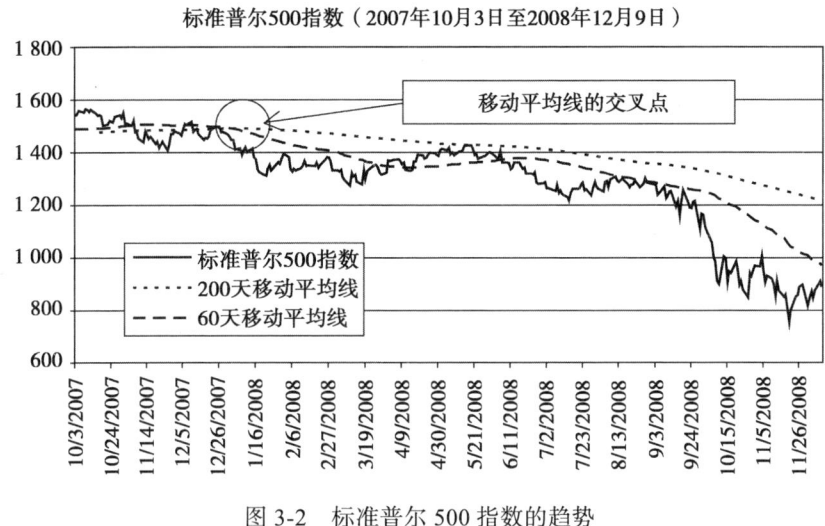

图3-2　标准普尔500指数的趋势

在期货市场，一些大型的量化资产管理公司采用趋势跟随策略，这也正是所有的量化交易策略中最为古老的策略。理查德·唐奇安（Richard Donchian）创造了机械的趋势跟随策略，数年后艾德·史柯达（Ed Seykota）在IBM的大型机上利用卡片打孔的方式将其实现了程序化，那是1970年，1年前他刚从麻省理工学院毕业。他很推崇实务研究，在接下来的12年间，他从5000美元起家赚到了15 000 000美元。在其长达30年的职业生涯中，他保持了年化收益率60%的骄人业绩[1]。

拉里·海特（Larry Hite）是早期趋势跟随策略实践者的另一个有趣例子。早年，海特在纽约做摇滚歌手，在一个晚上经历了3次夜总会枪击事件后，他决定投身一个规矩的行业。1972年，海特和别人合著了一篇文章，讲述如何利用博弈论在期货市场上进行量化交易[2]。后来他把注意力投向趋势跟随交易策略，在1981年和两个合伙人一起创立了敏特投资管理公司（Mint Investments）。这是第一家管理着10亿美元资产的对冲基金公司，也是第一家和曼氏集团（Man Group）合作的基金公司，最终成功使曼氏集团进入对冲基金领域。在海特的带领下，敏特投资管理公司在13年间创下了年均净收益率达到30%的业绩。更值得一提的是，1987年，敏特投资管理公司的收益率更是高达60%，因为其成功预测了当年10月的大崩盘[3]。

以上我们都在描述趋势跟随策略光鲜的一面，但应该强调指出的是，实际上与这些投资策略的丰厚回报相伴而来的是极高的风险。通常来说，成功的趋势跟随者冒着资产净值减少1%的风险换来的收益达不到1%。换言之，为了得到50%的年化收益率，投资者要做好可能至少损失50%的风险准备。简言之，趋势跟随策略的收益极其不稳定。

这个问题并非只在趋势跟随策略中存在。事实上，本章所介绍的主流阿尔法模型，都可能存在长期低回报的现象。因为交易策略试图寻找的市场机会并不是总存在的，而是具有不稳定性和偶发性。通常的情形是，在市场繁荣（机会出现）时大赚特赚，在市场惨淡的时候控制好损失，从而保证整体的盈利。

在量化交易中，最具持久影响力的趋势跟随者是阿克斯康公司（Axcom），后更名为文艺复兴科技公司。1986年，毕业于麻省理工学院的工程学博士埃尔温·伯利坎普（Elwyn Berlekamp）开始为阿克斯康公司提供关于交易策略开发的咨询服务。那些年，阿克斯康公司一直举步维艰，伯利坎普趁机得到了公司的控制权。经过深入研究，1989年，阿克斯康公司开始以一套优化后的策略进行交易。第1年，扣除5%的管理费和20%的激励费用后，公司的回报率仍高达55%。1990年年底，伯利坎普将公司的股份卖给了詹姆斯·西蒙斯，获得了6倍的收益，但这仍可能是史上最不合算的交易之一。至此，公司更名为文艺复兴科技有限公司，之后进入最成功的量化交易公司之列，业绩极为引人注目。无论是20世纪80年代中期使用的趋势跟随策略，还是20世纪90年代初期使用的更为复杂的期货交易策略，公司都进行了大量交易，获利颇多。1992年公司已经不再接受3亿美元以下的资产管理，20年之后，公司的资产规模已经基本达到了100亿美元，还包含5%的管理费用和44%的激励费用。从1989年起，公司每年的净回报率都在35%左右；更令人惊讶的是，随着市场竞争愈发激烈以及公司管理资金的规模显著增大，公司的业绩表现反而**越来越好**[4]。

需要指出的是，并非只有宽客才钟情于趋势跟随策略。一直以来，趋势跟随策略都是交易者们广为使用的一种基本交易策略，未来这种情形很有可能仍将继续。无论是从17世纪臭名昭著的郁金香事件还是20世纪末的互联网泡沫，我们都能找到趋势跟随策略的影子，但这两起事件貌似都不是宽客造成的。很多主观判断型交易者都具有强烈的主观偏好去买入热门的交易品种而卖出冷门的品种。

2. 均值回复策略

正如前面所提到的，当产品价格波动时，或者沿着已有趋势继续运动，或者反向运动。趋势跟随策略认为价格会沿着已有趋势变化。接下来，我们探讨均值回复策略，该策略认为，价格终究会沿着已有趋势的反方向运动，而不可能一直延续已有趋势。

均值回复策略的基本理论认为，价格围绕其价值中枢而上下波动，判断出这个中枢以及波动的方向便足以捕捉到交易机会。有以下几种理论可以解释均值回复现象的存在。首先，由于流动性，市场上有时会出现买卖之间的短期不均衡，从而出现超买或超卖现象。回到上文提到的例子，假设一只股票进入了某著名指数（如标准普尔500指数）的名单，跟踪该指数的基金便会大举买入该股票，但短期内愿意以以前的价格卖出该股票的卖方就显得相对较少，从而股票价格迅速上涨。而随着价格的上扬，来自买方的需求会逐步消退，上涨速度也会逐渐放缓，到一定价位价格便不再上涨，开始反向下跌的概率不断增大。解释均值回复现象的另一种理论认为，市场参与者并不了解其他人的观点和行为，当他们下单进行买入卖出并促使价格向新的均衡状态移动时，在某个时点可能由于超买或超卖，价格会剧烈波动。

无论造成供需间的短期不均衡的原因何在，由于均值回复交易者都是在逆势交易，他们都给市场带来了流动性。有时候，这一点是明确无误的，尤其体现在其执行技巧上（我们将在第7章和第14章详细讨论）。无论执行技巧如何，均值回复交易者事实上都是在对赌市场趋势，并且得承受逆向选择的风险。

有趣的是，趋势跟随策略和均值回复策略并不一定是相互冲突的。趋势通常是长期的，而短期内围绕着趋势的小范围波动也是很常见的。事实上，一些宽客会组合使用这两种策略。采用均值回复策略的交易者，必须识别出目前的价格中心或均衡点，并判断偏离均衡点多少时值得进行交易。如同趋势跟随策略一样，由很多方法可以用来确定价格的均衡点和反转点。值得注意的是，采用均值回复策略的主观判断型交易者，通常被称为**反转交易者**（contrarians）。

基于均值回复概念的最为著名的策略恐怕要算**统计套利策略**了。统计套利策略认为，价格出现背离的类似股票的价差终究会缩小到合理区间范围。普林斯顿/纽波特合伙公司（Princeton/Newport Partner）的创始人埃德·索普（Ed Thorp）可能是最早的量化型股票交易者，但摩根士丹利的农西奥·塔尔塔利亚（Nunzio Tartaglia）的交易柜台才是统计套利的先驱，并对世界金融产生了持续而深远的影响。格里·班伯格（Gerry Bamberger）和大卫·肖（David Shaw）都是塔尔塔利亚团队的成员，他们后来基于股票的相对价格研发了一套交易策略。统计套利策略宣告着交易理念的一个重大变化，不再关注 A 公司的股票本身便宜或者昂贵，而是关注**相对于公司 B**，公司 A 的股票是被高估还是低估。这一重大进步导致了基于相对价值预测的交易策略的大量涌现，稍后我们将对其进行详细讨论。

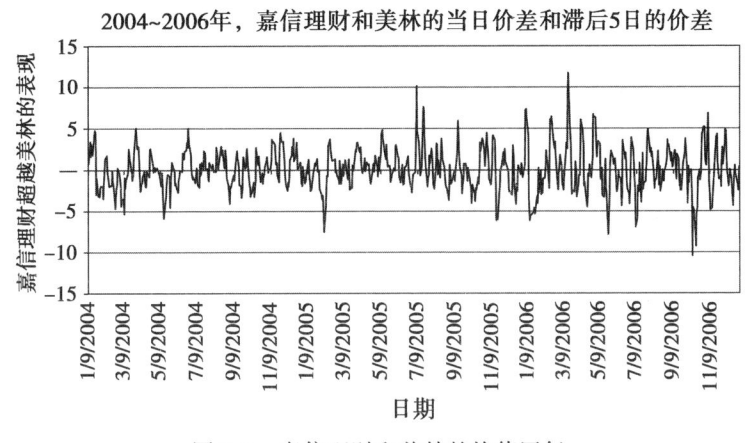

图 3-3　嘉信理财和美林的均值回复

图 3-3 展示了一个简化版的均值回复的案例，是以美林（Merrill Lynch，MER）和嘉信理财（Charles Schwab，SCHW）公司的股票价格为例。从图中可以看到，在较长一段时间内，两家公司的股价价差都在一个较窄的范围内波动。交易者可以把握价差出现显著背离的机会进行交易，等待价差回复到合理区间时获利。

量化交易中很大一部分交易都是基于趋势跟随策略和均值回复策略展开的。毕竟，价格数据是源源不断并且不断变化的，带给宽客很多交易机会。趋势跟随和均值回复策略在理论上是相反的，但在现实中均能奏效，这是很有趣的一个现象。这是如何发生的呢？很大程度上，这主要归因于不同的时间框架。显然，在完全相同的时间段内，这两个截然相反的策略不可能同时获利。但是，我们并不需要在同一投资期限内构建两个策略。趋势通常在较长的投资期限上延续，而均值回归通常适用于短期投资期限。图 3-4 演示了现实中存在的这种效应。从图中可以看出，标准普尔 500 指数的确具有长期趋势（上图），在短期内具有均值回复的现象。实际上，可以看出在不同的时间段使用两种策略都有可能奏效。例如，2000～2002 年以及在 2008 年，趋势跟随策略会有较好的收益，因为在这些时间段市场的趋势很强劲。而 2003～2007 年，均值回复策略会更加奏效。在整个时间段上，如果运用得当，两种策略都可以盈利。这一结论也可以用其他时间段的数据加以验证；在某些情况下，均值回复策略可作为长期指标，而动量（momentum）可以作为速度指标。

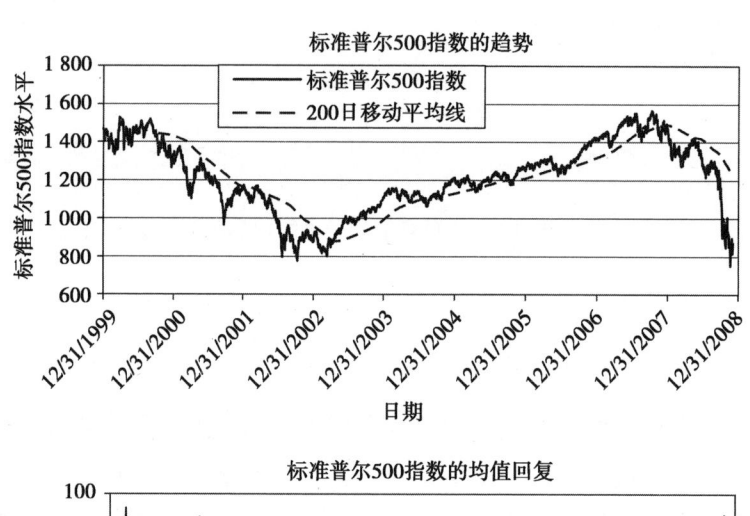

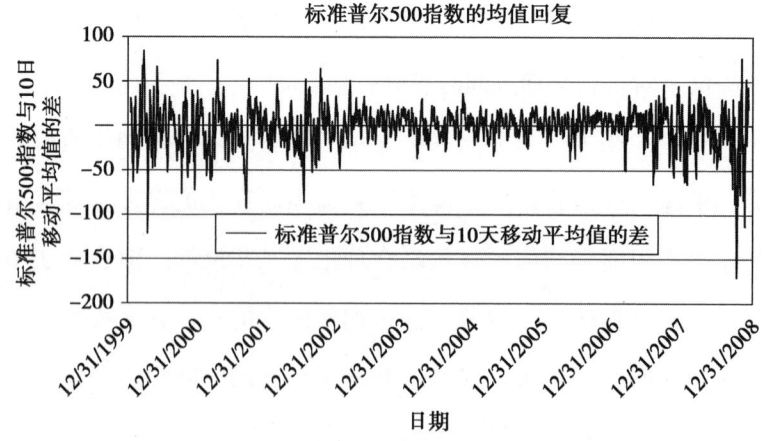

图 3-4　趋势跟随与均值回复图

3. 技术情绪型策略

与价格相关的第三类策略是很有趣的策略，它主要通过追踪投资者情绪相关指标来判断预期回报，这些指标常见的有交易价格、交易量以及波动性指标等。在深入研究这类策略前一定要保持警惕。因为并不像上文的两类策略（趋势跟随策略和均值回复策略）或下文所要提到的其他基本策略，没有明确的经济理论支持这类策略。换言之，对于情绪类信息在预测上的价值和开发利用，有着各种不同的声音。一些交易者认为，对于某些产品过于正面的信息意味着该产品已经超卖，因此未来价格可能会下跌；另一些人则认为，很正面的情绪意味着该项产品具有价格上涨的动力；还有些人认为，情绪只是个条件变量（这一概念将在"条件变量"章节进行详细讨论），只有当价格变动的程度显著时才使用趋势跟随策略，微小的变动可以被忽略。将情绪相关数据作为条件变量，是最为普遍的做法。技术情绪型策略的一些实例也被认为是预测未来价格变动方向的独立方法。

第一个例子是观察期权市场判断市场基本情绪。有两种方式可以"直接"做到这一点。第一种是观察认购量和认沽量，将此作为市场情绪的指标。如果认沽多于认购的程度已经超过正常水平，这可能意味着投资者担心未来的价格会下跌。如果相对于认购期权，认沽期权的数量比正常水平要少，说明市场上主要是看涨情绪。第二个基于期权市场情绪的例子是利用认购和认沽的隐含波动性。认购和认沽期权的隐含波动率具有一定差别，是很常见的现象。股票价格慢涨快跌的特点可以作为一部分原因对此进行解释。对于虚值期权或平值期权，慢涨快跌会造成认沽期权的波动率高于认购期权的波动率，反过来会造成认沽期权的卖方要价高于认购期权卖方的要价，同样对应的隐含波动率也要高一些。对历史上的认沽和认购波动率的比率进行分析可以发现，该比率维持在一个固定水平（由上面所描述的上行和下行波动率的特点可知该比率大于1），通过观察比率偏离该水平就可以了解市场情绪的迹象。一个类似的想法就是利用隐含波动率或其他指标（如信用违约互换等）作为市场情绪的风向标。

另一种技术情绪型策略的做法是，把交易量、公开市场利率或其他相关指标等作为未来价格的风向标。在很短的时间窗内，一些高频交易者通过观察限价指令簿的形态来判断近期市场情绪。限价指令簿的形态包含很多信息，如相对于最优买入/卖出价的买卖单的量而言买方和卖方出价的规模，以及买入卖出报价单的总量等。对于较长期的策略而言，对量的分析包括成交量、交易量、公开市场利率以及对交易活动的其他度量指标等。正如在本部分内容的开头所提到的那样，对于怎样使用这类信息仍存在着较大争议。可以将量的信息作为反向指标（或正向指标）使用，例如，成交量大或换手率很高的股票预计会表现不佳，而低成交量或低换手率的股票将会表现出色。但据我所知，大部分策略都是将其作为反向指标使用的。

依托基本面数据的策略

在其阿尔法模型中使用基本面数据的很多交易策略都可以被归为以下三类中的一种：价值型/收益型、成长型和品质型。尽管这些策略通常都是在分析股票收益中产生的，其实也可以将同样的逻辑用于其他金融产品的分析。债券、货币、商品、期权以及地产，都可以进行买卖，是因为它们都具有诱人的收益、成长性或高品质。长期以来基本面数据都是主观判断型交易者极为看重的，相对而言量化型基本面策略产生的时间要短一些。

在量化股票交易和量化期货交易以及一些宏观交易中所使用的策略，

很多要归功于尤金·法玛（Eugene Fama）和肯尼思·弗伦奇（Kenneth French）的研究。在 20 世纪 90 年代早期，他们发表了一系列论文，对宽客在基本面策略中经常考虑的因素进行量化分析。在论文《股票期望收益的截面分析》（The Cross Section of Expected Stock Returns）中，他们总结了自己使用量化基本面要素去预测股票方面十多年来的研究成果，极大地推进了该领域的发展[5]。简单地说，法玛和弗伦奇认为，股票的贝塔系数并不足以有效解释股票收益的千差万别；根据股票的账面净值与股价的比率以及股票市值的历史记录，再结合股票的贝塔系数，可以对预期收益做出更准确的预测。略具讽刺意味的是，尤金·法玛的理论奠定了量化阿尔法交易策略的基础，而法玛最为著名的工作是市场有效性理论，该理论认为在有效市场上不可能获得阿尔法收益。

1. 价值型 / 收益型

价值型策略是极为常见的，主要用于股票交易，当然这类策略也可以用在其他市场上。用于度量资产价值的指标有很多，绝大部分是一些基本面数据与资产价格的比率，如市盈率（P/E）等。宽客倾向于使用这些比率的倒数，通常将资产价格放在分母上。如市盈率的倒数（E/P 比率）称为**盈利收益率**（earnings yield）。实际上，投资者很早就开始这样处理股利，计算**股息收益率**（dividend yield）作为度量价值的另一种常用指标。价值型策略的基本理念是，收益率越高，价格越低。使用将常见比率求倒数得到的收益率的益处是，有利于分析方法的简洁性和一致性。

将收益作为例子。收益的取值可以介于很大的正值和很小的负值之间。如果两只股票的价格都是 20 美元，但一只的收益为 1 美元而另一只为 2 美元，则很容易计算出，第 1 只股票的市盈率为 20，第 2 只为 10。如果使用市盈率进行度量，第 2 只股票要便宜一些。假设两只股票的收益分别为 –1 美元和 –2 美元，则两个市盈率分别为 –20 和 –10。市盈率

为 –20 看起来比市盈率为 –10 的股票业绩要差，但实际上市盈率为 –20 的股票只亏损了 1 美元，而另一只亏损了 2 美元。因此，在盈利为负时使用市盈率容易让人产生误解。此外，当公司的收益恰好为 0 时，由于分母为 0 市盈率便无法定义。将价格放在分子上，基本面数据放在分母上构造的比率，很容易出现诸如此类的问题，因此宽客更倾向于使用这些比率指标的倒数。图 3-5 展示了 E/P 比率和 P/E 比率的对比。假设股票价格大于 1 美元，无论每股收益如何，E/P 比率表现良好；反过来，市盈率（P/E 比率）表现就没么好，当收益为 0 时甚至无法给出定义。

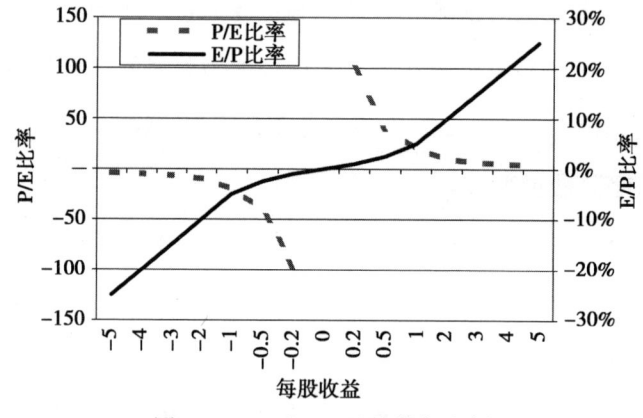

图 3-5　P/E 和 E/P（盈利收益率）

上面我们所提到的宽客使用收益数据的例子，意味着更多的内容。例如，在构建系统性的阿尔法模型时，很多基本面数据并不能被直接引用或计算。实际上，这些指标产生的时间要早于计算机交易的时间，这些指标的定义和分布都比较随意。宽客必须把这些数据转化成更加规范、更便于使用的变量，从而可以更加便利地用于系统化的交易软件。

通常，人们认为价值型策略就是低价买入的策略，但我认为这个定义过于肤浅。实际上，价值型投资策略认为，市场倾向于高估高风险资产的风险，而低估低风险资产的风险。因此，在适当时间买入高风险资产和（或）卖出低风险资产，可以获得收益。这一理论的依据是，有时候市场需要某类资产具有较高的收益，这些资产可以获得的收益就会比单纯由其基本面数据算出的收益要高。购买具有高收益的金融产品的投资者，在产品价格向更有效率、更加适中的价位变动时可以获利。因为在这一变动过程中，产品价格并非仅仅是下降，因为在其基本面大大改善时价格并不变动。相反，相对于基本面的变化，价格才是价值的重要决定因素。对于低价格的金融产品，这意味着产品的价格已经发生了大幅下降。所以，在某种意义上，价值型投资者是因为承担了价格趋势会延续的风险而获利。芝加哥大学布斯商学院教授雷·鲍尔（Ray Ball）曾写过一篇文章《证券收益及其代理变量之间的异常关系》（Anomalies in Relationships Between Securities' Yields and Yield-Surrogates），指出投资者期望获得高风险和高收益的股票，通常更可能具有高收益率[6]。

在同一相对水平上，买入估值过低的证券并卖出估值过高的证券，这种策略也称为**利差交易**（carry trade）。投资者通过卖出收益低的资产获取资金，用以买入高收益的资产。两种收益之间的差别称为**利差所得**（carry）。例如，投资者可以卖空100万美元的美国国债，用其所得买入价值100万美元具有较高收益的墨西哥债券。格雷厄姆和多德在其经典著作《证券分析》中指出，价值型交易带给投资者安全边际。在很多情形下，这个安全边际可以通过利差交易所得进行计算。如果不考虑其他情况，利差交易可以以基准回报率带给投资者收益，这正是格雷厄姆和多德所说的安全边际。

在货币市场上，利差交易是宽客极为常用的一种交易策略，通常是卖出短期收益相对较低的一国货币而买入具有较高短期收益的另一国货币。例如，欧洲央行的目标利率定为4.25%，而美联储设定的联邦基金利率为2%，利差交易者就可以卖出美元买入欧元。这是个价值型交易的典型例子，2.25% 的净收益（欧元多头的 4.25% 收益减去美元空头 2% 的收益）就是安全边际。如果交易发生亏损，2.25% 的亏损可以由多头带来的收益进行弥补。在债券交易中也可以使用类似策略。实际上，在 1998 年长期资本管理公司倒闭前，这就是其核心交易策略之一。

注意到，无论是货币市场还是债券市场，对于高收益和高风险之间关系的理解都比股票市场要深刻。换句话说，如果某项资产具有比同类产品更高的收益，必定存在投资者要求更高收益的理由。通常来说，理由就是这项产品与同类产品相比具有更高的风险。这一点从政府债券、AAA 级的公司债券以及其他低级别的公司债券的收益排序也可以看出。这三类债券的风险依次增大，对应的收益也依次增加，以弥补投资者所承担的风险。

价值型交易的另一个重要例子是在股票交易中。各类投资者都试图寻找指标来度量"便宜"，如税息折旧及摊销前利润（EBITDA）对企业价值（EV）的比率或市净率。每股账面净值对股价的比率（**账面收益率**）也是个常用指标，自从法玛和弗伦奇在其论文中经常使用这一指标，账面收益率在宽客圈内逐渐流行起来。绝大部分使用股票价值型策略的宽客是在寻找相对价值较低的股票，而不是评估某只股票是便宜还是贵。这个策略通常称为**量化多空策略**（quant long/short，QLS）。使用 QLS 的交易者经常会基于价值等多种因素判断股票的吸引力，进而对股票进行评级，买入高评级的股票而卖出低评级的股票。例如，我们根据假设的市净率对主要的集成油公司进行排序如下

公司	市净率（假设）
马拉松石油（MRO）	95.2%
康菲（COP）	91.7%
雪佛龙（CVX）	65.4%
埃克森美孚公司（XOM）	33.9%

根据这一指标排名，可以考虑买入排名高的股票而卖出排名靠后的股票。这里我们假设在接下来的季度中，拥有高市净率的股票可能比低市净率的股票业绩要好。

价值型策略可用于任意可以被度量价值的金融产品。在个股、股指、货币以及债券交易中，价值型策略都比较简单。而在绝大部分商品交易中，价值更多地被当作"便宜/昂贵"分析，通过商品的期望供给和需求的变化表现出来，而不再是收益。在期货市场上，也有各种明确以收益为表现形式的交易策略。**展期收益**（roll yield）是指在未来某天到期的期货合约价格和现货价格（或在相对较短时间内到期的期货合约）之间的价差。在**现货溢价**（backwardated）市场上，现货价格高于期货价格，由于期货价格会向现货价格靠拢，所以在这种情形下期货的展期收益大于零；在**期货溢价**（contango）市场上，现货价格低于期货价格，从而展期收益为负。

2. 成长型

成长型策略试图通过对所考虑资产以往的增长水平进行分析而对未来的走势进行预测。国内生产总值（GDP）或收益预测都属于这类预测的范畴。判断一只股票属于成长型资产，并不意味着它的收益会怎么样。成长型策略认为，在其他条件都相同的情况下，应该买入价格正在快速上涨的产品而卖出价格涨幅较慢甚至负增长的产品。一些成长性的度量指标，如市盈率与增长比率（PEG，PE 比率与 EPS 增长率的比值），基本上都是度量价值的前瞻性指标。换句话说，通过比较预期增长与预期价值，在对金融产品可能会经历的正增长或负增长做出预测的基础上来判断金融产品的价格是否合理。假如你预计某项资产会快速升值，但由于这种升值的可能，市场上该资产的价格已经上涨，那么成长型交易的机会便不再存在。事实上，如果市场上该资产的价格已经上涨得远远超出你的预期，卖空该资产才是个合理的选择。当然很多种成长型策略仅仅关注买入价格快速上涨的产品而不考虑价格本身的高低，或者卖出价格停滞不前甚至下降的资产，即便是在价格非常便宜或者具有高收益的情况下也要卖出。

成长型投资策略的理论认为，价格的上涨通常都是存在趋势的，价格上涨最快的产品通常会比同类产品更具有优势。对于公司而言，快速扩张的公司比其增长缓慢的竞争对手更容易占有更多的市场份额。成长型投资者应设法尽早判断出公司的股价处于增长期，从而捕捉到公司股价未来更大的上涨幅度。在量化交易界，既有宏观成长型策略也存在微观成长型策略的实例。在宏观层面，一些外汇交易的策略都是基于这样一种观点：持有经济迅速增长的国家的外汇。至少这些国家的利率比经济增长缓慢或处于复苏期的经济体要高。这是一种前瞻性的利差交易。

在股票量化交易圈中，使用量化股票多空策略的宽客们经常使用与增长（率）相关的指标使得他们的阿尔法模型更加多元化。众多宽客和主观判断型交易者在使用成长型策略时，都会用到的一个重要的变量是关于公司预期收益（或关于市场情绪的预测，如价格目标、推荐等级等）的估计。在各种经纪公司工作的分析师们会公布他们的预测结果，并不定时地发布他们所研究公司的相关报告。买入增长期的公司股票，这一点和其他成长型策略是相同的，略有不同的是在股票交易中希望通过分析师们预测而不是等待公司官方公布其收益信息，从而尽早对公司的增长情况做出预判。由于这个策略主要依赖于市场分析师或经济学家的观点，也称为**基于市场情绪的策略**（sentiment-based strategy）。宽客群体并不完全相信情绪型策略，例如上文所提及的对收益预测不过是成长型策略所使用的变量而已。但是根据我的经验，情绪型策略和成长型策略在实务中是高度相关的，以至于它们经常被认为没什么差别。毕竟，华尔街的分析师们预测未来收益时经常会参考历史上的增长水平如何。

3. 品质型

理论驱动型的基本面阿尔法模型的最后一类我们称为**品质型**。使用品质型策略的交易者认为，在其他条件相同的情形下，最好买入或持有高品质的产品而做空或减少持有低品质的资产。品质型策略的基本理念是看重资金的安全性，而成长型或价值型策略对这一点都没有予以重视。着眼于持有高品质金融资产的投资策略有利于保护投资者，尤其是在高风险的市场环境中。绝非偶然，这类策略常被称为**安全投资转移策略**（flight-to-quality）。这类策略在股票量化投资中经常用到，而在宏观性的量化交易中并不常用见到，可能是因为历史上国家违约的风险总是很低的缘故。随着经济危机在欧洲大陆的蔓延，越来越多的宏观型策略中也开始引入品质型模型。

一般地，衡量资产质量的指标可以分为五大类。

第一类是**杠杆比率**（leverage）。基于对杠杆比率的度量，在其他条件无差别时，应该卖出高杠杆比率的公司的股票而买入低杠杆比率的公司的股票。使用量化股票多空策略的分析师们经常使用债务股本比来判定股票的买卖，这个策略的本质就是认为，在其他条件相同时，杠杆低的企业要比杠杆高的企业更加可靠。

第二类度量品质的指标是**收入来源的多样性**（diversity of revenue source）。该指标认为，具有多种潜在增长渠道的国家或公司比渠道单一的国家或公司质量要高。所以，同等条件下，为各类用户提供多种产品或服务来盈利的公司，比只为特定目的生产单一产品的公司要更加稳定。对公司而言，**收入的波动率**（volatility of revenue）就属于这类指标。拿公司收益和股票价格的例子来说，同等条件下，投资者更青睐收益稳定（低波动率）的公司的股票，而不愿购买收益波动较大（高波动率）的公司股票。

第三类度量品质的指标是**管理水平**（management quality）。该指标认为，应该买入（卖出）具有好（不好）的领导团队的公司的股票。《名利场》(Vanity Fair)中很多文章都会提及这类指标。在《微软逝去的十年》（Microsoft's Lost Decade）一文中，作者指出，微软在管理上的几次重大失误，导致这个世界上市值最大的公司衰落得"万劫不复"。正如你可能想到的那样，从所需要的信息角度去衡量，这是最难以量化的一类指标。但也有些指标可用来度量管理水平，如公司的财务报表中操纵性应计利润的变化。有观点认为，操纵性应计利润的变化越大，公司高层的管理能力越值得质疑。

第四类度量品质的指标是**欺诈风险**（fraud risk）。该指标认为，应该买入（卖出）欺诈风险较低（高）的公司股票或国家外汇。量化股票多空策略中的**收益质量**（earnings quality）指标便是欺诈风险的一个实例。该指标用于度量公司的真实收益（自由现金流等）与财报所公布的每股净收益间的接近程度。自从2001年和2002年接连爆发的会计丑闻（如安然和世通）后，该类策略逐渐引起重视，警示人们：有时候上市公司的高管更关注公司的财报是否漂亮，而不是兢兢业业地管理公司业务。

最后一种类型的策略是有关投资者对产品发行方（公司或国家）实力的**情绪型**策略。通常，基于品质的情绪型策略关注于与以上4种类型的指标相关的前瞻性评估。换句话说，要前瞻性地关注在杠杆、收益多样性、管理水平以及欺诈风险方面的任何变化。但是，这类策略并不常见，因为这四类指标的变化都具有偶发性，并且关于资产质量的投资者信心，信息来源较少，这些都造成了很难去检测是否具有统计学上的显著性。近年来，信用违约互换市场的逐步发展成为关于投资信心信息的来源渠道。也有一些投资者使用隐含波动率来衡量投资信心，但是隐含波动率的上升可能有很多原因，例如市场走弱，对公司未来增长的预期降低，公司收益低于预期以及其他与公司资产质量无关的原因等。

品质型策略的收益随时间波动很大，并且极度依赖于宏观市场环境。2008年，品质型策略在预测银行股的相对价格中大放异彩，尤其是一些品质型策略帮助投资者识别、避开并卖出具有高杠杆比率或涉猎大量抵押类业务的银行股，从而使投资者避开2008年的信用危机带来的损失，甚至从中获利。上文所提及的21世纪初的会计丑闻，对于品质型策略而言本是有利可图的。但是，对所有这些策略而言，当市场很惨淡时这些策略都可以盈利，当市场状态良好时这些策略都会表现一般，而当市场极度繁荣时这些策略的收益就会很凄惨。

以上我们对理论驱动型阿尔法模型如何盈利进行了介绍。概括起来，价格相关信息可以用在趋势跟随策略或均值回复策略，而基本面信息可用于价值型、成长型和品质型策略。这个划分有助于理解量化交易策略，也有利于理解阿尔法策略。这个划分就像提供了一份策略菜单，宽客们可以"点菜"创造出他们自己的策略。这个划分也有助于分析师们理顺其所用指标并进行分类汇总。有时候宽客们自己也会觉得存在很多阿尔法模型，但实际上并没有想象中那么多。

数据驱动型阿尔法模型

现在我们将注意力转向数据驱动型策略，图3-1不包含这类策略。由于种种原因，实业界很少有人使用这类策略；其中一个重要原因是这类策略都特别难以理解，并且所使用的数据工具也极其复杂。做得好的话，数据挖掘可以借助一定的分析工具通过某些可识别的模式，由数据告诉你未来会发生的事。数据驱动型阿尔法模型，所使用的输入变量主要是交易相关的（绝大部分是价格数据），试图找出一些对未来具有解释能力的模式。

这类模型有两大优势。首先，与理论型策略相比，数据挖掘明显更具有技术挑战性，并且在实业界使用很少。这意味着市场上少有竞争者，这是大有裨益的。由于理论驱动型策略通常易于理解，并且在构建相应模型时所使用的数学工具通常来说也并不复杂，所以进入的门槛自然会低一些。数据驱动型策略就没有这样的优势，进入门槛比较高。其次，数据驱动型策略可以分辨出一些市场行为，无论该行为目前是否可以用理论加以解释，从而即使不理解某些市场行为的**成因**依然可以发现它们。相比而言，理论驱动型策略只能捕获到人们已经对其有所认识的一些行为，从而将其范围局限于上文我们所提及的 6 种类型。

例如，在股票、期货或外汇市场，很多高频交易者喜欢使用纯粹经验主义的数据挖掘的方法去设计其短期交易策略。这类数据挖掘类策略在高频交易中的应用很成功。如果设计得当，这类策略可以分析出市场的运作规律，而不必担心背后的经济理论或理论解释。由于目前缺乏人工和电脑程序化高频交易的理论基础，基于经验的方法要比理论型方法大有优势。此外，在高频交易的时间尺度上数据资源非常丰富，经验主义者可以通过各种数据进行验证，最终找到具有统计学意义上的显著性的结果。

但是，数据挖掘型策略也有很多缺陷。首先，研究人员必须决定用什么数据去建模。如果他所使用的数据和想要预测的东西根本没有联系或者联系甚微，他可能得到看似显著实际很荒谬的结果。例如，使用过去 50 年每天的月相去预测股市的价格。其次，如果研究人员使用所有被认为有助于进行市场预测的变量，那么算法所需要的计算量会大到无法实现。例如，要对两年的盘中实时数据进行较为全面的搜索去寻找具有一定预测能力的指标，即便涉及的变量只有少数几个，使用一台电脑连续工作也得需要3个月的时间。除了计算量上的困难之外，还有个问题需要考虑。使用这种方式从历史数据得到策略，相当于假设了未来和历史的表现会很类似，而实际上很多时候未来的走势会和历史数据差别很大，即便差别不大也只是在较短时间内。为解决这一问题，数据挖掘类策略需要经常性的调整，以便与市场变化保持一致，而这种调整本身又含有很大风险。

另一个问题是，仅仅根据数据挖掘算法设计的阿尔法模型，会让人觉得有些靠不住。如果输入变量中噪声信息过大，包含着很多错误的信号，会误导数据分析人员，干扰其判断。总之，尽管存在一些例外，仅使用数据挖掘技术去制定策略用于预测市场走向，通常并不可行。

尽管数据驱动型交易策略面临着上文所提及的诸多挑战，仍有交易者使用这些策略，因此值得花些功夫对这些策略有所了解。首先关注问题的框架。数据驱动型策略观察目前的市场环境，在历史数据中寻找类似的环境，根据历史来判断未来某一种可能情形出现的概率。当历史数据支持某种交易策略时，模型便选择进行该交易，否则便不选择该种交易。

值得一提的是，尽管和主观判断型交易策略存在类似之处，数据驱动型量化策略在数学上通常是难以理解的。技术分析人士（也称为"图表师"，因为他们经常使用图表分析交易价格、交易量等），通过寻找市场行为中重复的模式，希望能对未来进行预测。

所以，基本上使用数据挖掘策略的宽客都是首先观察目前的市场环境，然后在历史数据中寻找类似的环境，来衡量市场接下来的几种走势的出现概率，基于这种可能性进行交易。在这一流程中，他们至少要搞清楚以下几个问题。

首先，**如何定义"目前的市场环境"**？牢记一点：在量化交易策略中不允许存在任何模糊的余地。仅仅告诉电脑"找出历史上和现在很相像的市场环境"是远远不够的。我们必须精确地定义"现在""环境"具体指什么。说到"现在"，即便我们不去探讨时间的哲学概念，"现在"可以指一瞬间、刚过去的 10 分钟、过去的 10 年等。这并不存在统一的标准，宽客在这一点上可以根据自己的偏好进行选择。所以，即便是在极其依赖经验主义的数据驱动型量化策略中，主观判断也是设计策略的关键因素。谈及"环境"，我们是考虑价格因素，还是交易量或基本面数据？这不仅仅是个学术问题：对小型技术公司股票的价格变动的处理方式和处理大型多元化金融公司的股价波动的手段是否相同，涉及市场如何运作的基本理念问题。

其次，**寻找"相似"模式使用什么搜索算法**？随之而来的一个问题是：**如何定义"相似"**？另一个相关问题是：**算法采用什么方法来给出未来各种可能情况的概率**？这些都是最不容易概念化又最具技术性的问题。选择适用于所要处理数据集的统计工具是极为重要的，宽客必须重视这一点。在量化分析中最为常见的蠢事儿就是把统计工具应用到错误的问题中。关于统计工具的选择，有很多的门道和技巧，对于如何选择统计方法很难有个统一的回答。

再次，**如何确定历史数据的回溯时间段**？显然地，追溯历史数据寻找相似模式时要回溯多久是个更加直接的问题。通常是选择折中方案，这种方案常见于量化研究和主观型投资管理中。一方面，时点靠近现在的数据对预测未来作用更大，因为这些数据和现在以及不远的未来都最为相关。人类的行为是否在变化仍值得商榷，但是有一点却是肯定的：科技以及由此导致的人类交流的方式在不断进化中，不仅如此，进化的速度随着时间不断加快。市场结构同样也在进化。纽交所梧桐树时代的数据和现在完全电子化交易的时代能有什么太大关系呢？另一方面，将数据挖掘工具应用于当前资本市场含有噪声的数据集时，统计学意义上的显著性通常是至关重要的。对于绝大多数统计学上的假设检验方法而言，样本量越大，从数据得到的结论可靠性会越高。所以，越近期的数据越相关，越多的数据结论越准确。因此，在对具有这种动态特征的系统进行统计分析时，宽客必须在这些相互冲突的特征间进行权衡。

实施策略

无论是否使用量化方法，谋求阿尔法收益的交易者盈利的手段并不太多。但手段选择的有限性并不意味着所有的宽客与其他交易者完全相同，只能选择几种现象之一。实际上，量化交易模型千差万别，非常丰富，远远多于我们所想象的。

这种多样性源于宽客实施其策略的方式多种多样。现在我们将注意力转向实施方式。一套实施策略值得深入探讨的有很多方面，包括预测目标、投资期限、投注结构、投资范围、模型设定和运行频率等。

预测目标

策略实施的第一关键要素是准确理解模型所要预测的目标。模型可用于预测方向、幅度、运动的持续时间，进一步可以包括预测目标的概率或置信度。很多模型只预测波动方向，期货市场上绝大部分趋势跟随策略便是如此。这些策略只试图去预测资产价格是上升还是下降。有一些其他模型可以具体预测期望收益或目标价格的波动幅度大小。还有一些模型，尽管并不常见，试图对运动持续的时间长短进行预测。

信号强度（signal strength）是量化模型中一个重要（但未普及）的指标。信号强度以期望收益或置信度进行定义。如果保持置信水平不变，期望收益越高（如相对于现价未来价格越高），信号强度越强。类似地，如果保持期望收益不变，信号的置信度越高，信号强度越强。虽然并不总是如此，但通常情况下，信号强度水平越高，收益或损失就会越大。这是很合理的。假设你认为埃克森美孚（XOM）和雪佛龙（CVX）两只股票的价格会上涨，但是你对埃克森美孚股价的预测置信度更高或期望收益更大。合理的选择是，你更愿意把赌注压在埃克森美孚上，因为埃克森美孚可以提供更加确定的和（或）更大的潜在收益。量化模型也是如此，一般会给置信度高或期望收益高的预测更多的信任。当交易的信号强度不是固定不变时，这一概念也将影响交易策略所使用的方法，我们将在第7章对此进行详细讨论。但是，使用信号强度需要注意一些问题。极强的信号是不正常的，因此基于极强信号的预测和实际情况间的关系的置信度往往要低于弱信号情形。

投资期限

阿尔法模型实施的第二关键因素是投资期限。一些量化模型甚至要对微秒内的情形进行预测，另一些模型则试图预测一年或更久时间之后的情形。绝大部分量化策略所预测的时间范围介于几天到几个月之间。特别地，应用于短线交易策略和长线交易策略看起来大为不同，尽管它们的交易思想相同，如图3-6所示。可以看出，在2008年的4月和5月期间，如果使用基于中期的移动平均的趋势跟随策略，会卖空标准普尔500指数，因为从2007年10月开始市场呈下降趋势。与之相反，如果使用短期移动平均线策略，除了4月中旬的3天和5月末的几天外，其他时间都会建立标准普尔500指数的**多头**头寸，如图3-6的下图所示。这个例子很好地说明了，在不同的投资期限上采用相同的策略，会产生截然不同甚至完全相反的结果。

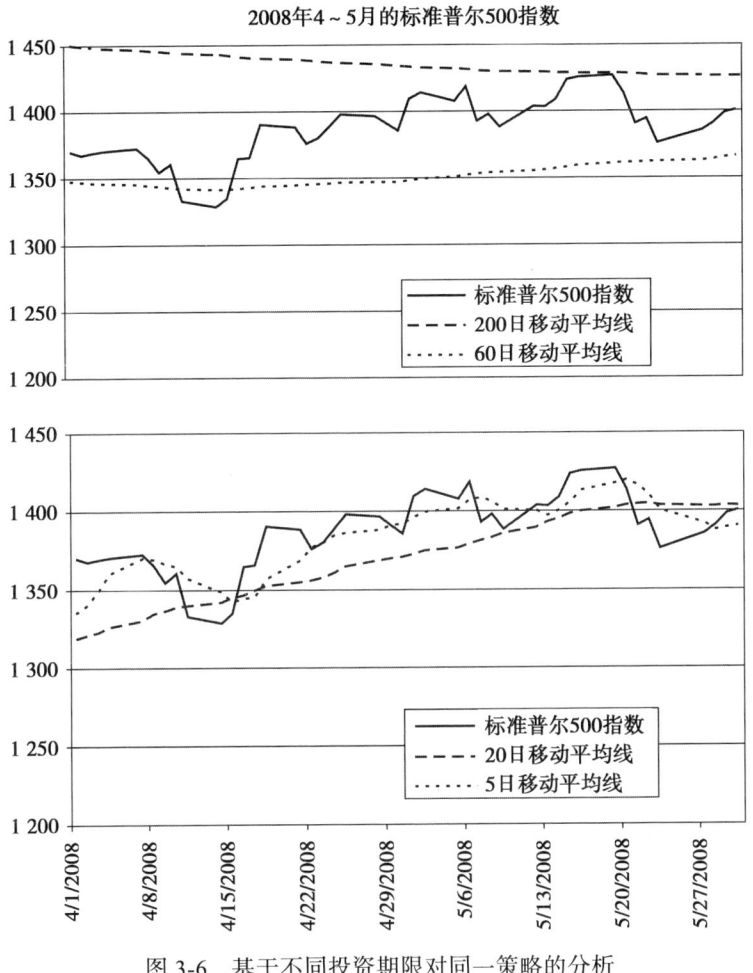

图 3-6　基于不同投资期限对同一策略的分析

一般地，分钟策略与小时策略间收益的差异要大于 3 月期策略和 6 月期策略间收益的差别，即使后一组（3 个月、6 个月）间的时间差异明显要长于前面一组（分钟、小时）。我们发现，**较短投资期限上收益的差别通常要大于较长投资期限情形**。在风险较高的环境中这一普遍规律也是成立的。这是因为，如果策略内容相同，与长期交易策略相比，短期交易策略交易的频率很高。如果运行频率很高，同一个策略在投资期限上的微小差别每运行一天会被放大上万倍，运行一年会被放大几百万倍。

反之，相同策略的 3 月期版和 6 月期版交易的次数就会少很多，所以投资期限上的差别不会被放大很多。例如，在 2008 年 4 月和 5 月期间，基于 150 天和 300 天移动平均线的趋势跟随策略与采用 60 日、100 日移动平均线所得到的结果基本上完全相同，都会建立标准普尔 500 指数的空头头寸。反之，根据使用 5 日、20 日移动平均线的趋势跟随策略，在 2008 年 4 月和 5 月的 43 个交易日中，有 8 个交易日应该做空标准普尔 500 指数；如果不用 20 日移动平均而使用 10 日滑动平均线，根据 5 日、10 日移动平均线的趋势跟随策略，会有 15 个交易日应该选择卖空。

投资期限有无穷多种选择，例如你可以预测两周后的情形，也可以预测两周零 30 秒，或者两周零 31 秒后的情形，尽管在两周的基础上增加 30 秒或 31 秒对预测结果并没有太大影响。顺着这个思路，对策略进行分类有助于理解不同投资期限上的量化交易策略间的差异。**高频交易策略**（high-frequency strategy）是最快的，预测期限不超过当前交易日。第二类是**短线交易策略**(short-term strategy)，倾向于持仓一天到两周。**中线策略**（medium-term strategy）预测的期限是几周到几个月。**长线策略**（long-term strategy）通常是持仓几个月或更长时间。不同类别策略间的差异具有一定的随意性，但这种粗略划分有助于理解各种量化交易策略相互间的差别。

投注结构

阿尔法模型的下一个关键要素是投注结构，依赖于模型进行预测。模型既可以预测金融产品自身的信息，也可以预测其相对于其他金融产品的信息。例如，模型可以预测金价处于低位未来会上涨，或金价**相对于**银价较为便宜，未来会比白银有更强的走势。在进行相对预测时，我们可以选择预测小类的（例如，配对金融产品）表现或者大类的（例如，一个门类）表现。相对而言，小类更易于理解和分析。特别地，配对交易是比较受欢迎的做法，因为理论上我们可以选择能直接进行比较的两种产品。

配对法当然也有不足之处。很少有资产可以精确地直接进行比较，这削弱了配对法的主要优势。两个互联网公司可能都是主要依靠搜索引擎的收益来盈利，但它们在其他方面可能大有不同。一个可能具有较多的内容驱动型业务，另一个可能通过广告业务来补充搜索引擎的收入。同时，我们也可以找到具有很强的广告业务或内容型业务的公司，但每一个都与前面两个公司具有一些相同的特征。这样交易者就面临一个困境：应该使用哪一个组合？或者说，怎么样才是最好的配对结构？

另一种方法是在大类中投注。研究人员把证券进行分类，主要是为了隔离和消除类内的共同因素。例如，依据市场板块对股票进行分组，很大程度上就是为了消除整个板块波动的影响而专注于板块**内部**股票价格的**相对**变化情况。事实证明，将只有两个元素的组群的共同因素分离出来是极其困难的。另一方面，在大类中很容易区分类的行为和个体行为，很多量化交易策略会从中受益。因此，以组群进行交易的绝大部分宽客，在进行投注时倾向于使用较大规模的分组而不是两两配对。

研究人员还必须选择**如何**分组，或者使用统计学方法，或者依靠直觉（例如按照基本面的产业门类）。有很多统计方法可以识别出对象是否彼此相似或是否可以属于同一类别。但是，统计模型可能会因为数据原因而不适用，造成错误的分组。例如，可能会有一段时间，互联网股票的走势和粮食的价格走势一样，由此统计模型可能会把它们分成一组。但实际上互联网股票和粮食类之间的差异性远远多于共性，绝大部分基本面分组方法根本不可能把它们分成一组。此外，随着市场体制的变化，金融产品间的关系也会频繁变化，这会导致系统错误地进行分组，即便它们的表现不再彼此相像。

另一种方法是根据直觉分组。资产种类、部门、行业等都是直觉分组法的常见例子。这种方法听起来很有道理，也有站得住脚的理论优势，但直觉分组通常是不准确的（例如，通用电气这种大型综合企业属于什么行业），也可能过于僵化。僵化是个很大的问题，因为随着时间的推移，产品之间的相似性也在变化。例如，股票和债券价格有时反向变动，有时同向变动。由于两类资产间的相关性在不同时段会不断变化，从理论上分析二者间的关系并就二者属于同一组还是不同组别，想给出一个静态的结论，这是难以办到的。因此，大部分分组方法（可推广到绝大部分基于**相对**预测的策略），无论使用统计技术还是依靠直觉，都会面临着因为市场机制的变化而导致产品间关系发生重大变化的风险。

在评估阿尔法型策略时，不同投注结构间的差别是很重要的，特别是对于方向性投注（单个产品）和相对投注（多产品）。相同的阿尔法模型，用在单一的金融产品上和用在彼此相关的一组金融产品上，表现不同。对于各式各样的分组方法，平衡分组方法的风险和收益都是极为重要的。一般地，通常时间段内，与绝对阿尔法策略相比，相对阿尔法策略倾向于得到更加平稳的收益。但在极端行情下，它们都会遇到由于错误分组带来的各种自身的问题。一些宽客试图通过同时使用几种分组技术来减弱单一分组带来的风险。例如，首先利用板块对股票进行分组，然后利用动态的统计学方法来改进这些分组，以更好地反映股票间近期的相关关系。

我们需要对**相对价值**（relative value）做一些澄清。这是个在对冲基金行业很常见却没有特殊用处的术语。在使用相对投注结构的策略中会用到这个术语，但是**价值**在这里用得不是很合适。当然，基于产品相对价值进行预测的策略很常见，但绝大部分称为相对价值的策略和价值投资并没有什么关系。相对均值回复策略、相对趋势策略和其他相对基本面策略，都是使用相对价值的。

投资范围

一个策略可以被用在各种金融产品上，宽客必须决定其适用于哪些金融产品。宽客对投资范围做出的第一个重要选择是**地理范围**（geography）。一个适用于美国股市的相对均值回复短线策略用到中国香港股市时，可能表现会差别很大。分析人员必须做出判断，在哪里使用这个策略。关于投资范围，宽客必须做出的第二个重要选择是**资产种类**（asset class）。外汇市场上的成长型策略用到股指上去，表现可能会大为不同。宽客必须决定每个策略所适用的资产种类。第三个重要决定是**产品类别**（instrument class）。股指类产品一般在期货市场交易，完全不同于单只股票，尽管它们都属于股票类资产。此外，在市场上，不同产品类别的参与者性质和流动性特征都各不相同，因此交易什么类型的产品也是宽客必须认真研究的内容。税务因素也必须考虑在内。最后，在某些情形下，由于种种原因，宽客可能会包含或排除某一类产品。

投资范围的选择很大程度上取决于宽客的个人偏好。第一，宽客倾向于流动性好的产品，因为其交易成本是可以预计的。第二，宽客一般需要大量的优质数据。通常这种数据在具有高流动性的比较成熟的市场上更易获取。第三，宽客更喜欢那些易于使用体系化的模型进行预测的金融产品。返回到生物科技公司股票的例子，一些宽客根本不考虑它们，因为政府部门批准或拒绝了其研发的新药之类的事件会造成其股价快速而剧烈的波动，这具有很强的偶发性因而难以系统地加以预测。尽管具有生物科技专业背景的医师们对此会有一些直觉，但这并非大部分宽客可以进行建模的事情。由于这些偏好，宽客参与的典型资产类别和产品主要集中在股票市场、期货市场（尤其是债券和股指）和外汇市场。一些策略在20世纪90年代后期很流行，现在已经比较少见，这些策略主要用在固定收益类资产（如互换和现金债券）而不是在期货市场上。从地域上看，在美国、欧洲和日本都有大量宽客，在北美其他地区以及亚洲发达地区也有一些。对于缺乏流动性的金融产品市场，或者交易公司债券或可转债的场外市场，基本看不到宽客的身影，在新兴市场上也较为少见。

随着对场外交易市场管理的不断完善以及电子交易技术的改进，场外市场的量化交易正在增多。但这也意味着这些市场的流动性将会得以改善。正因为如此，流动性指标可以作为一个衡量策略交易范围的重要维度。毕竟，相对而言流动性高的产品可以提供高质量的数据且更有利于预测。

模型设定

对一个交易策略而言，如果要投入使用，仅有核心概念是远远不够的。在正式使用前，宽客必须对策略的方方面面给出详细的定义。此外，宽客如何选择或定义策略中的某一个概念，可能会导致策略的结果与使用其他定义方法的结果截然不同。例如，定义趋势有很多种方法。有的策略只是简单计算过去一段时间该产品的收益总和，大于零就认为处于上行趋势（小于零则认为处于下行趋势）。另一些分析师则使用移动平均线的方法（如图3-1、图3-3、图3-4所示），判断价格是高于还是低于近期平均价格，进而来判断趋势的走向。还存在一种趋势跟随策略，试图在趋势形成的早期就将其识别出来，使用他们认为在该关键阶段应该出现的价格模式去进行匹配，但是他们对价格是否已经形成一个长期趋势并不进行判断。

以上提及的不过是一些定义趋势的常用方法。即便如此，每一种阿尔法策略也可以有多种定义方式。使用数学语言精确地给出策略的具体表达，是宽客工作中很重要的一部分内容。这是值得从事量化交易的投资者认真研究的领域，因为对宽客而言，这是体现差异性和潜在比较优势的根源所在。在本章"投资期限"部分，我们提到在股市上的交易时机选择，即便是相同策略所使用的投资期限上略有不同，也会对在给定时点的投资决策（做多还是做空）产生重大的影响。考虑到投资期限的重要性，有助于理解投资策略中使用不同的定义会产生不同的交易行为。但是，让宽客告诉外界他所构建的交易策略的所有细节，可能是非常困难的。对非量化交易者而言，模型设定仍然是"黑箱"中很模糊的层面，但是实际上，尽可能地深入研究宽客的模型设定，有助于深入理解宽客群体和普通人的投资收益差别很大的原因所在。

模型设定很重要的一个方面是模型参数设定。返回之前关于趋势的例子，移动平均方法中天数的选择（如 5 日 /10 日移动平均线交叉法和 5 日 /20 日移动平均线交叉法）便是一个重要参数。很多宽客在设定参数时借助于机器学习或数据挖掘类的方法。在"数据驱动型阿尔法模型"中，我们已经提到选择模型拟合数据和参数设定问题。对于这类问题，机器学习方法更加适合并且被广泛使用。本质上，机器学习方法可用于判断量化交易模型中参数的最优设定。机器学习类算法旨在提供一种理论上可行的智能化途径，在不出现过度拟合的前提下去测试参数的许多潜在组合（以选择最优组合）。

参数设定问题中，有一类问题涉及模型调整的频率。为了使用更近期的数据，通常需要对模型进行调整。这一过程称为**重拟合**（refitting），因为需要在目前的交易中，重复进行策略开发过程中完全一样的一部分工作，以更新模型使其更加适用于目前的市场环境。这是个计算密集型工作，有时会涉及百万甚至数十亿的计算量，很多宽客极少重新拟合他们的模型或压根不更新。重拟合也可能导致出现过度拟合的风险。过度拟合也是个很危险的问题，会导致一些虚假的、短暂的关系被错认为是有效的、具有持续性的。

条件变量

很多宽客（以制定交易策略为生）在其策略中使用条件变量。条件变量的引入会使策略更加复杂，但也会提高策略的预测效率。有两类基本的条件变量。一种是**修正型条件变量**（modifying conditioner）。这类变量通常是基于某种给定的信号，根据该信号的特征（或相应结果）而发生变化。例如，单纯使用一个趋势指标不足以正确地捕捉到趋势信号。毕竟，趋势跟随策略中有很多趋势显现的错误信号。很多有经验的操盘手都承认，如果没有"资金管理"或"风险管理"规则，他们的策略基本上不具有可投资性。这些规则，以及下文所要讨论的其他规则，在一定程度上可以看作趋势跟随策略的条件变量。

例如，止损是伴随着趋势跟随策略的常用条件变量，基本思路是跟随趋势，**直到**趋势开始反转并导致足够多的损失而触发止损规则。停止规则有很多种：止损、止盈和时间停止等。止损，通常是在策略中使用了大量"错误"信号时使用，而不是在"好的"信号带来很多收益时使用。即便如此，很多方向型趋势跟随策略只在很少数交易中能够盈利（通常少于40%），但是它们在盈利的交易中所获得的收益要远远高于在亏损时付出的损失（由于止损规则的存在）。

当宽客认为尽管当前价位还处于盈利中但风险已经越来越大时，就会使用止盈策略。这是个很合理的概念：市场几乎不可能沿着同一个方向无限期走下去，所以在同一方向上交易策略已经获得足够多的盈利时应该见好就收。此外，时间停止规则可用于避免持仓过久触发某些信号而被认为交易失效的情况出现，这是一种对投资组合进行更新的途径。

另一种条件变量是**辅助条件变量**（secondary conditioner），要求多种信号达成一致从而触发交易。例如，很多分析股票基本面的分析师都是GARP（Growth at a Reasonable Price）策略的拥趸，信奉"在较低价位买入成长性高的股票"。如果一家公司处于成长期并且股价不高，该公司的股票就可以列入买入的候选股票。但绝对价格的便宜并不能说明值得购买。在价格驱动型策略中，不同投资期限上的趋势，或趋势法和均值回复法，会被组合使用。例如，均值回复策略可以作为买入价格已经下跌的金融产品的条件，但是交易的方向应该和长期趋势的方向保持一致（例如，在上行市场上买入价格下跌的产品，在下行市场时卖出价格上涨的产品）。

大部分基于规则的模式识别策略在设计时都会使用条件变量。像数据驱动型策略一样，这类模式识别策略也是寻找市场行为中重复的模式（通常会比"买涨卖跌"或"买跌卖涨"模式要复杂），但是理论驱动型模式识别模型都是从预先设定的规则开始。而数据驱动型交易者更依赖于算法来判断哪种"模式"最重要（尽管也是在给定的范围内，就像是在"数据驱动型阿尔法模型"章节所讨论的那样）。

运行频率

创建阿尔法模型的最后一个要素是给出**运行频率**（run frequency），即模型寻找新的交易机会的频率。一些宽客运行模型的频率相对较低，如每月一次；另一些则走了另一个极端，模型几乎处于连续运行之中。宽客必须找到一个平衡点。具体来说，提高模型运行频率通常会带来更多的交易机会，这也意味着要付给经纪商更多的佣金，交易成本也就更高。此外，模型运行频率高，投资组合是基于并不包含有用信息的噪声数据进行决策的可能性会更大。这反过来意味着交易成本的增加并没有带来交易策略的阿尔法收益显著增加，从而降低了策略的总体盈利水平。

另一方面，运行频率低的模型会导致数量小但规模较大的交易发生。这样的交易会对整个市场造成较大的影响，从这一层面看这样的交易代价很高。如果模型运行过于不频繁，当模型运行时会对目前所持有的投资组合造成很大的变动。这也意味着大宗交易会对市场既有结构造成很大冲击。运行频率低的模型容易错失市场机会。如果一个策略每月运行一次，可能会在模型休眠期错失以更有利的价格进行交易的机会。另外，如果在模型运行前后出现一些偏差，就有可能错过以稍纵即逝却更具吸引力的价格进行交易的机会。

运行频率的高低取决于策略的很多其他因素，特别是预测的投资期限、输入变量的类型等。最后，绝大部分宽客运行他们的模型不少于一周一次，很多甚至是整天连续运行。显然地，策略运行频率越低，留有的余地越大，但短期策略倾向于以连续实时的方式运行。

策略的多样性

我们已经描述了在构建阿尔法模型过程中宽客必须考虑的几个重要方面。为了在量化交易中取得成功，宽客需要在这些方面都做出良好的判断。总之，成功的宽客都具有以下特征：令人难以置信地注重细节，不知疲倦地提出恰当的问题并找到最佳解决方案。然而，对于那些不需要构建量化交易系统却对这些很感兴趣的人而言，本节所讨论的这些问题都很容易理解，并且足以提供一种有效区分不同宽客的方式。

策略实施过程中的诸多细节导致了实际中存在的量化交易策略多种多样。例如，如果考虑策略的类型、投资期限、投注结构、投资范围、模型设定、条件变量和运行频率的不同，价值型策略有很多种类。只是用这里所列的前4种实施细节以及我们上文所描述的最简单分类，这里有两种预测目标（方向和振幅），四种投资期限（高频、短线、中线和长线）、两种投注结构（绝对型和相对型），四种资产类型（股票、债券、货币和商品），这样就可以得到64种不同的价值型模型（2×4×2×4＝64种组合）。这还不包括定义价值的方法，如何利用其他变量上定义价值以及寻找到价值的频率等方面。乍看起来似乎有无穷无尽的策略，但是我们这里所建立的框架，可以帮助感兴趣的人对黑箱的内部有所理解。图3-7重述了阿尔法模型的分类，并对其进行了扩展。

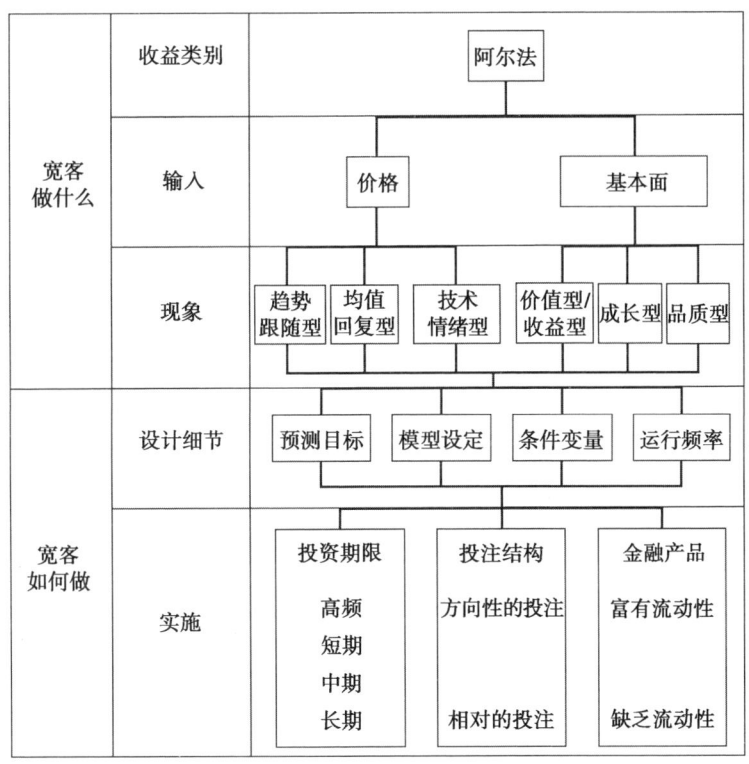

图3-7　理论驱动型阿尔法模型的框架图

混合型阿尔法模型

在定义交易策略时，宽客所做的每一个决策都是交易行为的重要驱动力。但在构建交易策略时，宽客还必须做出另一个极其重要的选择。具体而言，宽客并不局限于为给定的阿尔法模型选择一种实施方法。相反，他们具有选择**多种**阿尔法模型的自由。对这些阿尔法模型进行组合的方法就像充满了不确定性的竞技场。最高深也通常最为成功的宽客倾向于同时使用几种阿尔法策略，包括趋势跟随法、均值回复法以及各种基本面方法，并考虑不同的投资期限、不同的投资结构、不同的金融产品以及不同的地域等。这些宽客从阿尔法策略的多样性中受益良多，正如多样性在金融的其他许多领域也都大有裨益一样。

混合阿尔法模型和主观判断型交易策略有很多类似之处。假设一个共同基金经理得到两份关于埃克森美孚（XOM）的分析报告。其中一份分析报告使用经典的格雷厄姆和多德的基本价值理论进行分析，认为埃克森美孚的股价在未来一年会上涨50%。另一个分析报告则根据趋势跟随法认为埃克森美孚的股价在未来一年会横盘整理。根据两份分析报告的预测，基金经理应该如何预判埃克森美孚的股价呢？这就是混合阿尔法模型（每个分析报告代表一种模型）所要探讨的核心问题。

进行混合预测的3种最常用量化方法分别是线性模型、非线性模型和机器学习模型。第4种重要流派认为，阿尔法模型根本不应该进行混合，而是应该基于每一种阿尔法模型构建一个投资组合，之后构建一系列的投资组合。这些投资组合可以使用在第7章所要讨论的投资组合构造方法来进行混合。

这4种混合方法都各有其信徒。与我们已经讨论过的其他事情一样，对阿尔法模型进行组合的最好方法还是依赖于模型本身。一般来说，就像单个阿尔法模型的情形一样，对阿尔法模型进行混合的目的是找到模型的一个组合，使其对未来有最佳的预测效果。如果其他条件都相同，阿尔法模型的任意有效组合都会比单个阿尔法模型的效果要好。如图3-8所示，预测模型A、B各自都能偶然正确预测未来的某些情形，在图中通过预测A和真实情况的重合区域、预测B和真实情况的重合区域来表示。但每种方法预测未来的成功概率都很低。但是预测方法A和B同时使用，预测未来的成功率差不多是单独使用任一方法的两倍。

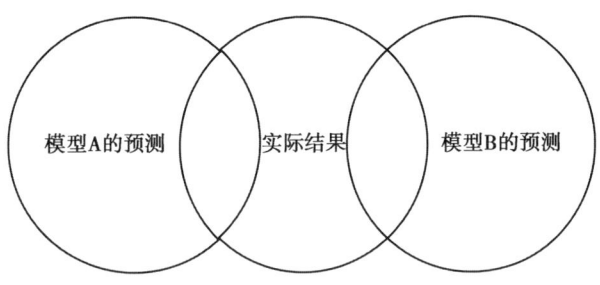

图3-8　多种预测模型的图示

宽客在对阿尔法模型进行混合预测时，线性模型是迄今为止最为常用的方法。线性模型是人们对于因果关系的常见认知途径的理性复制版。在线性模型中，是否包含某一变量和是否包含另一变量是相互独立的，并且假设变量间具有可加性，而不受其他进入模型或者从模型中剔除的变量的影响。例如，一个高中生想进入一所好大学，她会把自己的成绩、标准分、课外活动、推荐意见、作文等作为独立变量放进线性模型去预测自己获得大学入学资格的可能性。无论其他变量如何，成绩都是很重要的；对于其他任一变量也都如此。这种情况下，线性模型就很适用。假设另一种情形，如果标准分足够高的话，作文分就不起什么作用，那么线性模型对于预测入学资格就不再合适。

使用线性模型的第一步工作就是给每个阿尔法模型分配权重。回到之前的例子，我们想预测大学入学资格。第一步就需要我们定义成绩的相对重要性（例如相对于标准分）。这通常是通过**多元回归分析**（multiple regression）方法来实现，通过该方法可以找到阿尔法模型的一个组合，该组合可以最大限度地解释所交易金融产品的历史交易行为。这里存在这样一个假设：如果一个模型能对历史进行合理的解释，它也可以对未来具有足够的解释力从而带来利润。这些权重会被用到相应阿尔法模型的产出上，这里的产出通常是预测或某种得分。更具体地说，把每个阿尔法模型的产出乘以对应的权重再加起来，就可以得到组合预测或得分。这种组合可以用来指导如何构建目标投资组合。

假设具有两个阿尔法模型的交易系统。一个阿尔法模型关注 E/P 比率，是收益型模型；另一个关注价格趋势，是趋势法模型。收益模型预测埃克森美孚公司的股价未来一年会上涨 20%，而趋势模型预测会下跌 10%。对历史数据进行回归分析，收益模型有 70% 的权重，而趋势模型权重为 30%。把它们的权重和得分放到一起，双因素混合模型对未来一年的收益预测计算如下：

收益模型：70% 权重 ×20% 预测收益 ＝ 14%

趋势模型：30% 权重 ×（−10%）预测收益 ＝ −3%

两个乘积求和的结果是 11%，这就是使用混合阿尔法模型计算出来的埃克森美孚公司未来一年的预期收益。

线性模型的一个特例是等权重模型。尽管不是高度数量化的方法，但等权重方法在量化交易中很常见。等权重法的基本思路是，交易者无力得到更加精确的权重，所以给予所有的阿尔法模型同样的权重。这种方法的一个变形是，给每个阿尔法模型一个"等风险"权重。这里主要借助了这样一个概念：1 美元对于高风险策略和低风险策略的意义是不同的。在第 6 章中我们将对这些方法如何应用到构建投资组合策略展开更加详细的讨论。还有一种方法是，根据主观判断给出每个阿尔法模型相应的权重。

有很多种非线性模型可以用来对不同的阿尔法模型进行组合。与线性模型不同，非线性模型假设：用于预测目的的变量之间是不独立的或变量间的关系是随时间变化的。条件模型（conditional models）和旋转模型（rotation models）是两类主要的非线性模型。条件模型赋予某一阿尔法模型的权重，取决于该模型对其他模型的解释能力。

仍然使用上文的例子。条件模型假设 E/P 收益模型有利于改进预测效果，但**只有**在价格趋势法和收益型模型的结果**相一致**时才有效。换句话说，只有当高收益股票的价格趋势是上行时才有可能买入，低收益股票的价格趋势是下行时才可能会卖出。在一致性条件满足时，收益模型才会改进预测结果。但如果价格趋势法和 E/P 收益模型的结果不一致，收益模型会被完全忽略掉。

与上文所提到的线性组合方法相比，条件模型不会对埃克森美孚公司股票发出信号，因为根据价格趋势法收益为负，而收益模型预测收益为正，二者不一致。如果根据趋势法，埃克森美孚公司的收益预测为正，则根据组合非线性模型，该股票未来一年的目标收益为 20%，这是根据价值型因素计算出来的收益，因为与趋势法的结果一致而被"激活"。注意到，这种情形下的混合模型类似于在每个阿尔法模型中利用更多的条件变量，尽管并不要求条件线性模型是个"变量全进全出"的方法。根据其他阿尔法模型的预测值，可以利用条件变量来增加或减少某一阿尔法模型的权重。表 3-1 展示了一个条件模型的例子。

表 3-1 混合策略简单的条件（非线性）模型

	价值型	动量	信号
价值型策略与动量策略不一致	多头	空头	无
	价值型	动量	信号
价值型策略与动量策略一致	多头	多头	多头

另一种用以分配权重的条件模型的例子是，使用外部变量来分配权重。例如，一些从业者认为当市场波动处于高位，股票相互间的相关性处于较低水平时，统计套利策略表现更好一些。所以，同时使用均值回复统计套利策略和方向性趋势策略的交易公司在波动率高、相关性低时应该给统计套利策略很高的权重。反之，当波动率低、相关性高时，应该给趋势策略更高的权重。在其他时段，两种策略可能给予相同的权重。

用于混合阿尔法模型的第二种非线性方法是旋转模型（rotation approach）。这类模型根据阿尔法模型的表现追随相应的趋势，而不是跟随市场本身的趋势。这一点和线性模型是类似的，但这里模型的权重是基于各种信号的权重进行更新计算，且随时间波动的。随着时间的推进，越来越多近期的数据被用来计算权重，以期模型的权重与当前的市场形势更加相关。这种方法通常会对近期预测表现好的模型以更高的权重。从某种意义上说，这是随时间变化的趋势跟随阿尔法策略。

有时，宽客也会使用机器学习模型来决定各种阿尔法模型的最优权重。在决定最优参数时，与预测市场行为本身相比，机器学习方法在混合阿尔法模型中的使用更为常见，效果也更好。这些方法使用算法来计算出能对历史数据具有最强解释能力的最优混合，并假设在历史数据上表现良好的混合模型在未来的表现也会较好。在旋转模型中，混合阿尔法策略可以使用机器学习类方法周期性地更新各个阿尔法模型的最优权重，当然是基于不断变化不断累积的数据集。不同于使用机器学习方法生成阿尔法信号，使用机器学习方法决定不同阿尔法模型的权重更为常见，效果也明显更好。但是，与其他分析技术相比，在混合阿尔法模型中机器学习方法使用得并不多，只有很少一部分宽客使用这些方法。

我们对**混合信号**（mixing signals）或组合阿尔法预测的常用方法进

行了简要总结。关于量化交易的这部分内容，无论是在学术著作还是交易报告中都很少引人重视，但我个人认为这是量化交易或任何交易中最为迷人的部分。当面临大量信息和各种意见时，决策者都会面临着相同的问题：如何将这些可以得到的相关信息加工整合，形成一个审时度势的决策？

值得注意的是，信号混合与投资组合构建有着某些相似之处。毕竟二者都是关于头寸选择和组合的问题。但是，它们又是明显不同且相互独立的过程。信号混合模型对多个阿尔法信号进行加权汇总得到一个组合预测，进而用于投资组合构建。投资组合构建模型使用多种信号作为输入，包括阿尔法信号、风险模型和交易成本模型（接下来两章将会谈到）等，试图决定投资组合的头寸规模。

小结

在经典著作《信号与噪声》（The Signal and the Noise）一书中，纳特·西尔弗（Nate Silver）展示了预测方法之间略有不同的区别所在[7]。并非所立足的科学学科不同，而是如本章所展示的那样，所从属的统计学分支不同造成了它们的差异。

贝叶斯统计学（Bayesian Statistics）是统计学中的一个重要分支，在进行预测时非常注重"先验"（prior）信息的重要性。这里，先验指的是预测者事先所知道的信息。例如，假设你听说你的配偶（和你关系很好）说了一些侮辱你的话。但是这些话真的是一种侮辱的概率有多大呢？根据贝叶斯的方法，你应该首先考虑，在你听到这句话之前，什么情形下你的配偶会辱骂你。这种概率通常会很低，尤其是在关系还不错的情况下。我们假设这个概率是10%。接下来，我们要考虑我们所听到的那句话不是侮辱性话语的概率，考虑到你的配偶不太可能会侮辱你。如果那句话听起来确实很负面（如"我丈夫是个傻瓜"），这也是不太可能的。我们假设这个概率也是10%。最后，我们计算你听到你的配偶说这句话是因为她真的想侮辱你的概率。如果她以为你没有听到，那这个概率就上升了。如果她看到你就在她面前，那这个概率自然会下降。在这个例子中，我们假设你的配偶以为你不在家。这样，你的配偶说这句话就是为了侮辱你的概率就是65%。

考虑所有这些信息，根据贝叶斯定理，由你所知道的先验信息，你的配偶的确是要侮辱你的概率在42%以下[8]。这是个令人愉快的直观结果：你亲爱的配偶无意冒犯你。但是，她的言论却是很负面的，这让人更加怀疑她是有恶意的。最后计算出来的概率要低于没有先验信息（你的伴侣不太可能侮辱你）的情形，但是却高于你在不确定的条件下没有听到这句话的情形。

读者们可能已经注意到了先验和理论之间的哲理性关系。这不仅仅是巧合：这两个概念确实密切相关。贝叶斯预测方法的基本理念就是允许新的信息去对先验信息进行修正。新的信息越是令人吃惊（如，和先验信息相冲突），我们就会越多地摆脱先验信息。

统计学的另一个重要分支是频率统计学。频率统计学认为，数据只能告诉我们概率以及围绕着概率的置信区间。例如，从数据分析中得出股票目前的E/P比率为0.03或者更低（或P/E比率为33.33或者更高），已经下降了10%，并且知道在观察到这一比率后的一年时间里对应的6%的置信区间，这样可以进行进一步的预测。

这个方法和本章所描述的数据驱动型方法之间存在着哲理性关系。此外，在证明这种差异是不完美的方式上也有着相似之处。很多理论型科学家也坚信应该从数据出发，从数据中得到结论，例如模型中的参数估计。但这样的话，会发现很多自称贝叶斯统计学派的人所使用的都是频率工具。实际上，在卡耐基梅隆大学的拉里·沃瑟曼（Larry Wasserman）针对西尔弗的书所写的精彩书评中，指出西尔弗自己也很依赖频率方法去确定模型的效率，这种依赖程度极强，以至于可以称西尔弗为频率学家[9]。

关于应该使用什么方法进行预测，应该使用哪种阿尔法模型，如何去设定并实施策略，怎么样对阿尔法模型进行组合，我们已经进行了很多讨论，宽客只需要给出模型、输出结果。输出通常包含期望回报（期望回报＝X%）或方向性预测（预期方向＝上、下或平）。有时宽客会增加时间元素（如未来 Y 天的期望收益）和/或概率（获得期望收益的概率为 Z%），以便在交易决策中使得输出结果更有效。图 3-9 为量化交易系统结构图概况。随着我们继续探索黑箱，将会逐一突出这些元素。

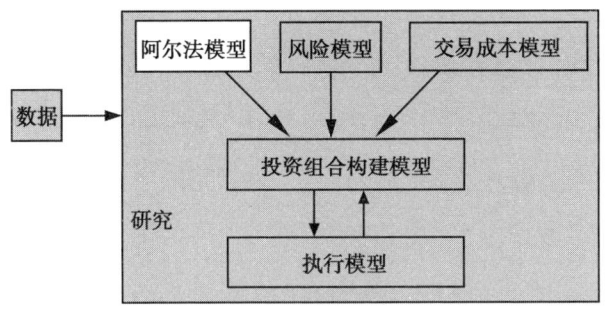

图 3-9　黑箱结构

实际中，用于量化管理资金的概念如此简单并且数量如此之少，而实务界量化交易策略难以置信的丰富多样，这两种情形的同时存在令我感到极为惊讶。宽客做出决策所依赖的因素，是造成阿尔法收益存在差别的重要根源。本章所提供的框架可用于评价宽客（或宽客用以评价自己的交易策略），从而分析其交易策略的本质。接下来，我们将目光转向风险模型——量化交易策略的另一个核心部件。

注释

1. www.turtletrader.com/trader-seykota.html.
2. Larry Hite and Steven Feldman, "Game Theory Applications," *Commodity Journal* (May–June 1972).
3. Ginger Szala, "Making a Mint: How a Scientist, Statistician and Businessman Mixed," *Futures*, March 1, 1989.
4. Gregory Zuckerman, "Renaissance Man: James Simons Does the Math on Fund," *Wall Street Journal*, July 1, 2005.
5. Eugene Fama and Kenneth French, "The Cross Section of Expected Stock Returns," *Journal of Finance* 47 (June 1992): 427.
6. Ray Ball, "Anomalies in Relationships Between Securities' Yields and Yield-Surrogates," *Journal of Financial Economics* 6, nos. 2–3 (1978): 103–126.
7. Nate Silver, *The Signal and the Noise: Why Most Predictions Fail but Some Don't* (New York: Penguin Press, 2012).
8. This was calculated using Bayes' Theorem.
9. https://normaldeviate.wordpress.com/2012/12/04/nate-silver-is-a-frequentist-review-of-the-signal-and-the-noise/.

第 4 章

Inside The Black Box

风险模型

市场的非理性状态会一直持续到你破产。

——约翰·梅纳德·凯恩斯

风险管理绝不仅仅是规避风险和减少损失,是通过对敞口实施有目的的选择和规模控制来提高收益的质量和稳定性。在第 3 章中,我们定义**阿尔法**为一种敞口,宽客借此盈利。但我们也注意到,接受这个敞口也会时不时遇到风险。这并不是我们对风险本身的分类。追求阿尔法收益就相当于我们明确要对这个敞口的升降沉浮进行投资,因为我们相信从长期来看可以从中获利。如果能只接受阿尔法策略的利润而拒绝随之而来的损失,将是件多么好的事情,但这是不可能的。还有另外一些敞口,通常与追求阿尔法收益有关。不能期望这些敞口带来任何收益,但它们经常和追求收益的敞口同时出现。这些敞口称为**风险**。

长期看来,风险敞口不会带来利润,但是它们随时会对策略的收益造成影响。更重要的是,宽客并不会试图去预测这些敞口,通常是因为它们无法成功地对此进行预测。毋庸置疑的是,量化交易的一个强大功能在于能对各种敞口进行度量和有目的地选择。这章我们详细讨论宽客如何定义、度量以及控制风险。

设想存在一个专注于股票价值投资的相对阿尔法策略：买入高收益的股票，卖出低收益的股票。根据宽客对"便宜"的定义，如果"便宜"（高收益）的股票表现没有"贵"（低收益）的股票好，这个策略就会亏钱。风险伴随着追求阿尔法收益的价值策略的实施过程，即使宽客有足够的理由认为从长期看价值型策略是会盈利的。但是，未经细化的价值型策略会由在价值上有目的地投注转变为对产业部门的重要性投注。毕竟，容易看到，处于同一个板块的股票更容易一起波动。所以如果一个科技型公司的股价已经处于低位，有合理的理由认为其他很多科技型公司的股价也在低点了。在这个例子中，如果对价值型策略不加其他限制，该策略可能就会选择买入科技板块的股票。但并没有证据表明，重仓一个部门或板块可以带来长期盈利。

更重要的是，假设投资策略无意也无力对各个板块的表现进行预测，在我们的框架中板块敞口会被认为是一种风险，因为无法有目的地对板块的敞口进行预测，但它却随时可能改变策略的收益。因此，要深入理解和量化交易策略相关的风险敞口，关键就是要明白，那些宽客在阿尔法模型中努力去预测的目标之外，并不会被特意去寻找的那些敞口。

如果说阿尔法模型是乐观派，风险模型就像悲观派。风险模型存在的主要目的就是控制敞口规模并处理不希望出现的敞口。风险模型的目的是破坏可能带来损失或不确定的事情，尤其是那些无目的的投注或阿尔法模型带来的附加产品。风险模型试图清除投资组合中不希望出现的敞口。

但是，对于某些敞口而言，除了完全接受之外，能做的事情很有限。

通常，我们所能做的仅限于限制敞口规模或完全将其剔除。在投资过程中，风险管理的作用就是决定对于不同的敞口进行操作时应当非常谨慎，并为投资策略模型提供输入。一般来说，风险模型会降低量化策略的盈利，但很多宽客都愿意接受这个折中方案。风险管理可以降低策略收益的波动性，但其最大的成效还是在于可以降低重大损失发生的可能性。很多情况下，投资经理的失败都是风险管理上犯的错误不断累积造成的，如1998年的长期资本管理公司（LTCM）事件，2006年的Amaranth基金亏损事件，2007年8月的量化投资失败的事件以及开始于2008年秋天的金融危机。

控制风险规模

规模控制是风险管理的重要内容。假如有一个很好的交易策略，看起来盈利几乎是确定无疑的事情，如果没有风险管理意识，就会诱惑着你把所有的资金都投入到这个交易中。但这通常不是个好的选择。为什么呢？因为从经验上看，很少有确定无疑的事情，所以控制交易规模最好的途径当然是"不要把鸡蛋放到一个篮子里"。否则很有可能发生的情况是，当投资者把所有的资金都投入进去，在某个时刻投资者将会破产。换句话说，进行交易时，接受的敞口要在考虑收益和风险的保障范围内。专注于限制规模的量化风险模型比较常见，大部分都比较简单。下一节介绍模型的运作方式。

有多种控制规模的量化交易模型，它们的不同之处主要体现在以下三个方面：

（1）控制规模的方式；

（2）度量风险的方式；

（3）怎么才算控制了规模。

通过约束或惩罚加以限制

控制规模的方法有两大类：硬性约束和惩罚。硬性约束就是设定风险线。例如，强行规定头寸规模不能超过投资组合的3%，无论信号多么强烈。但是这类硬性限制可能有些武断（例如，3%的头寸可以，为什么3.01%就不可以呢）。所以有时宽客使用惩罚函数的方法，只有在阿尔法模型带来的收益显著增大的情况下才允许仓位超过临界水平（例如，相比最先设定的限制规模带来的收益而言，会有更大的预期收益）。惩罚函数具有这样的特征：仓位超出临界水平越多，增加仓位越困难。所以，在之前的例子中，建立3.01%的仓位远比建立6%的仓位要容易，因为后者超出临界水平太多。

风险控制模型以这种方式阐述着一个观点：有时候机会好到足以值得打破规矩。从这个意义上看，控制规模的惩罚函数方法相当于处理例外情形的规则。

决定规模水平和惩罚函数的方式方法，和量化分析中的其他方面一样，或者始于理论，或者源于数据（数据主要借助于数据挖掘方向）。理论驱动型方法通常是先设定一个任意值再加以验证，如果有必要，就继续调整至一个满意的结果。回到之前3%仓位的例子，量化研究员刚开始时设定的风险临界值可能是5%，因为依据他的经验，5%是个合理的水平。但是通过对历史数据进行模拟和验证，宽客可能逐渐意识到3%才是更加合理的水平，因为这个水平更好地兼顾了在更具吸引力的机会出现时的投注规模和识别交易犯错的必要性。数据驱动型方法更加多变，可以使用机器学习方法去验证各种临界水平的组合，或者只是验证各种水平，根据历史数据来选出最终结果。无论哪种方式，不管是通过研究还是依靠直觉，宽客都必须设定风险模型中的惩罚函数和临界水平等参数。

度量风险

市场上，对风险的度量有两种被广为认可的方式。第一种是通过纵向方式来度量不确定性，计算不同时期各个产品收益的标准差来度量风险。在金融业中，这个概念通常称为**波动率**。波动率越高，说明目前的市场风险越大[1]。

度量风险的第二种方式是，在给定产品范围内对各种金融产品表现的相似水平进行测量，通常是计算在给定时间所有相关金融产品的横截面标准差（cross-sectional standard deviation）。标准差越大，说明所包含在内的金融产品的表现种类越多样化。这意味着市场处于低风险中，因为进行投资组合时可以选择多样化的产品投注。这一点可以从一种极端情况看出：如果一个投资组合中所有的产品都是完全相关的，那么当一个产品波动时其他产品也都会跟着波动。宽客称（标准差）这个概念为**离散**（dispersion）。离散也可以使用给定范围内金融产品的相关系数或协方差来度量。同样地，产品之间的相似度越高，市场风险越大。

还有很多不太常用的度量风险的方法，包括度量信用价差、信用风险互换和隐含波动率等。

限制值的适用范围

规模限制模型可以用来管理各种敞口，可以对一个产品的仓位加以限制也可以对一类产品的仓位加以限制。此外，可以对不同种类的风险敞口的规模加以限制。例如，在股票交易中，可以通过对市场因素或市值投注来控制敞口。一般地，倾向于使用临界值或惩罚的风险都是那些不能明确地通过阿尔法模型预测的风险。如果阿尔法模型只是对单只股票进行预测而不预测整个股票市场，那么限制投资组合在股市上的头寸规模是比较谨慎的做法。

风险模型的另一个要素是管理投资组合整体的杠杆率。控制杠杆率的方法有很多。例如，我们可以依据这样的原则进行资金管理：机会多时使用高杠杆，机会少时使用低杠杆。此外，宽客试图为投资者或者老板提供相对不变的风险水平。使用波动率或离散指标度量风险时，宽客可以衡量整个市场风险情况，从而针对性地调整杠杆，以保持风险水平相对稳定。为达到该目的，最常用工具是VaR（value at risk）模型，但也有其他类似方法。这些模型通常都会基于现有的波动率水平考虑投资组合中敞口的规模，进而在一定置信水平下计算投资组合的预期收入或损失大小。例如，绝大部分VaR模型基于当前波动率水平计算投资组合收益的单日标准差。当波动率上升时，这些模型通过降低杠杆来控制风险。因此，在VaR模型中解读的风险水平越高，杠杆水平应该设置得越低。

在第10章，我们将对风险模型的一些典型问题展开讨论。现在只是简单指出，这些风险模型的核心目标是有缺陷的。其他类型的投资，如股票、债券、共同基金、私募基金，并不需要波动率保持在固定水平。为什么宽客会以或被要求以这种方式（保持波动率稳定）管理风险？此外，如果一个宽客善于预测波动率或离散，将会有更加有趣和有效率的途径（例如，在期权市场）去利用这些预测，而不是在风险模型中控制杠杆率。这类模型通常会使得交易者在市场平静时承担过小的风险，在市场动荡时承担过多的风险，但当下这些模型是最为流行的。

一个在理论上更加合理的策略，应该是在策略赢的概率大时提高杠杆，在获胜概率小的时候降低杠杆，尽管这在实务中很难实施。当然，关键在于知道输赢的概率。一些宽客通过允许杠杆随着阿尔法模型的预测能力和预测结果发生变化来解决这一问题，貌似是个合理的方法[2]。

限制风险种类

尽管控制敞口大小很重要，一些风险建模的方法仍致力于完全消除各种类型的敞口。假设投资者经过分析认为，雪佛龙公司（CVX）的表现会优于埃克森美孚公司（XOM）。假如投资者做出的选择是持有雪佛龙公司的股票而忽略埃克森美孚公司股票。如果之后市场形势急转直下，或者原油板块表现疲软，投资者在这笔交易中很可能亏损，即使交易的大方向选择是正确的。这是因为投资者暴露于市场方向性风险（或原油板块风险）中，虽然他并未对市场或原油板块的方向做出任何预判。如果投资者买入雪佛龙的同时卖出等额的埃克森美孚，就可以在很大程度上避免这种无意或偶发性的市场方向风险。如果采用这种方式，无论市场是涨是跌还是横盘，他都无须关心。只有雪佛龙公司的市场表现是否强于埃克森美孚公司的判断才会对其产生影响。

最好能消除所有无意的敞口是条基本准则，因为接受这些敞口并不是总能得到足够的盈利补偿。量化风险模型主要通过两种方式来清除不希望出现的敞口：理论途径和经验途径。在后续章节我们会对二者进行详细讨论。

值得注意的是，阿尔法模型中可以（也经常）含有风险管理的概念。假设宽客正在创建一个相对阿尔法策略。大量的功夫需要花在匹配宽客计划承担或对冲的敞口的"相对"量上。回到之前的例子中，如果宽客设计的相对阿尔法策略是为了预测股票收益，他不认为自己有能力预测该股票所处板块的收益情况。在这种情形下，宽客可以设计策略的投注结构，预测股票**相对**其所在板块的收益，这意味着他不会在板块的方向性波动上投注，而只是关心哪些股票表现优于所处板块，哪些股票的表现劣于所处板块。这样反过来就可以帮助宽客规避板块风险，这明显是种阿尔法模型中的风险管理方法。如此看来，通过详细设定阿尔法模型而在其中包含风险模型的所有必备元素，在理论上是可行的，这样就只需要预测策略借以盈利的敞口的状况，并设计投注结构以避开不可预测因素带来的敞口。尽管不是所有的量化策略都这么做，但在阿尔法模型内确实含有风险管理的因素，尤其是对那些用以评价宽客水平的阿尔法模型。

理论驱动型风险模型

经典的理论驱动型风险建模专注于已知的或**系统性**的风险因素。正如在理论驱动型阿尔法模型中一样，基于理论的系统风险是指那些宽客可以进行合理的经济学解读的风险因素。理论驱动型风险建模使用大量预先设定的系统性风险因素，使得宽客可以度量和校准所给定投资组合的敞口。

很重要且值得注意的一点是：在定义风险时使用的术语**系统**和描述量化策略时所使用的**系统**是完全不同的概念。系统性风险是指那些不可以通过分散加以消除的风险。对一只股票而言，整个股市便是系统性风险，因为在不同的股票间进行的多样化操作策略并不能消除整个市场表现带来的风险敞口。如果市场走势强势向上，选择持有股票的投资组合收益也极有可能快速上升。如果股市跌得很惨，选择持有股票的投资组合很可能就会亏钱。市值风险（即小市值和大市值）和板块风险是系统风险的例子。无约束的市场中性价值模型便是这样一个例子，该模型认为小市值公司很可能表现好于大市值公司而更多地投注于小市值公司，这一策略在对冲基金界已被广泛接受[3]。

类似地，在固定收益类产品圈内也包含着这类系统风险。例如，无论是持有公司债券还是政府债券，不管怎么进行债券的投资组合，债券持有人都会受到利率风险的影响，即利率上升带来的风险。类似的例子在各种资产品种或者跨资产种类中都可以见到。换句话说，任何经济上有效的资产组合，都会存在一种或多种共同的系统风险因素。投资者投资于这些产品时，应该意识到这种风险因素，或者有意识地利用它或者设法消除它。

经验型风险模型

经验型风险模型和理论驱动型风险模型都是基于同样的假设：系统风险可以被度量并加以减缓。但是经验主义的方法根据历史数据来判断这些风险是什么以及投资组合如何暴露其中。利用如**主成分分析**（PCA）之类的统计方法，宽客可以从历史数据中识别出系统风险，尽管没有名称却可以和已知的风险因子有很好的对应关系[4]。例如，对不同到期日的国债数据进行主成分分析，结果表明统计学意义上的第一风险因素对应于利率水平，或者理论驱动型风险模型中的**利率风险**（interest rate risk）。主成分分析和其他统计模型在股票市场上经常被使用，这些模型通常都会发现，对于给定的某只股票而言，市场本身就是股票收益最为重要的驱动力，第二重要的推动力则来自板块。统计风险模型在统计套利交易者中非常流行，他们对股票收益中**无法**由系统风险加以解释的部分进行投注。需要注意的是，这类统计方法可能发现全新的系统风险因素，聪明的观察者倾向于承认它的存在，只是还未给它明确命名。另一方面，可能由于数据的误导，统计模型会发现一些短暂存在的风险因素，在未来很快会消失。统计风险模型也有可能找到虚假的敞口，只是数据上的巧合而不代表市场上的任何风险。这些都是宽客需要谨慎对待的问题。

如何选择风险模型

理论驱动型风险模型更受宽客青睐，因为其中囊括的风险因素都有明确的意义。很难想象，对于股票而言，市场风险不是一个很强的系统风险因素。这和认为理论型阿尔法模型合理的基本逻辑是一样的：任何理性的人都可以理解理论并认为它很有可能是对的。这反过来加强了宽客对模型的信心，即使在模型表现并不好时。例如，在互联网泡沫期间，沃伦·巴菲特就很坚持自己的投资观点而不做改变，因为他很不看好当时的股市。他能够坚持自己的信念，很大程度上是因为他看待市场的方法有着坚实的理论基础。

使用经验主义风险模型的宽客主要是想利用自适应性带来的好处。理论风险模型是相对僵化的，意味着风险因素不怎么变动（否则理论也就不放在第一位了）。但实际上推动市场的因素的确在随时间变化。2003年年初，开始是关于美国入侵伊拉克的每日展望，后来则是入侵进度的每日报道，几乎是以一己之力影响着股票、债券、货币和商品市场的走势。更近一点，2008年年初的商品价格是个重要的因素。其他时候，美联储可能会降低或提高利率的预期是市场的主要推手。随着市场的完善，市场产生的数据可以反映这种变化，而这些数据推动了经验主义风险模型的发展。由于这些原因，经验主义模型可以通过新产生的数据推断出推动市场的新因素，从而更加适应于不断变化的市场环境。这个自适应过程分为两个阶段。在市场环境变化的早期（如股票投资者快速由风险偏好型转向风险厌恶型），宽客仍使用无关的历史数据来分析关系以及度量风险因素。所以，在这一阶段，经验主义风险模型会错误地判断市场风险。随时间推移，如果新的市场行为延续下去，经验风险模型逐渐跟得上新的市场形势，表现就会重新变好。

经验型风险模型除了在环境变化时表现出的缺陷外，对统计学的基本理解会揭示出经验型风险模型的另一个问题。为了达到统计学意义上的显著性，减少计算各种产品相关关系时可能存在的测量误差，经验型风险模型需要使用大量的样本数据。但这会抵消经验型风险模型自适应性带来的绝大部分优势。使用的数据越多，意味着需要回溯的时间越长，模型的自适应性就越差，因为新产生的数据只是许多样本中的一个。如果使用两年的每日滚动数据，或者差不多520个交易日的数据，每添加最近一天的数据就从样本中移除最久那天的数据。所以每过一天，520个样本数据中只有两天的数据发生了改变。因此，需要很长的时间才能扭转局面，经验型风险模型才能从数据中找出新的风险驱动力。但是，如果宽客试图通过缩短时间窗来改进模型的自适应性，统计工具的作用就会严重削弱，以至于没有足够的可信度去度量风险。

但经验型风险模型也有很多优势。如果说理论风险模型以其正确性取胜，经验模型可以捕捉到一些风险因素而不必事先知道其名称。如果市场风险的确是股价的巨大推动力，经验型风险模型可以从数据中将其识别出来。如果不能通过数据加以证实，理论再好有什么用？此外，统计显著性和自适应性之间的矛盾关系可以通过使用日间数据来加以缓和。例如，如果宽客使用每分钟的日间价格数据而不是只使用每个交易日的收盘价，则**每天**可以采集到差不多400个样本点，这样只需要使用很少几天的数据就可以达到和每天只使用一个收盘价数据同样的统计显著性。

由于理论驱动型风险模型所使用的概念用起来比较方便，很多宽客最终会选择理论驱动型风险模型，而舍弃了经验型风险模型。需要指出的是，这两类风险模型并不是完全相互排斥的。宽客会在他们认为恰当时对两种模型进行合理组合。也有一小部分基金经理试图根据自己的判断监测市场行为，如果他们通过金融同行或媒体比较确定地意识到市场上有"新的"风险因素在推动，他们便会建立定制化的风险因素去应付这种临时情况。当他们发现这个新的驱动因素逐渐不再那么重要时，便再次根据自己的判断将其从风险模型中移除。

值得一提的是，在黑箱的绝大部分模块中，宽客有权利选择建立自己的风险模型或者使用已有模型。绝大部分事先做好的风险模型都不是基于经验主义的，因为基于经验的方法需要详细设定好产品范围，分析工具也相对简单，只使用价格数据就可以实施分析。只有在股票交易中，很多预设的风险模型才比较有用。BARRA、Northfield、Axioma 和 Quantal 等风险模型供应商都可以给宽客提供使用其软件的授权。购买风险模型的好处在于可以马上部署投入使用，而不需要宽客去进行繁重的研发工作，并且通常来说效果都较好。但是，本质上这些模型都过于普遍，缺乏个性化。建立自己的风险模型也有很多好处，主要在于可以根据宽客的特定需求开发定制化的风险模型。

小结

风险管理通常被误认为是降低风险的操作流程，实际上是在给定的风险水平下通过选择敞口并控制其规模而最大化收益。毕竟，降低风险通常是以减少收益为代价的。所以，风险管理活动主要关注于消除或减少不必要风险的敞口，但也承担可能带来可观收益的风险。无论是采用系统化投资方法还是主观判断型方法，在这一点上都是一样的。二者的主要差别在于，宽客主要使用软件管理风险，而对于主观判断型交易者，即便他们在风险管理过程中使用软件，也仅仅是使用某种方式度量风险，而不是使用系统性的方法调整仓位。

无论宽客使用理论型还是经验型风险模型或者二者的混合，目标都是一样的：宽客需要识别出要面临哪些系统性敞口，度量投资组合中各种敞口的大小，然后对哪些风险是可承受的做出判断。类似于其他量化风险管理办法，这类方法的优势在于，它们要求宽客具有承担风险的主观意识，而不是拼凑些看起来很好的交易仓位，并且或多或少地忽略这些交易可能出现的偶发风险。如果原油价格是影响投资者市场情绪的一个重要因素，不同部门和不同资产种类间的仓位选择会受到油价的影响。如果原油价格趋势发生反转，之前处于盈利状态的策略的利润便会受其影响而大幅下降。风险模型允许宽客发现这种敞口并对是否需要采取应对方案做出判断。这一点是很重要的。风险管理中的量化方法，通过判断并度量哪种敞口在驱动投资组合，使基金经理可以据此做出理性而慎重的决策。当然，这种量化分析法是有益的还是有害的取决于基金经理甚至宽客的判断。但量化风险管理技术至少提供了途径，使得我们可以看到投资组合中的风险并衡量其大小。

下一章我们将目光转向交易成本模型，这是宽客确定最优投资组合的最后一个输入变量。在这之前，看一下图4-1，显示了我们探索黑箱的进度。

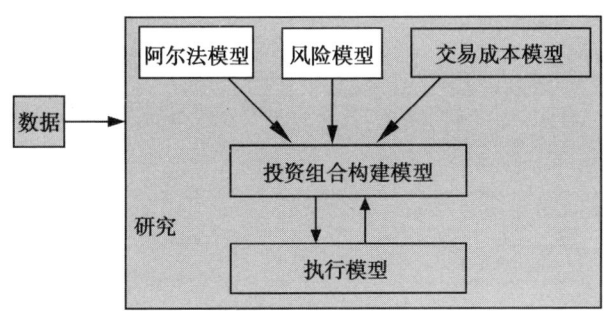

图4-1　黑箱结构

注释

1. 不确定性被广泛地作为风险的代名词。对于风险的使用并没有太合理的理由，不过是为了回答"风险有多大"之类的问题时更加容易计算而想出的权宜之计。
2. 1956年约翰·凯利在《贝尔系统技术期刊》（*Bell System Technical Journal*）上发表论文，文中正式提出了凯利准则（Kelly criterion）这一概念。凯利准则基于投注者的边际收益提供了系统化度量投注风险的方法，可以最大化投注的期望收益。这里的收益是通过投注输赢的概率和金额进行组合得到的。这一概念被广泛地应用于赌博和投资的一些领域。著名宽客爱德华·索普（Edward Thorp）率先将凯利准则应用于量化交易策略中。但是，一些凯利投注准则的反对者也指出，该准则的一个重要假设是每一次投注之间相互独立，这在很多赌博场景下是成立的。但是在进行投资时，投注通常是相互关联的，从而投资策略的收益并不均匀。因此，很多推崇凯利准则的投资者使用该准则的改良版本，称为"半凯利准则"，投注的量比凯利准则要少。关于凯利准则的更多介绍可见 William Poundstone 的网页和他的书 *Fortune's Formula*。

3. 如果不考虑其他因素，出现这种现象是因为价值型投资者倾向于购买价格已经下跌的股票，因而造成市值的缩水。同样地，价值型投资者也倾向于卖出价格高的股票，因为其价格已经拉升因此可能没有太大的增值空间。

4. **主成分分析**（principal components analysis）这种统计方法，可以将一系列金融产品复杂的指标综合到少数几个风险因素（称为**因子**）。每一个因子代表利用统计方法提取的一种系统风险，并可以通过分析金融产品的历史数据关系得到该因子。

第 5 章 | Inside The Black Box

交易成本模型

奢难达富,俭不致贫。

——萨缪尔·约翰逊

截至目前,我们已经研究了阿尔法模型和风险模型,二者都是黑箱的重要组成部分。阿尔法模型扮演着异想天开的乐观者的角色,而风险模型则扮演着紧张兮兮的担忧者的角色。按照这个比喻,交易成本模型就是个吝啬的会计。

交易成本模型的基本理念是:交易是有成本的,除非有足够的理由,否则便不应该进行交易。这并不是对交易成本的严格定义。很多非常成功的宽客估计他们的交易成本侵蚀了收益的20%～50%。

在量化交易界,进行交易只有两个原因:第一,可以增加盈利的概率或量(比如阿尔法模型);第二,可以降低亏损的概率或量(例如风险模型)。但这两个原因都会收到一条警告:投资组合收益或风险的一点改进,可能并不足以支付交易成本。换言之,计算交易收益应该充分考虑交易成本。市场和经纪商关心的不是你的交易收益。相反,不管交易的目的和价值如何，交易一旦发生，就会消耗服务、产生交易成本。交易成本模型可以对进行指定规模的交易所需要的成本进行量化，并将该信息与阿尔法模型、风险模型同时使用以确定最优投资组合。

需要指出，设计交易成本模型并不是为了最小化交易成本，而是告知构建投资组合过程中进行交易的成本。黑箱中研究极小化执行算法的成本问题，我们将在第7章详细讨论。描述成本没有最小化成本那么有吸引力，但描述成本依然非常重要。如果交易者低估了交易成本，会导致交易次数过多使得入不敷出，造成损失慢慢扩大。如果交易者高估了交易成本，导致交易次数过少，容易造成持仓时间过长。无论哪种情形，交易者都得不到最优的结果。这显示出准确估计交易成本的重要性。这里也存在一个权衡问题：使用可以更准确描述交易成本的复杂模型，还是使用计算负荷较小速度较快的不太复杂的模型。

定义交易成本

理解交易成本到底是什么是很有用的，因为我们正在描述对其进行建模的方式。交易成本主要由三部分构成：佣金和费用（commissions and fees）、滑点（slippage）以及市场冲击成本（market impact）。

佣金和费用

佣金和费用是交易成本的第一种类型，是支付给经纪商、交易所和监管者的费用，因为它们提供了服务，包括市场参与者的接入通道，有所保障的交易安全性以及运作的基础设施等。对很多宽客而言，每笔交易的经纪佣金是很低的。宽客通常都不使用银行的很多服务和人工，而只是依赖于银行的基础设施来直接进入市场。对一家银行而言，一笔交易的增量成本是很少的，即便是很低的佣金也足以保证盈利。尽管宽客所付的佣金比例很低，但考虑到其交易量，对经纪商而言利润仍极为丰厚。一些宽客很少利用银行的基础设施，因而佣金费率会更低一些。

佣金并不是经纪商和交易所收取的唯一费用。经纪商对所提供的**清算**（clearing）和**结算**（settlement）服务也会收取费用（通常也是佣金的一部分）。清算活动包括监管报告、实时监控、税务处理和破产处理，所有这些活动都必须在结算活动前完成。结算活动是以有价证券的交割来换取资金的交付，是交易活动的最后一步，交易双方分别践行其义务。这些活动都花费精力，因而是有偿的。同时，考虑到每天有许多宽客进行成千上万笔交易，这里涉及的工作量是巨大的。

与传统经纪商相比，交易所和电子撮合成交网络（electronic matching networks）提供了一种不同的服务，即流动性资金池接入通道。交易所必须吸引交易者通过其平台进行交易，平台的交易量又会吸引其他寻求流动性的交易者。交易所也会做一些运行性质的工作，并且保证交易双方履行各自的合同义务。因此，交易所对每笔交易收取一小部分费用，以覆盖其成本和风险（当然，也作为商业利润）。最近，**暗池交易**（dark pools）大行其道，目前已经占到美国股市交易量的很高比例（根据 Tabb Group 的消息，2012 年达 32%）[1]。暗池交易，主要是在某银行的客户内部，通过匹配引擎去撮合同一时间同一金融资产的买方和卖方。

滑点

佣金和费用肯定是不可避免的。但对绝大部分宽客而言，这两部分都不是交易成本的主要部分。这两部分基本上固定不变，比较容易计算。假设交易的佣金和费用加起来是每股 0.001 美元，宽客很容易知道，所要处理的交易产生的阿尔法收益或降低的风险超过了每股 0.001 美元才比较合适。而滑点和市场冲击成本在度量、建模和管理上都更加棘手。

滑点是指从交易者决定开始交易到订单进入交易所系统实际被执行这两个时间段所发生的价格变动。市场瞬息万变,而交易决策都是在某一时点做出的。在做出交易决策到执行交易这段时间内,金融产品的价格可能已经偏离预测时的价格。实际上,预测越准确,随着时间推移,金融产品的价格越有可能偏离预测价格。但是产品价格的波动并没有产生收益,因为这笔交易还没有真正发生。假设交易者想在100美元/股的价位卖出100股雪佛龙公司(CVX)的股票,当交易者通过经纪商和交易所系统完成这笔交易时,价格可能已经回落到了99.90美元/股。0.10美元就是滑点交易成本,因为交易者打算在100美元/股的价位时卖出的,但实际上价格已经回落到了99.90美元/股。如果股价从100美元上升到了100.10美元,交易者以更高的价位成交,这种情况说明滑点有时候可以带来正收益。

滑点会给趋势跟随策略带来很多损失,因为该类策略选择的买卖时点通常是在金融产品的价格已经沿着预料的趋势波动时。而滑点给均值回复类策略带来的损失就比较少,甚至滑点可能会带来**正收益**,因为这类策略选择的下单时点通常与现有的趋势相反。量化交易者应对市场变化的反应速度,很大程度上决定了所使用策略将面临的滑点水平。这是因为从决定下单到订单进入市场被执行之间会存在一个时间间隔,而滑点是关于这个间隔的一个函数。交易者的交易系统与市场间的滞后越多,订单到达市场所需要的时间就越长,产品价格偏离做出决策时的价格就可能越多。更为糟糕的是,预测尤其是短期预测越准确,滑点带来的破坏性就越大。

除了时间,滑点还是所预测产品波动性的函数。90天期国债的价格变化很缓慢,有时甚至会几周都没什么变化,那么滑点就不会是交易成本的主要因素。在另一种情况下,如果我们要对一只高波动性的互联网股票价格进行预测,滑点就会是个主要因素。谷歌股价的每日平均波动幅度可以达到开盘价的2.6%,这是其日股价波动幅度均值的16倍还多。

显然，在谷歌的股票交易中，滑点是个很重要的因素。

市场冲击成本

市场冲击成本是交易成本中第三个也是最后一个种类。对宽客而言，这可能是最重要的成本。市场冲击所描述的基本问题是，交易者买入某项产品的行为会推高该产品的价格。而如果交易者想要卖出，当他完成交易时会造成产品价格下降。对于小规模订单而言，价格波动幅度通常介于最优买卖价之间。但大规模订单会造成巨大的波动幅度，极端情况下会高达几个百分点。因此，市场冲击是给定订单通过流动性需求对市场造成的价格变动的度量。市场冲击成本通常定义为订单进入市场时的价格和订单被执行价格之间的差价。

市场冲击成本的基本原理是很简单的，主要是基于无处不在的供需关系基本原理。当交易者进入市场执行具有一定头寸的交易时，必须得有人愿意接盘，或者提供相应的头寸。交易者需求的规模越大，交易价格就会越高，因为交易者必须得到更多的供给。尽管市场冲击的原理很简单，对其进行量化却不是那么容易的。通常直到交易完成，我们才能衡量这项交易对市场造成的冲击有多大，这时候的结论已经没有太大意义。有很多其他因素可以协助观测市场冲击，但同时也会使其度量复杂化。例如，在同一时间进行同向操作的其他交易的数量，以及是否有消息正造成股市处于非正常波动中，这两个因素都会影响市场冲击的度量，并且难以量化。这些外部因素通常是难以预测的，更别提对其进行控制。因此，交易成本建模中的市场冲击，通常并不包含这些因素，而是关注相对于当时市场流动性的订单规模。**流动性**有很多种定义方法，无论是根据买卖单的数量规模还是依据订单簿深度，都跟偏离最优买价或卖价的买卖单信息有关。

此外，滑点和市场冲击之间可能会有些重合，因此在同一模型中将二者分开还是有些复杂的。例如，有个交易者想要卖掉价格处于上涨趋势的一只股票。这种情形下，滑点和市场冲击都有可能是**负的**。换句话说，交易者可能觉得他卖出股票并没有被收取交易成本，而是别人为了买入股票付给了他交易成本。假如交易者在股价恰好为 100 美元时决定进场卖掉所持有的股票，而当订单真正进场时股价已经涨到了 100.05 美元。实际上滑点是 –0.05 美元，因为他在一个相对于他决定进场的价格而言更加有利的价格进场。假设价格继续上涨，买单远远超过卖单的数量，交易者的卖单排队等待交易机会，最终以 100.20 美元的价格成交，在产生了 –0.05 美元的滑点后又产生了 –0.15 美元的市场冲击成本。显然，不断涌来的卖单并不总能带动股票价格上涨，但这种情况发生时，不太可能将市场冲击与滑点（或其他独立于交易者订单的关于价格波动的因素）区分开来。交易者的卖单是否稍微减缓了股价的上升；如果确实如此，减缓了多少？这些都是交易者在构建交易成本模型时需要考虑的问题。

某些种类的交易使得交易成本的度量更加复杂。我们已经讨论了对市场有流动性的交易，正像人们根据直觉就可以想到的那样：如果交易者需要流动性，提供流动性的人就会要求交易者支付一定费用。反过来看待这一问题，流动性的**供给方**因此而获得收益。历史上，流动性的供给方通常是做市商或者专业人士，其工作职责就是确保交易者有交易意愿时可以进行交易。近年来，很多可通过电子交易平台进行交易的金融产品交易量大幅上涨，这意味着即使不存在做市商，市场依然能够有序运行。

交易者可以借助平台直接交易，**电子通信网络**（electronic communication networks，ECN）便是这种平台的一个例子。ECN 的主要工作在于吸引足够多的用户进入平台，以显示其交易系统中的流动性充足。ECN 还必须提供稳健的技术手段，以保证其交易系统可以连续运作不受干扰。为吸引流动性的供给方，股票市场中的绝大部分 ECN 已经有了各种对策，支付给流动性的供给方一定费用，而向流动性的需求方收取一定费用。以卖出报价购入股票或以买入报价卖出股票的交易者每股差不多要付出 0.03 美元的成本，提供卖出价和买入价的交易者每股能得到大约 0.02 美元的收益。ECN 得到剩余的约 0.01 美元，作为其收入的一个来源。有些交易策略（通常是均值回复策略）需要的是被动执行方法，由于 ECN 为吸引提供流动性而设置的费用折扣规定，提供流动性通常被看作利润的来源。值得注意的是，一些 ECN 和交易所，尤其是在股票市场之外，并不提供折扣或向流动性需求方收取费用。还有一些交易所是反过来的，向流动性供给方收费，而付费给流动性的需求方。

暗池也允许交易者直接进行交易。实际上，暗池是经纪商或独立公司设立的允许交易者以匿名方式直接进行交易的场所。暗池交易产生的部分原因就是出于对大单交易产生的市场冲击的担忧。在暗池中，不提供限价交易簿的信息，从而看不到做市商或其他市场参与者所提供的流动性。交易者只是将他们的单挂出来，如果恰好有人愿意做该单的反向操作，这笔订单就成交。由于这种订单匹配过程是匿名的，所以与公开市场相比波动较小，因为在公开市场上交易的主动方会补偿接单的一方。暗池交易是在场外交易场内的金融产品，这是有些与众不同的地方。如果没有公开市场，暗池交易就无法存在，因为暗池中交易的证券都是交易所的交易品种。此外，公开市场提供价格发现的公开透明性，否则暗池交易的参与者便很难决定买入卖出价。由于这些因素，以及暗池交易只对特定顾客开放，造成了对暗池交易的争议不断。

交易成本模型的种类

依据对于给定交易的交易成本如何计算，有 4 类基本的交易成本模型：常值型、线性、分段线性以及二次型交易成本模型。这些成本中有一部分是固定和已知的，如佣金和费用。交易成本模型把这些固定费用作为基准线，交易费用低于该基准线的交易根本不可能发生。另外一些成本，如滑点和市场冲击成本，都是变化的，在交易确实发生前不可能准确知道。滑点受到很多因素影响，如交易产品的波动率（如波动率越高，可能发生的滑点越多）、流行趋势（如趋势越明显，顺势进行交易发生的滑点可能越多）。市场冲击有很多驱动因素，包括被执行订单的规模，可以用来吸收订单的流动性规模以及当时该产品供需间的不平衡等。使用交易成本模型，交易者试图为所进行交易的各种规模的订单的成本进行合理的估计。

值得一提的是，各种金融产品在投资者基础、不同时间的流动性和波动性等方面各有自身独特的特点。例如，谷歌（GOOG）股票的交易不可能和亚马逊（AMZN）完全一样，雪佛龙公司（CVX）也不可能和埃克森美孚公司（XOM）一样。因此，在对不同产品的交易成本进行估计时，很多宽客对其投资组合中每一种产品使用单独的模型，并且基于交易系统所搜集的数据允许模型随着时间变化。换句话讲，很多交易成本模型高度依赖历史经验，在观察到的、记录下来的交易数据的基础上允许模型随着时间进行变化。

保持其他因素（如流动性、趋势以及波动率等）不变，一项金融产品总的交易成本可以用图形进行可视化，用订单规模（以货币、股份数、合约数量等来度量）作为横轴，而交易成本作为纵轴。宽客们普遍认为这条曲线应该是**二次型**，这意味着随着交易规模增大（由于市场冲击），交易成本上升的速度会更快。很多宽客使用交易规模的二次函数来对交易成本建模。但是，这样对交易成本建模更加复杂，计算量也更大，而其他交易成本建模方法比较简单且易于计算。

随着处理器和电脑硬件技术的不断进步，计算负荷问题已经很容易得以解决，但依然无法改变二次成本函数本质上还是过于复杂这一事实。接下来我们对最简单到最复杂的交易成本模型进行依次阐述。

常值型交易成本模型

第一种交易成本模型是**常值型**模型，即认为无论订单规模如何，交易成本保持不变。这个模型计算极其简单，但通常是不对的，因而不是很常用。图 5-1 是常值型交易成本模型的示意图。

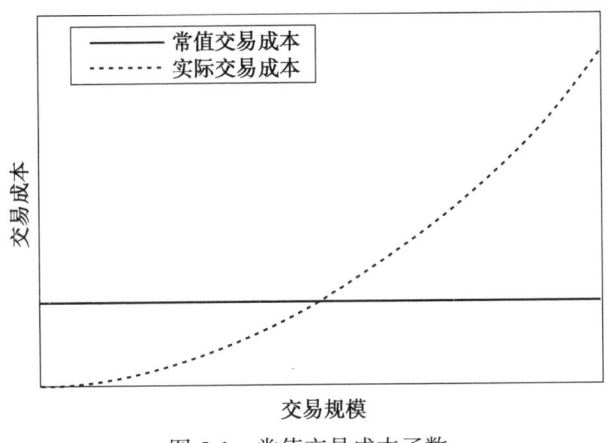

图 5-1　常值交易成本函数

从图中可以看出，无论交易规模多大，都假设交易成本保持不变。明显可以看出，在绝大部分情形下该假设都不成立。这一模型得以成立的条件是，交易规模几乎保持不变并且流动性充分保持不变。在这种情况下，我们可以说交易成本几乎保持不变。当交易规模也保持不变时，这个错误假设不会带来什么严重后果。注意到图中实线和虚线交叉的地方，模型基本上可以对交易成本进行正确的估计。所以，如果交点对应着通常的交易规模，并且交易规模在图中两条线比较接近的范围内波动，常值型交易成本模型也不会带来太大问题。

线性交易成本模型

第二类交易成本模型是**线性**模型，意味着交易成本以一个固定的比率随着交易规模的增大而增大，如图 5-2 所示。这是个拟合程度较高的拟合方法，也只是建立真实模型的一个捷径。

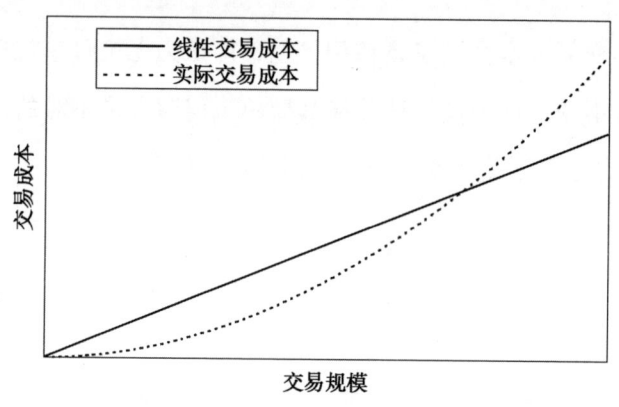

图 5-2　线性交易成本函数

可以看到，线性交易成本模型需要在规模较小的情况下高估交易成本和在规模较大的情况下低估交易成本之间进行权衡。同样地，在实线穿过虚线的地方模型是正确的，或者在交点附近的区域模型基本正确。与常值型交易成本模型类似，如果交易规模处于交点附近的区域内，线性交易成本模型是合理的。无论什么情形，与常值型交易成本模型相比，线性交易成本模型都是对真实交易成本模型的一个更合理的估计。

分段线性交易成本模型

在使用相对简单的公式估计交易成本时，**分段线性**交易成本模型可以用来提高计算精度，其基本理念是：在一定范围内线性估计基本是正确的，但在某些点上，二次估计的曲率会造成真实交易成本曲线斜率有较大的上升，所以从那一点开始使用新的直线进行拟合比较合适。图 5-3 阐释了这一概念。

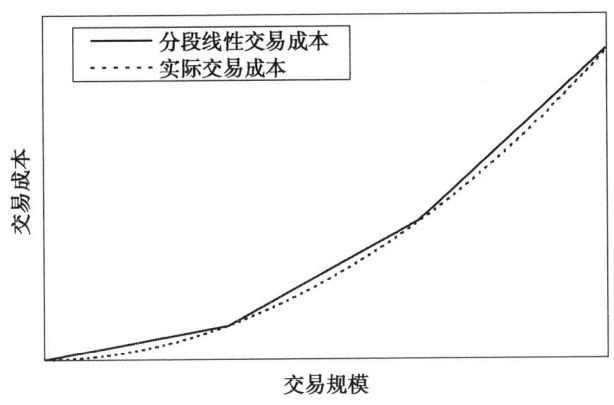

图 5-3　分段线性交易成本函数

从图中可以看出，在很大的交易规模范围内，分段线性交易成本模型的准确度都远远高于前两种模型，因此作为简洁性和准确性的折中方案，该模型在宽客中非常流行。

二次型交易成本模型

最后，宽客创建了交易成本的**二次型**模型。该模型计算复杂度最高，因为所使用的函数不像线性模型以及分段线性模型那么简单。二次型模型包含的元素很多，形式也比较多样，所以建模过程比较复杂。图 5-4 演示了一个二次型交易成本模型的例子。

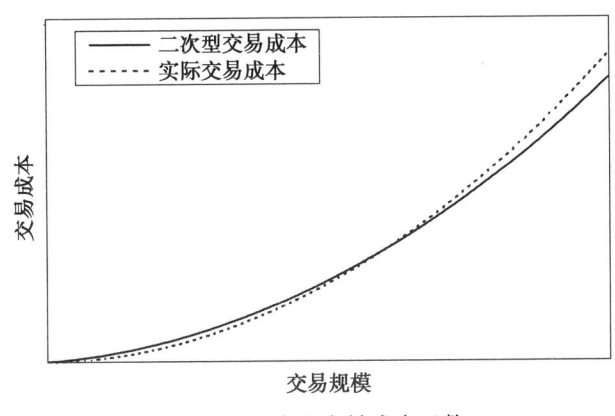

图 5-4　二次型交易成本函数

这是我们所讨论的交易成本模型中估计最为准确的模型。尽管并不完美，但该模型显然比线性模型或分段线性模型都更难创建和使用。你可能很想知道我们怎么用二次函数去估计交易成本曲线，但得到的仍是真实交易成本曲线的不太完美的估计。原因在于，图中实线反映的是**期望**成本，而点线是交易发生后**观察到的真实**成本线。二者存在差异是因为实线必须在交易前给定，而虚线是交易后观察到的真实数据。由于真实交易成本是观察到的客观事实，而任何对交易成本的估计都是预测结果，预测就不可能是完美的。造成估计的交易成本和真实交易成本之间有所差别的因素包括产品波动性、随时间变化的流动性，或随时间的变化交易同一股票的交易者类型（如做市商、对冲基金、共同基金或个人投资者）。当然，宽客会尽力做出准确的预测，但考虑到预测是不可能完美的以及速度和简洁性都是希望达到的目标，宽客需要在准确性和简洁性间把握平衡。

不管使用什么类型的模型，宽客必须对他投资范围内每种产品的交易成本进行描述。毕竟，流动性差的小市值股票的交易成本要比流动性良好的高市值股票的交易成本要高，因此这是每只股票进行交易时必须考虑的因素。此外，宽客必须更新对交易成本的估计，以保证模型与当前市场形势保持一致，同时指明什么时候需要进行更多的研究进而改进模型。

小结

在构建投资组合模型过程中，交易成本模型告知进行交易的成本状况。它**并非**是为了极小化交易成本，正如阿尔法模型并不是创造收益而是进行预测并将这些预测传递给投资组合构建模型。成本最小化可以分为两个阶段。第一步，构建投资组合模型，使用交易成本模型提供的输入变量，去计算进行目标投资组合的成本；第二步，将目标投资组合传输到执行算法阶段，以尽可能低的成本去执行投资组合的交易。

这里我们描述了几种交易成本模型，从最简单的交易模型到异常复杂的交易模型都有。对于只交易给定金融产品并且交易规模基本不变的交易者，或者交易规模很小以至于可以假设一个很低的交易成本并且在绝大部分时间都是正确的这类交易者，简单些的模型比较有用。对于在短期内对给定金融产品进行大笔交易或交易量变化很大的宽客而言，比较复杂的模型更加有用。这里所描述的4种模型在合适的情况下都是有效的。有一个值得思考的问题是，所选择的模型是否适合所使用的环境。

接下来我们将注意力转向投资组合构建模型，使用前面三章所讲的阿尔法模型、风险模型和交易成本模型作为输入变量，设计目标投资组合，在控制风险的前提下最大化收益。在这之前，我们从图5-5了解我们研究黑箱的进度。

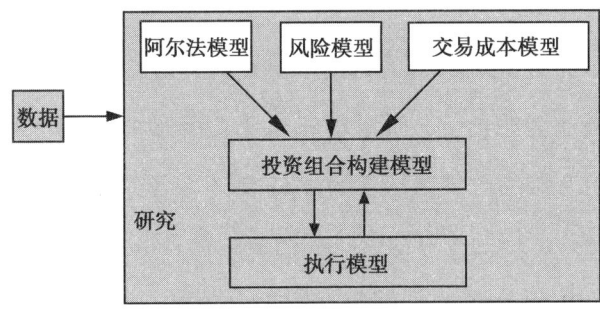

图 5-5　黑箱结构

注释

1. Matthew Philips, "Where Has all the Stock Trading Gone?" May 10, 2012, www.businessweek.com/articles/2012-05-10/where-has-all-the-stock-trading-gone.

第 6 章

投资组合构建模型

基于现在和未来,才能做出明智的决策。

——艾萨克·阿西莫夫

投资组合构建模型的目的是为了决定宽客所持有的投资组合。这个模型扮演着裁决者的角色,听取了乐观主义者(阿尔法模型)、悲观主义者(风险模型)和具有成本核算意识的会计(交易成本模型)的说辞之后,决定该进行怎样的投资组合。如何分配投资组合中各种产品的比例,主要需要考虑期望收益、风险和交易成本之间的平衡。过于强调交易机会会因为忽略风险而带来损失;过于强调风险会因为忽略交易机会而造成收益不足。过于强调交易成本会使系统陷入瘫痪,因为容易导致交易者因不愿意承担更新投资组合的成本而持仓时间很长。

量化投资组合构建模型主要分为两大类。第一类是基于规则的模型。基于规则的投资组合构建模型主要依赖于宽客的直觉,可以很简单也可以很复杂。这些直觉一般是根据经验得到的规律,例如试验结果或犯错得到的教训等。

第二大类量化投资组合构建模型是基于优化的。优化程序使用算法去寻找达到宽客所定义目标的最优路径，这里的算法指的是所设计的一步步的规则，引导使用者从初始点到达终点。这里的目标一般称为**目标函数**（objective function）。优化程序的目标函数典型的例子是寻找投资组合，使得承担每一份风险可能得到的收益最大化。优化程序的性质决定了从细节上完全理解它是非常困难的，但是其概念是很清晰的。

与第3章讨论的混合阿尔法模型类似，投资组合构建模型是个很有意义的研究领域。此外，投资组合构建是投资过程中极为重要的一步。如果投资者具有不同资质的多种投资选择，但如果把最多的钱投资到资质最差的产品，而在资质最好的产品上投了最少的钱，不难想象其收益会一塌糊涂。如果他能够在策略中使用投资组合构建模型，至少其收益会大为改善。但是，如何在投资组合中各种策略间进行资产配置，这个问题并不存在被广泛采用的解决方法。与构建新的阿尔法模型之类的问题相比，这一问题在学术界和实业界受到的关注都要少得多。本章将展示给读者大部分宽客是如何解决这一问题的。

基于规则的投资组合构建模型

常见的基于规则的投资组合构建模型有4类：相等头寸加权、相等风险加权、阿尔法驱动型加权和决策树加权。前两类模型最为简单，核心理念是等权重，只是在如何给出同等权重的方式上有所不同。阿尔法驱动型投资组合构建模型主要依赖阿尔法模型来进行头寸规模选择和投资组合构建。决策树方法，主要是以某种顺序使用一系列规则来决定头寸规模，可以很简单也可以很复杂。以下我们对这几类方法由易到难一一阐述。

相等头寸加权

相等头寸加权模型极其普遍。使用这一模型的宽客认为，如果某一头寸好到值得拥有，就不再需要其他信息来决定其规模。这里有个深层次的隐含假设：金融产品具有同质性，不需要根据其风险或其他指标加以区分。如上文所言，对于给定的金融产品而言，信号强度的概念与预测的规模有关。信号强度通常会被忽略掉，除非信号强度已经强到非常值得建立头寸。初看起来，对这一问题的处理过于简单。一些严谨的宽客已经针对这一问题找到了解决方案。相等头寸加权模型的基本前提是，对不同的头寸加以区分（给予不同权重）可能会具有两种负面结果，最终会超过非等权重加权所带来的好处。换言之，使用等权重模型是因为他们注意到了非等权重加权方法的很多缺陷。

非等权重方法的第一个潜在问题是，它总是默认模型具有统计学意义上的能力和功效，对头寸方向、波动幅度和（或）向相对于投资组合中其他预测值变动的概率进行准确的预测。相反，使用等权重方法的宽客认为，只有在方向性预测上才可以充分信任阿尔法模型，并且只要在方向性预测上有足够的置信度可以确保值得进行交易，就值得进行和其他头寸相同规模的交易。

投资组合中非等权重方法的第二个潜在问题是，它一般倾向于在"最好"的几个预测头寸上进行大的投注，而在其他预测上投注很少。但是，这种权重的差异都会使策略在看似很有吸引力的头寸上承担一些例外事件的风险，而不管进行预测时使用的是何种阿尔法模型。例如，在动量型策略中，最强的信号中很多是那些价格已经发生了最大幅度移动（例如，已经具有明显的趋势）的金融产品。换句话说，交易者已经错过了时机，在趋势的峰值处得到最强信号所承担正是趋势可能会反转的风险。类似地，对于均值回复型策略，很多很强的信号也是产品的价格已经发生了很大程度的波动而预计会发生大幅反转之时。但是通常来说，发生大幅波动，都是因为市场上有确切的信息导致波动延续下去。统计学家称这种现象为**逆向选择偏误**（adverse selection bias）。这种情形下的均值回复策略被形象地称为"空手套白狼"，相当于是赌一个很强的趋势会发生反转，经常会发生趋势继续而没有反转导致策略损失的情况。

相等加权模型的最后一个优势在其他一些模型中也存在。当从业者竭尽所能对他们在交易中所要用到的数据进行清理（我们会在第8章详细讨论）时，会出现不良数据混入交易策略的情形。如果不良数据有很多，等权重头寸策略可以保证因显然有误的数据导致的预测所带来的损失风险在可控范围内。例如，如果某只股票价格被除以了100（例如，偶尔英国股票价格以便士作为计量单位而不是英镑），可能某个阿尔法模型受此误导而在此价位建立巨大的头寸。相等加权类方法会减小头寸的规模，而避免发生这种灾难性的后果。

事实上，阿尔法模型一般都会经过实际数据集的检验，模型的统计显著性和预测能力基本上都是依据于分布的均值或平均水平，而不是分布的尾部。如果我们观测到一个尾概率事件（不仅仅是个不良数据点）包含有很高的阿尔法预测收益，它可能会是个好的交易机会，但是与通常的阿尔法模型相比又具有极高的风险。这种情形下，相等头寸加权方法也可以控制这种尾概率事件所带来的风险。

几乎所有的阿尔法策略都存在类似的问题，这使得对非等头寸加权策略加以攻击变得很容易。所以，等加权策略的一个基本论点就是，可以通过在尽可能多的头寸上进行多样化投注来减缓风险。值得注意的是，相等头寸加权方法有时会受到流动性的约束，从而头寸的权重只能在流动性允许范围内尽可能地接近同等权重。这种对流动性的考虑也可应用到其他本章所讨论的基于规则的分配方法。

相等风险加权

相等风险加权方法根据头寸的波动性（或风险的其他度量指标，如下降幅度）来反向调整头寸规模。波动性越大（小）的头寸，分配的权重就越小（大）。这样，根据对于整个投资组合的风险贡献度而言，并不是根据分配的头寸规模，投资组合中的每个头寸都是均等的。表 6-1 展示了一个含有两只股票的投资组合的例子，相比于埃克森美孚公司（XOM）的股票，波动性大的谷歌（GOOG）的股票在投资组合中被分配的权重就小一些（39%）。

表 6-1 一个简单的相等风险加权投资组合

	相等权重	波动率	基于波动率调整权重
谷歌	50%	2.5%	39%
埃克森美孚公司	50%	2.0%	61%

这种做法的理论基础很直接明了。波动性大的小盘股股票不应该和波动性小的大盘股股票被分配同样的权重。如果在两个头寸上投入相同数量的资金，相当于无意中在小盘股股票上投了更多的注。因为小盘股股票波动性更大一些，因此相对于分配到大盘股股票的资金，分配到该股票的每一美元造成投资组合的波动性要更大一些。所以，认为相等加权模型是最合适方法的宽客，为了提高投资组合真实的多样化程度，都会采用相等风险加权方法。

但是，相等风险加权方法也有其缺点。无论使用何种方法对风险度量，通常都是一种回顾型度量，例如波动率。具有较高（低）波动率的产品应该被分配以较小（大）的权重。但是如果波动性低的产品突然变得波动剧烈呢？这并不仅仅是一个假设存在的问题。很多年以来，银行股都是很稳定的。可是在 2008 年，银行股的波动性突然增大，甚至比科技公司的股价波动还要大。对股票波动性进行回顾型分析，如果不关注上次金融危机（1998年）的影响，可能都会受到2008年之前10年的稳健表现的误导。因此，相等风险模型可能会选择持有更多银行股的头寸，而没有考虑到2008年波动率飙升的情形。

阿尔法驱动型加权

基于规则的投资组合构建的第三种方法，主要是通过阿尔法模型来决定头寸规模。该方法的理念是，阿尔法模型可以决定头寸可能具有的吸引力，这个信号是合理决定头寸规模的最佳途径。此外，使用这一方法的绝大部分宽客并不会让最大头寸的规模趋于无穷。这时他们会使用风险模型来给出单个头寸的最大规模上限。给定这个上限后，可以使用信号强度来决定实际头寸与头寸的最大可能值的接近程度。这就好比在曲线上进行评级，得分最高的获得最大的头寸规模，次高的获得次之的规模。在投资组合构建中，这种方法所使用的约束类型还包括对某一组（如板块或资产种类）的投注总额设置上限。

例如，我们可以限制单个头寸不能超过投资组合的3%，每个板块的头寸不能超过投资组合的20%。还需要建立预测收益大小与头寸规模之间的函数关系，这类函数可以很简单，但一般来说，预测收益越高头寸规模越大。一些宽客使用阿尔法加权方法，是因为它强调盈利，这也正是整个投资活动的目的所在。但是，有些量化交易策略，如期货中的趋势跟随策略，使用阿尔法加权策略会相对频繁地遇到收益锐减的情形。这是因为在价格趋势已经很好地形成时，这些模型通常会具有最强的信号。随着趋势延续头寸规模不断增加，导致在趋势反转时交易者仍持有最多的头寸。因此，在使用阿尔法驱动型投资组合构建方法时一定要小心谨慎，因为这种方法严重依赖于所使用的阿尔法模型能做出正确的预测，不仅仅是对产品方向性的预测，还包括对产品波动规模的预测。

基于规则的投资组合构建模型小结

无论使用哪种基于规则的投资组合构建模型，在投资组合构建过程中都可以综合使用阿尔法模型、风险模型和交易成本模型。例如，在相等权重模型中，根据交易成本模型，某些产品的交易成本过高而无法进行交易，所以需要对相等权重加以限制。这些内容也可以在阿尔法模型内部加以考虑，例如添加一个控制变量，如果期望收益小于预期交易成本的阈值，就将期望收益设置为0，从而由阿尔法模型发出的任何信号可以被赋予相同的权重。显然，黑箱中其他元素与投资组合构建模型的交互作用的性质完全依赖于投资组合构建模型的种类。例如，等权重类方法可以以与阿尔法权重方法完全不同的方式，去利用风险模型。

总的来说，基于规则的投资组合构建模型可以极其简单（相等权重投资组合），也可以非常复杂（带各种约束的阿尔法权重方法）。所有模型所面临的共同挑战是，如何使驱动它们的规则更加理性并显得合情合理。

投资组合最优化

在量化金融中，投资组合最优化是很重要的一个主题。这是量化金融中首先受到学术界关注的领域之一，诞生的标志是量化分析之父哈里·马科维茨（Harry Markowitz）发表了名为《投资组合选择》（Portfolio Selection）的里程碑式的论文[1]。他发明了至今已广为使用的**均值方差优化技术**（mean variance optimization），以此为核心的许多复杂方法也纷纷涌现。由于对投资组合构建中量化分析的深入理解，1990年他和威廉·夏普（William Sharpe）分享了诺贝尔奖。

投资组合优化工具主要是基于资产管理行业的经典理论——**现代投资组合理论**（modern portfolio theory，MPT）的基本原理。MPT的核心原理是，投资者一贯是风险厌恶型的，这意味着如果两种产品收益相同但风险水平不同，投资者会偏好低风险产品。据此可以得到一个推论，只有存在额外收益作为补偿，投资者才愿意承担额外的风险。由此引入了**风险调整收益**（risk-adjusted return）的概念。**均值方差优化技术**是基于 MPT 构建投资组合的一种常用方法。均值和方差是传向优化器的两个输入变量，输出变量是在各个风险水平上具有最高收益的一系列投资组合。这里的**均值**是指进行评估的各种资产的平均期望收益，**方差**是对各种资产期望风险的度量，通过计划持有的各种资产收益的标准差来计算。传向优化器的第三个输入变量是这些资产的**期望相关系数矩阵**（expected correlation matrix）。优化器使用这些输入量，可以输出在不同风险水平下可以达到最高可能收益的一系列投资组合，称为**有效边界**（efficient frontier）。

量化交易策略，除了使用阿尔法模型、风险模型和交易成本模型外，还需要说明这些模型中所包含的信息以及与这些模型相关的约束条件。例如，投资组合优化工具可能被用来解决最优投资组合问题（例如最大化风险调整收益），说明各种可能持有产品的期望收益，持有产品收益的波动性，持有产品相互之间的相关性以及最小化对应于风险模型中的各种风险因素的风险敞口。在真实交易中，宽客也会采用其他几个额外的输入变量，包括①以货币表示的投资组合规模，②期望的风险水平（通常以波动率或预期下跌来度量），③其他会缩小优化工具可行域的约束条件，例如股票交易中主要经纪商提供的**卖空限制列表**（hard-to-borrow list）。这些输入变量并不是优化工具必须使用的，前两种就比较任意，但这些变量可以帮助构建切合实际并且对宽客更加有用的投资组合。

这些技术被称为优化工具的原因在于，它试图去寻找分析师所给定函数的最大值（最优值），这个函数称为**目标函数**（objective function）。优化工具通过算法在各种可行的产品组合中进行定向搜索，以实现最优化的目的。对于给定组合，优化工具检验其收益和风险特征，并与之前的组合进行比较，检测出导致投资组合改进或退步的原因所在。通过这种方法，优化工具可以很快定位一系列最优投资组合，即那些在给定风险水平下收益已经达到最高的组合。那些组合是允许进行的或不允许进行的，由阿尔法模型、风险模型和交易成本模型来决定。很多宽客使用的目标函数和开始的一样：在考虑收益的波动性的前提下最大化投资组合的收益。但实际上有无数的目标函数可以使用。例如，可以相对于峰谷间的下跌而不是相对于收益波动率，使用目标函数来极大化投资组合收益。风险和收益的对比这一指标也是可以选择的，完全可以极大化只关注投资组合期望收益的目标函数。

我们可以使用图 6-1 来形象地阐释最优化工具。图中，X 轴和 Z 轴表示两种假设的金融产品 ABC、DEF 所有可能的组合，Y 轴表示包含 ABC 和 DEF 的可能的投资组合的期望夏普比率。夏普比率是优化工具常用的目标函数，这里仅用来进行解释。进一步假设 ABC 的期望收益为

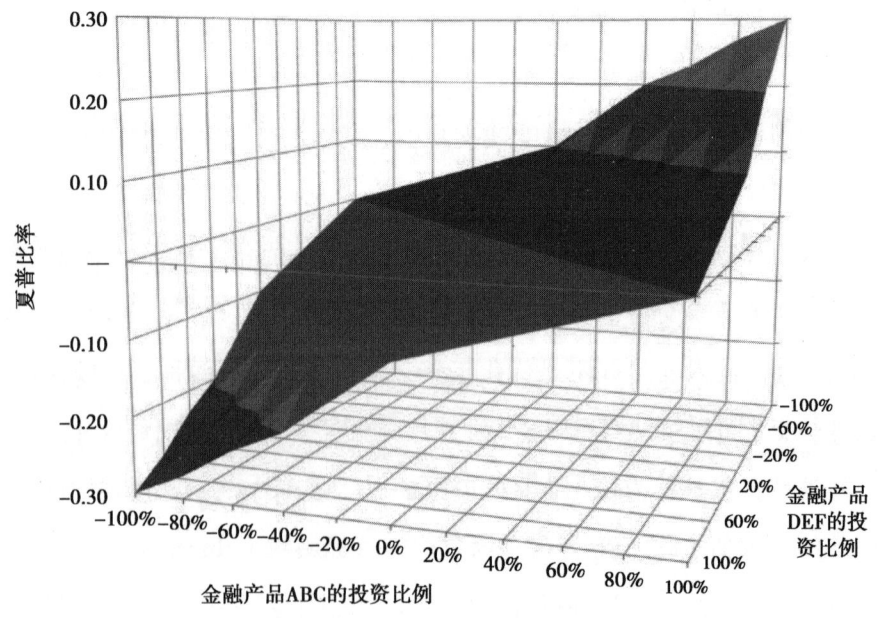

图 6-1　最优化过程示意图

正，而 DEF 的期望收益数值与 ABC 相同，但却是负值。优化工具寻找可以使目标函数取到最大值的投资组合，结果肯定是 100% 持有 ABC 而 100% 卖出 DEF。显然优化工具不需要根据图形来找到这个最优点，但这种可视化可以帮助解释优化工具所试图达到的目标。

优化工具的输入变量

就像上文所提到的，优化工具所需要的输入变量有期望收益、期望波动率以及各种备选产品间的相关系数矩阵。我们需要对宽客如何得到估计量和期望值有所理解，因为这些对于模型的效果起着关键作用。以下我们逐一介绍这些输入变量。

1. 期望收益

在传统金融界，如在私人财富管理领域，通常会将期望收益等同于长期以来的历史收益，因为目标通常是创建一个不需要大幅度重新调整的资产分配策略。相反地，宽客倾向于使用阿尔法模型得到期望收益。就像我们在讨论阿尔法模型时所提到的那样，阿尔法模型的输出变量通常都会包含期望收益和（或）预期波动方向，或其他用来指示备选产品吸引力的输出变量（如某种得分）。方向性预测也可以看作对收益的预测，相当于预测时认为所有的正收益都相等，所有的负收益也都相等（通常受到最小阈值参数的限制，在投注前预测的收益至少具有一定的显著性不为零）。在这类优化过程中，对收益的准确预测并不重要，重要的是对于每个潜在头寸方向的预测。所以方向性预测中每个头寸期望收益的数值并无不同，唯一密切相关的是预测的符号（收益的正负）。

2. 期望波动率

无论是传统金融界还是量化交易界中的很多从业人士，都倾向于使用历史数据计算出的实际波动率作为优化工具的第二个输入变量，但也有些人使用对波动率的预测值。预测波动率的最常见方法是使用随机波动模型（stochastic volatility models）。Stochastic 在希腊语中是**随机**的意思。在统计学中，随机过程具有一定的可预测性但又包含有一定的不可预测性或随机性在其中。这里需要理解统计学家所说的**过程**是什么，过程是指连续变化的序列，在这里基本上可以理解为时间序列。随机波动预测模型的基本理念是，波动率一段时间内会在较高水平，接下来的一段时间就会处于低位（即存在可预测性的波动率周期），偶尔还会有所跳跃（某种随机和不可预测性部分）。最为常用的是 1986 年丹麦计量经济学家提姆·波勒斯列夫（Tim Bollerslev）[2] 在《计量经济杂志》（*Journal of Econometrics*）所提出的广义自回归条件异方差模型（Generalized Autoregressive Conditional Heteroskedasticity，GARCH）。以 GARCH 模型为基础进行随机波动建模的方法不胜枚举。基本上所有的方法都认为，波动率在一个集中时段相对平稳，接下来就会比较动荡，再接着恢复平静，如此周而复始。图 6-2 展示了一个描述市场波动率的图形。2000～2003 年，标准普尔 500 指数极为震荡，接下来的 2003 年年中至 2007 年年中，该指数就很平稳，然后从 2007 年年中至 2008 年又是极其波动的一个时期。即便是在平稳期，波动率也会有短时间周期性的波动。GARCH 类的模型可以对这种模式下的波动率进行很好的建模。

事实上，还存在很多预测波动率的方法，可以按照评估价格预测策略的方式加以理解。这些模型的预测方法主要是基于波动率的趋势法、回复法或其他基本面方法。可以在不同时间跨度上应用这些模型，可以用这些模型来预测单个产品的波动率，或多个产品的相对波动率等。例如，GARCH 模型是理解时间序列数据变化规律的一种方式。GARCH 中的 A 表示自回归（autoregressive），是一个突出强调均值回复过程的统计术语。自回归模型的系数为正表示该时间序列具有趋势项（也称为自相关）。自回归模型的系数为负则表示产品的波动性。这种情形下，该时间序列和产品的波动性有关。

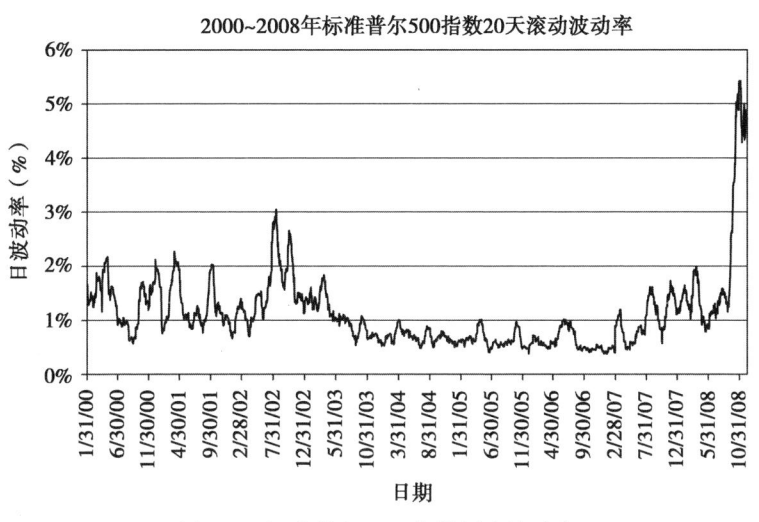

图 6-2　标准普尔 500 指数历史波动率

3. 期望相关性

优化工具的第三个输入变量是相关系数矩阵。相关系数是衡量两个产品变化的相似程度的核心度量，取值范围介于 –1 到 1 之间。相关系数为 1 表示完全类似，相关系数为 –1 则表示两种产品完全相反，或**负**相关。相关系数为 0 则表示完全**不**相关，表明两种产品完全不类似，但也不是反向变动的。一个有趣的事实是，相关系数与产品随时间的变化趋势并没有什么关系。例如，同一工业分组中的两个企业，如两家航空公司。如果第一家公司在竞争中胜出，得到了更多的市场份额，那么第一家公司可能会处于上升趋势，而第二家公司则会处于下降中（假设整个市场基本上是在横盘中）。但是这两家公司之间的相关系数可能会很高，因为它们的收益仍主要受整个市场、所处板块以及受所处行业的驱动，且不说航空公司所面临的更加细分的市场要素（如油价等）。

在量化交易中使用标准的相关系数，会带来很多问题，对其中的大部分问题稍后我们将从各个方面进行讨论。最为关键的是，产品间关系的度量随着时间会很不稳定，即使是长期来看也会很不可靠。例如，考虑具有两个产品的投资组合：标准普尔500指数基金和日经225指数基金。可以看到，使用1984年1月份以来的两个指数的历史数据进行计算，这两个指数的相关系数就在0.37左右。使用连续365天内每周的收益数据来计算两种指数在该时段的相关系数，图6-3展示了直到2007年两者的相关系数。由于美国和日本处于不同的时区，因此这里使用了每周的收益，而不是日收益数据。相对于美国（标准普尔500指数）的变化，日本（日经225指数）的走势会滞后一天。解决这一问题，或者使用比每日收益更加低频的数据（如这里所使用的每周收益），或者将日本市场的收益滞后一天。

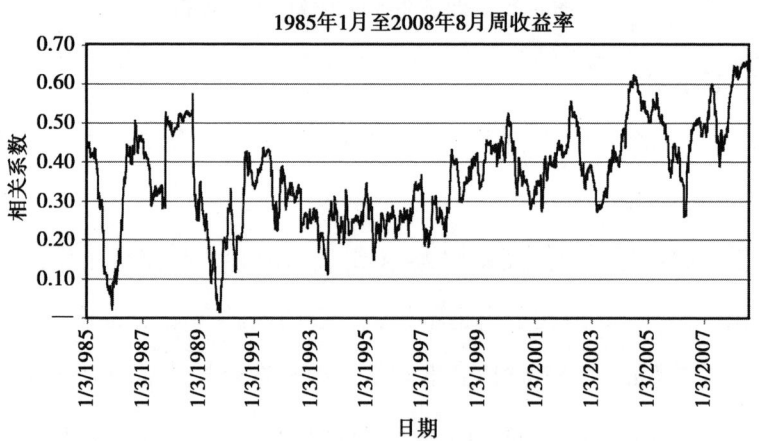

图6-3　标准普尔500指数和日经225指数之间的年滚动相关系数

从图6-3可以看出，标准普尔500指数和日经225指数之间的相关性随时间变化很大。使用截止到1989年10月的数据时，相关系数达到最小值0.01；使用到2008年中期的数据时，二者相关系数达到最大值为0.66。更为糟糕的是，从1985年11月到1989年10月，相关系数从0.02变动到0.58，之后又回到0.01。即便将连续滚动时间窗的宽度调整为 5 年，相关系数的变化范围也从 0.21 到 0.57。

类似于在之前的例子中我们考虑产业门类一样，如果在交易策略中具体考虑金融产品的合理分组，相关系数随着时间的稳定性将会大为改进。这可以通过在相对阿尔法策略中具体定义"相对"和（或）在风险模型中具体给定得以实现。例如，如果模型将埃克森美孚公司（XOM）和雪佛龙公司（CVX）归类为同一种公司就是很合理的，因为这两个公司有着诸多相似之处：市值规模处于同一量级，都是石油公司，都在美国，都进行全球化运作等。而基于基本面数据把雪佛龙公司（CVX）和阳光微系统公司（JAVA）进行比较就显得不那么合理，因为JAVA 并非石油公司而是科技板块的小盘股而已。可以预见的是，这两组公司（XOM vs.CVX，CVX vs.JAVA）可比性的差别在数据上也会有所体现（见图 6-4）。

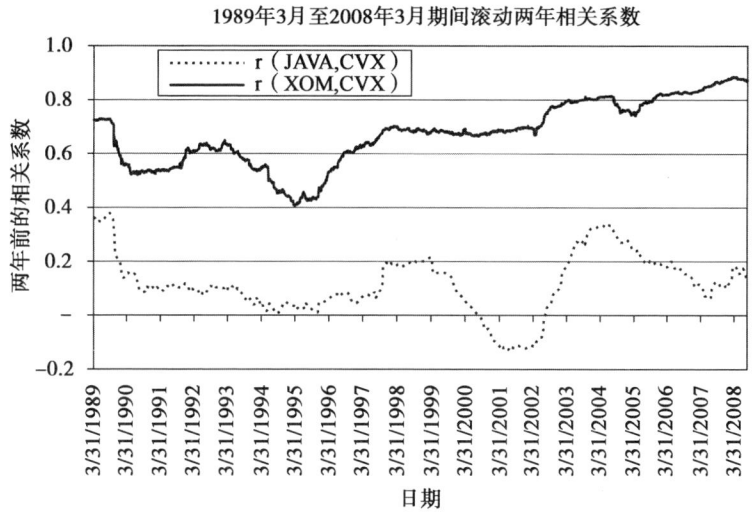

图 6-4 相似金融产品和非相似金融产品的相关系数

从图 6-4 可以看到，在长达 20 多年的时间里，埃克森美孚公司（XOM）和雪佛龙公司（CVX）的相关性还是很强的。在这个时间段内，相关系数最低约 0.40，最高可达 0.89，在整个时间段上的相关系数为 0.7。而雪佛龙公司（CVX）和阳光微系统公司（JAVA）的相关性就弱很多，在整个时间段上的平均水平只有 0.14，两年期的相关系数最小的为 −0.14，最大的仅为 0.36。此外，埃克森美孚公司（XOM）和雪佛龙公司（CVX）间相关性随时间的变化比较平缓。尽管这两组相关系数都有些不稳定，但很明显埃克森美孚公司（XOM）和雪佛龙公司（CVX）这一组的问题，要比将雪佛龙公司（CVX）和阳光微系统公司（JAVA）放在一起要少一些。坦白地讲，金融产品间相关程度的不稳定性或多或少是客观存在的事实。这并不是优化工具的错，也不是作为一个统计量的相关系数的错误，金融业本身恰恰就是这样。

这种不稳定性主要源于，有多种动态因素共同决定金融产品间的相关性。例如，如果股市正在经历大幅下跌，雪佛龙公司（CVX）和阳光微系统公司（JAVA）之间的相关性可能会暂时高于平常水平；或者原油供应的不确定性对雪佛龙公司（CVX）造成了影响，而阳光微系统公司（JAVA）并不受其影响，二者间的相关性可能会暂时降低；或者其中一家公司具有重大消息，也会造成相关性的下降。

优化技术

优化方法有很多种，从 1952 年马科维茨最初提出的方法到复杂的机器学习类方法。本节对这些最常用方法进行综述。

1. 无约束条件的优化方法

无约束条件的优化方法是优化方法中最基本的一种，如果愿意的话，该方法可以把所有的资金投入单一金融产品。实际上，无约束优化方法是很怪异的，该方法经常做的事情是提出只有一种金融产品的投资组合，就是把所有的钱都投入到具有最高风险调整收益的金融产品上去。

2. 带约束条件的优化方法

为解决这一问题，宽客们指出如何在优化过程中添加约束条件和惩罚项，从而得到更加"合理的"结果。约束包括头寸规模限制（如分配给某一头寸的占比不能超过整个投资组合的3%）或对产品组的头寸加以限制（如在任何板块的投资不能超过投资组合的20%）。但对宽客而言，这里存在一个很有意思的谜团：如果无约束的优化方法倾向于选出不可接受的最优解，从某种程度上讲是约束条件推动了投资组合构建而不是优化方法。例如，假设一个投资组合包含100个金融产品，优化方法要求分配到每个头寸的规模不能超过投资组合的1.5%，平均仓位自然是1%。那么，（根据阿尔法模型）最优仓位只是平均仓位的1.5倍，这和等权重方法很接近。虽然没有什么矛盾之处，但这似乎并没有运用最优化过程。

优化方法中的另一种约束条件包含风险模型的集成。假设实施某一个约束条件有好几种途径（正如在第4章所讨论的那样），包括惩罚项和硬性约束条件等。例如，如果我们只是想消除板块风险，一个简单的途径是修正相关系数矩阵，使同一板块的所有股票间具有很高的正相关系数，之后优化方法便在修正后的相关系数矩阵基础上寻找最优解。或者，我们也可以引入一个惩罚函数，当板块风险处于低位时给予很小的惩罚（例如，克服这一惩罚的期望收益本身也很小），但随着板块风险水平上升到低位时的两倍，需要应对这种风险增长的期望收益，要远远超过板块风险在低位时阿尔法收益的两倍。换句话说，期望边际回报增长的速度必须比期望边际风险快得多；风险增加得越多，期望收益必须增长得越快，以保证优化工具接受二者的相互抵消而接纳风险的增加。

交易成本也可以用多种方式加以处理。宽客可以建立每只股票的市场冲击函数的经验模型，并让这些市场冲击模型作为输入变量进入优化工具。或者，宽客也可以简单建立一个市场冲击函数，以波动率、交易量、订单规模等作为输入变量，得出市场冲击模型的一般解。这是宽客常用的两种得到期望交易成本的方法，之后将其作为投资组合优化的输入变量。

为实现优化目标，需要设计数学公式和编程技术，使用上文所提到的各种输入变量，通过迭代求解寻找使投资组合的目标函数达到最大值的均衡状态（如期望收益与期望波动率间的均衡）。优化方法试图一次性解决很多问题：在考虑相关性和波动率的前提下最大化承担单位风险所得到的收益，同时还要满足各种硬性约束（如最大头寸规模限制），并且还要考虑风险因素和交易成本。与系统化交易策略的其他很多层面相比，尽管优化过程很复杂，但是已经有很多封装好的软件包（包括免费开源的代码库）可以很容易得到这些最优解。

重新回到图 6-1，可以很形象地看到，对优化问题添加约束条件，需要在空间中找出不满足约束条件的区域。例如，如果我们对市场敞口加以约束，要求在 ABC 和 DEF 上的投资额相差不能超过 20%。这时，空间中的绝大部分区域会被优化工具忽略掉，优化时只在满足最大敞口约束条件的区域进行搜索，具体可见图 6-5。通过与图 6-1 进行对比，可以发现由于敞口限制未进行搜索的区域是对应于夏普比率为 0 的平面上沿着坐标轴有点像三角形"翅膀"的扁平区域。值得注意的是，由于我们限制了优化工具进行搜索的区域，可能会出现限制条件过多而不存在最优解的情况。

需要指出的是，我们这里使用的例子都是简化过的，只是考虑了具有两种产品的投资组合，考虑了高相关性和一个简单约束条件。在实际操作中，搜索曲面不可能看起来这么简单，存在一个清晰的趋势趋向于唯一的一个极值点。在更为复杂的情形下，可能会有很多极值点散布于全空间的各个区域。在设计搜索最优解的算法时，需要在搜索的全局性和搜索速度间进行平衡。搜索范围并不那么彻底的快速搜索算法可能会找到曲面上的一个局部极值点就停止搜索，即使在投资组合可能的范围内还存在更好的投资组合方式。进行彻底搜索的算法可以找到**全局最优解**，但会因为其搜索时间过长而不具有实用性。

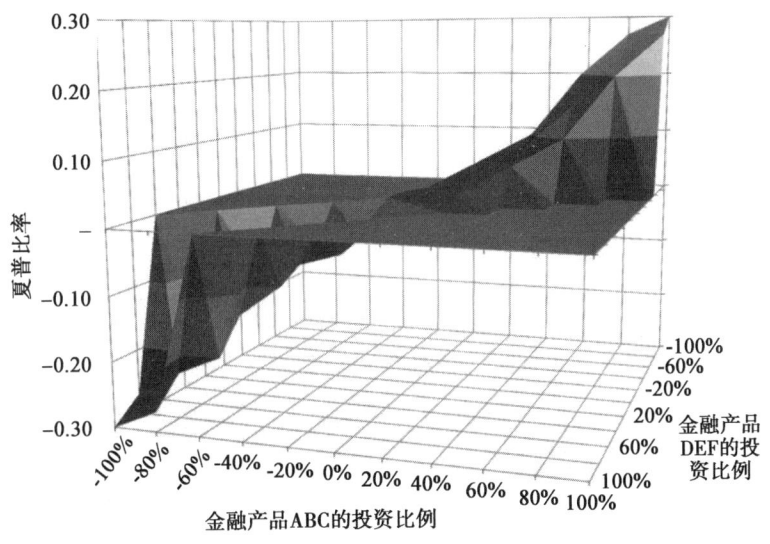

图 6-5　带有约束条件的最优化过程示意图

3. 布莱克－李特曼优化方法

1990 年以布莱克－斯科尔斯（Black-Scholes）模型成名的费希尔·布莱克（Fischer Black）和高盛公司的鲍勃·李特曼（Bob Litterman）提出了一种新的优化算法。这个算法最初记载在高盛的内部备忘录上，后来在 1992 年发表于《金融分析师杂志》(*Financial Analysts Journal*)[3]。**布莱克－李特曼优化方法**解决了优化工具的输入变量带有测量误差的一些相关问题。最为重要的是，他们提出了一种方法，在投资者期望中融入了置信度的概念，并把这些与历史数据结合了起来。例如，历史上雪佛龙公司（CVX）和埃克森美孚公司（XOM）的相关系数为 0.7 左右，而交易者的阿尔法模型预测埃克森美孚公司（XOM）将上涨，雪佛龙公司（CVX）会下跌。这时，尽管存在着历史经验，雪佛龙公司（CVX）在预测时间段的相关性会很低甚至为负值。布莱克－李特曼优化方法利用投资者对不同金融产品收益的预测来调整真实观测到的产品间的相关系数。进一步讲，如果在某种程度上投资者对某些预测很有信心而对另一些不太有信心，可以将二者结合起来。如果投资者预测两种产品间会出现显著的偏离但预测的置信度不高，而历史上二者间相关性很强，那么就应该使用更接近历史相关性水平的一些指标方法。如果投资者的信心越强，在使用布莱克－李特曼优化方法决定相关系数时，预测收益就会发挥更为重要的作用。一些宽客偏好这种优化方法，就是因为它可以提供更加全面的方法，将阿尔法模型与优化工具的其他输入变量组合使用。

4. 格里诺德－卡恩方法：优化要素投资组合

另一种值得一提的优化方法是格里诺德（Grinold）和卡恩（Kahn）在开创性论著《积极投资组合管理》（*Active Portfolio Management*）[4]中提出的。绝大部分优化方法试图确定头寸规模，而这种投资组合优化技术的直接目标就是建立信号的组合。格里诺德和卡恩所提出的这种方法应用很广泛。这种方法的主要思想是建立**因素投资组合群**，其中每个投资组合都是基于规则（实际上通常都是等权重或等风险权重）考虑单一种类的阿尔法预测而构建的。所以，可以考虑构建动量型投资组合、价值型投资组合和成长型投资组合。每一种投资组合都会使用历史数据进行模拟，就好像是根据历史数据来挑选股票。例如，价值型投资组合会使用历史数据进行模拟，通过买入低估值的股票卖出估值过高的股票来模拟可以得到的收益，就像真实交易在进行一样。通过这种方式，可以模拟得到各种投资组合收益的时间序列数据。然后在进行优化时，这些模拟的投资组合可以作为可供投资组合选择的金融产品。

这个方法的一个优势在于，投资组合的数量更加易于管理，根据在阿尔法模型中所使用的单个因素的数量，通常不会超过 20 个。因此在进行优化时，并不是优化含有几千种金融产品的投资组合，而是优化几种要素投资组合的混合。从所需要的数据量上就可以看出后者更加容易一些。要素投资组合优化方法可以包含风险模型、交易成本模型、投资组合规模和风险目标作为输入变量，这一点和其他优化方法基本相同。

我们最终需要根据各个模型的权重来确定各个头寸的权重。这种方法下头寸权重的计算方式，通过例子加以说明最容易理解。假设我们有两个阿尔法要素，都只进行方向性预测（+1 为买入信号，–1 为卖出信号）。在要素投资组合中，简单起见我们假设有 100 只等权重的股票，也就是说在每一个投资组合下，每只股票都占 1% 的权重。假设根据要素投资组合优化方法，计算出第一个投资组合占 60% 权重，第二个占 40% 权重。那么每只股票的权重就是 1%（各个要素投资组合内产品的权重）乘以要素给出的信号（买或者卖）再乘以所属要素投资组合的权重。假设对一家公司，第一个阿尔法模型预测为 +1，第二个预测为 –1，则最终分配给该公司的权重为 [（1%）×（+1）×（60%）] + [（1%）×（–1）×（40%）] = +0.2%，意味着我们买入该公司股票在整个投资组合中的占比为 0.2%。

5. 重新取样效率

在《有效资产管理》（*Efficient Asset Management*）一书中，理查德·米肖（Richard Michaud）提出了另一种投资组合构建模型[5]。米肖是试图改进优化工具的输入变量，但并不是提出新型的优化方法。他提出的**重新取样效率**（resampled efficiency）相关方法解决了针对估计误差的过度敏感性问题。米肖认为这实际上是优化方法中最为重要的问题。之前，我们已经从例子中看到了标准普尔 500 指数和日经 225 指数间相关性的不稳定。这意味着，如果我们使用历史数据去计算对未来的期望，换句话说去估计两种产品在未来的相关性。相对于在未来会观察到的真实的相关性，我们很可能会得到错误的估计。宽客在阿尔法预测、波动率预测和相关性估计中都会出现这样的估计误差。结果表明，均值方差优化工具对这类误差极为敏感，如果期望存在很小的扰动，就会导致所推荐的投资组合发生很大的改变。

米肖提出使用**蒙特卡罗模拟**（Monte Carlo simulation）的方法对数据进行重新取样，以减小优化工具输入变量的估计误差。蒙特卡罗模拟方法会对历史数据进行多次重新组合，基于真实观测得到多个时间序列。例如，假设根据1982~2008年标准普尔500指数的收盘价，我们对趋势跟随策略进行检验。但是我们想对这个策略的稳健性有所了解，以应对未来并不像过去完全一样的情况。所以，我们可以利用标准普尔500指数的收益分布，分布可以告诉我们标准普尔500指数的盈亏数额以及对应的频率，利用分布我们又可以产生很多抽样样本作为历史数据来使用。以这种方式对收益数据进行重组，我们将不再那么依赖历史数据，因为我们已经得到了很多"历史数据"可以用于检验策略。有意思的是，在这些抽样得到的"历史数据"中，平均收益和收益波动率会维持不变，因为这些数据是基于同样的收益分布得到的。现在我们可以看出在各种假设情形下我们的策略表现好或者坏的频率有多高，因此也可以知道如果未来和过去的情形不完全一样，这个策略在未来表现好坏的可能性大小。与只是简单利用产品观测到的收益序列数据相比，这种方法被认为可以提供更加稳健的预测结果，因为宽客可以从更多层面把握产品的表现。这种直觉正是蒙特卡罗模拟方法的要义所在。

对于这种重新取样技术，有一点值得注意：只有当有足够的信心认为所使用的历史样本数据能很好地代表整个分布时,这种重构历史分布的方法才真的有用。如果你想使用1988～2006年标准普尔500指数每日收益数据,你可能会认为有了一个很好的样本数据集:大约19年的每日收益数据。但是,你会遗漏很多负向收益的极大值,因为1987年、2007～2008年的熊市时间段的数据都不包含在内。具体而言,使用19年的样本数据,样本中只有9天标准普尔指数下跌超过4%,只有11天上涨超过4%。如果额外包含3年(1987年,2007年,2008年)的数据,会有另外19天的下跌幅度超过4%(有一个交易日下跌幅度超过20%),也会有另外16天的上涨幅度超过4%(有一个交易日的上涨幅度差不多12%)。

6. 基于数据挖掘的最优化方法

最后我们对数据挖掘类方法在投资组合构建模型中的应用加以简单介绍。一些宽客使用机器学习方法,如监督学习或遗传算法等来解决优化问题。支持在投资组合构建中使用机器学习方法的观点认为,均值方差优化方法是一种数据挖掘类方法,通过在各种可能的投资组合中进行搜索,寻找表现出最好特征(通过优化工具的目标函数得以体现)的一类。机器学习领域差不多也在做基本相同的事情,这一领域已经受到了学界不同学科的关注,而不只是投资组合优化,投资组合优化仅仅是个金融领域的一个主题。所以,有充足的理由相信,使用机器学习类方法寻找最优投资组合的质量,比其他算法尤其是均值方差优化技术的质量要更好一些。

关于优化方法的结语

投资组合优化的一个有趣的副产品是,根据阿尔法模型预测产品在未来的收益为正,但在最终的投资组合中却作为空头头寸(反之亦然)。

怎么会出现这种情况？假设我们在美国要交易一组股票，风险模型加在优化工具上的一个约束条件是，投资组合对各个门类呈风险中性。换句话说，对于投资组合中某一工业门类（比如在软件业板块）的多头头寸的每一美元，都会有针对该行业的一美元空头头寸（以保证在软件业的净头寸为0）。但是如果软件行业的每一只股票期望收益均为正该怎么办呢？优化工具可能会对具有最高期望收益的软件公司建立多头头寸，而对期望收益最低的公司建立空头头寸。

当然，使用优化工具来构建投资组合的资深宽客中，使用最简单的优化工具（尤其是无约束优化）的只是少数。尽管优化方法背后隐藏的意图是很清楚的，但所使用的技术本身是量化交易系统中最适合被冠以黑箱之名的部分。由于阿尔法模型、风险模型、交易成本模型以及头寸限制、所期望的风险水平等之间复杂的交互作用，相对于输入变量而言，优化工具的输出有时很令人困惑。我们不得不考虑阿尔法模型内部不同种类的阿尔法要素间的交互作用，进一步加剧了这种复杂性。换句话说，具有最高期望收益的产品在投资组合中很可能会具有较大的头寸。具有与阿尔法模型预测方向相反的头寸，这种奇怪的现象通常都出现在投资组合中具有较小头寸的产品上，因为考虑到交易成本或风险管理的重要性高于其期望收益。

最后一种现象有时被称为替代效应。如果预测ABC的收益要高于DEF，我们希望在投资组合中能反映出这一点。但是如果ABC的预期交易成本要昂贵很多，而同时ABC和DEF的相关性又很好，优化工具可能会选择投资于DEF，而不是ABC。

投资组合构建模型的输出

无论采用何种投资组合构建方法，量化投资组合构建模型的输出变量就是目标投资组合：理想的头寸及各个头寸的规模。将目标投资组合与现有投资组合进行比较，二者间的差距就是需要进行的交易。如果是构建一个全新的投资组合，投资组合构建模型所推荐的所有头寸都需要建立。反之，如果宽客仅仅是在业务的正常阶段周期性地重新运行投资组合构建模型，他只需要进行增量交易，以填补新旧两个交易组合之间的差距即可。

宽客如何选择投资组合构建模型

我观察到，使用基于规则的权重分配系统的绝大部分宽客貌似都采用"绝对型的"阿尔法方法（如他们对单个金融产品加以预测，而不是对金融产品之间的相关关系进行预测）。这些宽客，即便不是全部也是绝大部分都是从事期货交易。而使用优化工具的宽客倾向专注于"相对"阿尔法方法，绝大部分应用于股票市场中性策略中。并不存在充足的理由可以解释相对型和绝对型阿尔法策略交易者各自偏好的投资组合构建方法之间的差异。但是，使用相对阿尔法策略的宽客很可能暗中已经相信产品间的相关关系具有稳定性。毕竟，在相对阿尔法策略的范式中，对给定产品的预测就像是个函数，一个该产品行为相对于与之进行比较的其他金融产品行为的函数。如果这种关系不稳定，策略注定无法实施，因为其首要前提是不同金融产品之间的比较是可靠的。但是如果这种关系是稳定的，宽客据此进行投资组合构建则完全是合乎逻辑且一致的。

如果宽客采用了绝对型阿尔法方法，相当于他隐式地声明其投资组合主要是由一系列独立的投注构成，所以依赖相关系数矩阵（优化工具的一个关键输入变量）可能就没什么用。反过来，这种类型的宽客，将根据交易成本把精力更直接地花在风险限制和阿尔法收益预测上。这种构建投资组合更加直接的方法，通常与基于规则的模型一起能够得到最好的实施。有意思的是，宽客所采用的阿尔法模型的种类很可能会影响最为有用的投资组合构建模型的选择。

小结

我们描述了两大类主要的投资组合构建模型。基于规则的模型采用启发式的方法，而投资组合优化工具则采用了现代投资组合理论的逻辑脉络。对于每一类，都存在很多种具体的技术，随之也带来了很多挑战。采用基于规则策略的从业者如何为其所选择规则的任意性找到合理的理由？使用优化方法的从业者如何解决和估计波动率及相关系数有关的许多问题？在选择"正确"的投资组合构建方法时，宽客必须对各种方法的优缺点加以判断，在考虑所使用的阿尔法模型、风险模型和交易成本模型的基础上，决定哪种方式才是最合适的。

但所有这些方法都具有一个共同的主线：它们都采取阿尔法模型预测的期望收益，并将其转化到投资组合中去。这种转化可以极其简单也可以非常复杂，选择何种转化方式是由宽客针对该问题所使用的方法决定的。但是，所有这些方法都试图最大化投资组合的优点。优点取决于什么也完全由宽客来决定。例如，有些宽客追求最大化夏普比率，另一些希望最大化收益比率来使峰谷间的下降达到最大，还有一些人试图最大化期望收益而不考虑风险水平。每种情形下，只要存在风险敞口，宽客就得选择是否需要以及如何添加约束。目标仍然是根据相应的约束条件最大化投资组合的优点。

至此我们已经完成了黑箱内部之旅倒数第二站的停留，就像图6-6所展示的路线图那样。接下来我们将看到宽客如何将由投资组合构建模型得到的投资组合付诸实施。

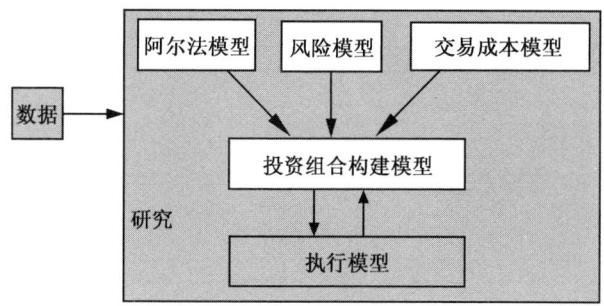

图 6-6 黑箱结构

注释

1. Harry Markowitz, "Portfolio Selection," *Journal of Finance* 7, no. 1 (March 1952): 77–91.
2. Tim Bollerslev, "Generalized Autoregressive Conditional Heteroskedasticity," *Journal of Econometrics* 31 (June 1986): 307–327.
3. Fischer Black and Robert Litterman, "Global Portfolio Optimization," *Financial Analysts Journal* (September–October 1982): 28–43.
4. Richard Grinold and Ronald Kahn, *Active Portfolio Management: A Quantitative Approach for Producing Superior Returns and Controlling Risk* (New York: McGraw-Hill, 1999).
5. Richard Michaud, *Efficient Asset Management: A Practical Guide to Stock Portfolio Optimization and Asset Allocation* (New York: Oxford University Press, 2001).

第 7 章

执行模型

> 品质绝非偶然,而是崇高目标、不懈努力、睿智指导和娴熟执行共同作用的结果。
>
> ——威廉·福斯特

在我们的黑箱内部之旅中,迄今为止我们已经看到了宽客如何得到其想要的投资组合。宽客建立阿尔法模型、风险模型和交易成本模型,并将这些模型输入到投资组合构建模型得到目标投资组合。在电脑屏幕或一张纸上的目标投资组合和真正拥有这样一个投资组合完全不同。黑箱的最后一部分就是通过执行所需要的交易,实施投资组合构建模型得到的投资组合。

执行一个交易有两种基本途径:电子途径或人为中介(如经纪商)。绝大部分宽客选择使用电子交易,因为交易量通常会很大,期望人为操作完成不太现实也没有必要。电子化交易通过**直接市场准入**(direct market access,DMA)得以实现,交易者可以通过经纪公司的基础设施和交易接口在电子市场(如 ECN 平台)直接进行交易。为方便起见,我们将所有的流动池，无论是 ECN、交易柜台或其他，统称为**交易所**（exchange），只有在需要具体指出交易所类型时再加以声明。

有几点需要澄清。首先，任何交易者都可以使用 DMA，无论宽客还是主观判断型交易者，实际上很多主观判断型交易者都是利用经纪商提供的 DMA 平台进行交易。如果愿意的话，通过 DMA 提交的交易仍然可以人工完成，但只是人工输入电脑系统，接着直接传输给电子交易系统。

过去，交易者需要给经纪商打电话，经纪人来"处理"订单，选择最好的交易时机、规模和价格进行交易，偶尔还要和其他交易对手就大宗交易的价格进行谈判。现在，尤其是电子交易平台上，执行算法（execution algorithms）对于订单运行更加可靠。执行算法包括完成订单的逻辑结构，含有（为了尽可能减少市场冲击）如何将大订单拆分成小订单的说明，还有应对限价指令簿和价格变化的各种措施。

获得执行算法有 3 种途径：创建算法、使用经纪商的算法、从第三方软件厂商处获得。本章我们将详细讨论设计执行算法要去解决的各类问题。接下来我们将讨论近年来宽客用来执行交易的基础设施相关的一些进展。对基础设施以及执行相关问题的更为全面的讨论，尤其是对延迟敏感类执行和交易策略（包括高频交易），将会在本书的第四部分进行讨论。

尽管宽客执行的绝大部分订单都是基于算法，交易者偶尔也使用绝大部分经纪商都会提供的一种称为**一揽子竞价**（portfolio bidding）的服务。这里只对一揽子竞价的思路进行简单描述，因为它并非是执行交易的典型量化方法。在一揽子竞价交易中，交易者想要进行交易的一揽子投资组合是通过其特征如多空价值比率、行业、市值等进行描述的。基于这些特征，经纪商给出费用报价，通常是用进行交易的投资组合总市值的点数（100 点＝ 1%）表示。作为对付出成本的交换，经纪商向交易者保证以给定价格完成交易。换句话说，接受这种安排的宽客，实际上是在购买交易价格的确定性，作为交换，付给提供确定性的经纪商一些费用。一旦宽客和经纪商之间达成一致，宽客在经纪商处得到以既定价格进行交易的承诺，经纪商也会收到提供该项服务的费用，并承担投资组合未来的市场价格与其所承诺的价格相比更好或更坏的风险。量化投资组合的人为执行通常看起来就像是一揽子竞价交易，而不是执行一系列单独订单。

总的来说，现在量化交易的流程和以前人为执行交易的年代并没有什么显著不同。一些交易者喜欢主动地参与执行自己的订单，而另一些则把执行订单的工作外包给经纪商去做。一些公司会把执行订单外包给提供订单执行服务的第三方公司，第三方公司会站在交易者的立场上与经纪商交涉。现在，还有些公司继续雇用人力进行人工交易，但大部分量化交易公司通过算法来执行订单。正如上文所提及的，有些公司具有自己研发的订单执行算法，另一些公司则使用经纪商或其他服务供应商所提供的算法。大部分情形下，它们还是把订单交给经纪商去执行。因此，发达国家各种交易所的绝大部分交易量都是通过算法执行的委托订单。和以前一样，这些交易量就相当于另一种形式的现金，驱动交易公司进行交易。这些交易量可以带给经纪商大量的佣金。经纪商为了吸引交易者将其业务委托给自己去做，自愿提供研发、数据、帮助募集资金等服务[1]。

订单执行算法

订单执行算法决定了系统地执行投资组合的方式。我们可以检验实际中算法必须做出的各种决策，正如检验主观判断型交易者执行其策略的框架一样。两种情形下考虑的内容是类似的，这一点贯穿于整本书的主题之中。可以发现，宽客与主观判断型交易者的主要区别在于机制而不是思路的差异。总体来说，执行算法的主要目的以及绝大部分执行方法的主要功能就是新建和消除头寸时最小化交易成本。

订单执行算法的主要目的是，以尽可能低的价格，尽可能完整地完成想要交易的订单。每一个目标都是同等重要和有趣的。由于最优投资组合是通过投资组合构建模型筛选出来的，如果交易不能被完全执行，相当于持有一个和计划完全不同的投资组合，因此完整性很重要。我们在第5章中所描述的各种原因都可以解释低成本的重要性：简单来说，如果每次交易你都能省下成本，投资组合的表现就会更好。一个很明显的推论是，交易次数越多，每次交易时节省成本就显得越重要。这个推论简单而直接，但对于一个理性的量化交易者如何培养订单执行能力具有很深远的影响。对于不需要频繁操作的策略而言，一套昂贵的可进行快速交易的基础设施就显得有些过分。毕竟，和普通速度交易相比快速交易得到的收益有限，所以只有当收益足以弥补频率的差别时才值得追求快速交易。

降低成本有几个方面，包括第5章所描述的市场冲击和滑点。但是，市场冲击和滑点的一个驱动力被称为印迹（footprint），是指可探测到的市场参与者的行为模式（在森林里捕猎时，跟随者以同样的方式看待脚印）。如果一个订单执行算法有明显的印迹，其他市场参与者就可以预测其行为，这些参与者有可能会进行同样的操作，从而加重了该算法所导致的市场冲击和滑点。

一个有趣的话题是如何度量执行算法的效率。这里有几个主要的概念值得一提。第一个概念是**中间市场价格**（mid-market），反映的是对某一产品最佳买入价和最佳卖出价的均值（根据定义是指这两个指标的平均数）。这是判断交易价格是否公平最为标准的方法。例如，如果有买家能够以最佳买入价成交，这个价格显然低于当时的中间市场价格，这笔交易会被认为是以一个很有利的价格成交的（就像在最佳卖出价卖出一样）。

第二个术语是**交易量加权平均价格**（volume-weighted average price，VWAP）。VWAP是最为标准的基准指标，用以衡量（一个或几个交易日中）进行多笔交易时执行算法的质量。VWAP可以反映出如何对一天中的交易量定价。因为VWAP是当天成功交易的加权平均价格，所以该指标是衡量算法效率的合理参考指标。问题在于有些投资者会被VWAP指标所误导。如果有一天有股票买家买入巨量大单，这个交易量很可能会抬高股票价格以及VWAP。这样的话，他自身的交易活动影响到了评判其执行算法的基准，这就给基准的解释带来很大麻烦。

订单执行算法主要从以下几个方面进行考虑：是否要采用进取订单或被动订单；采用何种类型的订单；如何决定最佳订单规模以及将订单发送到何处。以下我们将一一加以简单介绍。

进取订单和被动订单

执行订单有两种基本方法：进取型和被动型。进取订单（大多数市场订单是进取型的）投放进入市场，一般无附加条件。当执行订单时（在合理范围内，只要订单簿上存在买入或卖出订单，就可以和对应方交易），进取订单可以被拆分也可以整体成交，价格则是执行订单时最优惠的市场价格。相反地，被动订单（一种限价订单）允许交易者控制其意愿进行交易的最坏价格，但交易者必须承担这样的后果：他提交的订单可能根本不会被执行或只有一部分会被执行。这里也存在一个很大的问题：逆向选择。对此我们将在第14章详细讨论。

对某种证券，所有限定价格的买卖申报指令（均为被动订单）的集合称为**限价指令簿**（limit order book）。在电子化市场上，进入交易市场的每一张订单都会给出先后顺序。最高的优先级给予具有最佳价格的订单（对卖单而言是最高买入价，对卖单而言是最低卖出价），次之的优先级分给价格差一点的买卖单。在绝大部分交易所，如果两个交易者报价相同，明订单交易者比暗订单交易者的优先级要高。对于仍无法区分先后优先级的交易者，通常都是让先提交的订单优先成交，这一点倒是毫不意外。

在一些市场上，并不按照时间优先原则，而是价格相同的所有订单具有相同的优先级，但它们会根据进取订单的量按比例进行分配。例如，对某种金融产品有两个订单的买入价都是 100 美元（我们假设其为最优买入价），两个订单分别要买入 100 单位和 900 单位。假设有一个进取订单进入市场，要卖 100 单位的该产品，系统会撮合以 100 美元的价格成交。被动订单会进行如下分配：要买入 100 单位的订单会分到 10 单位，其余 90 单位分配给想买入 900 单位的订单。两个买入订单分别还有 90 和 810 单位未成交继续等待。这些市场要特别注意防范规模虚大和交易过量等问题。

规模虚大是交易者为了应对按比例分配而采取的一种应对措施。由于进取订单是根据限价指令簿上处于相同价格的各个限价指令的规模按比例进行分配的，一些交易者加大其限价订单的规模，这样会得到进取订单更大的份额。但这样也存在着这么一种风险：订单规模过大导致成交头寸超过交易者希望成交的被动订单的规模。

另一方面，如果交易者设定订单规模过小，就必须建立和取消很多个订单，这被称为交易过量。假设有交易者想买入 100 单位的某金融产品，当卖出 100 单位该产品的进取订单进入市场时，如果在限价指令簿上还有其他订单要买入 900 单位该产品,那么这个交易者就只能成交买入 10 单位。在交易者等待他的订单完全成交时,他可能需要等待市场出现大量的卖单才可能完成 100 单位订单的完全撮合,具体数量取决于具有相同报价的其他订单的规模。这意味着交易者要忍受逆向选择的严重风险,具体细节将在第 14 章详细讨论(撮合成功时通常有坏消息传来,因为交易成功后短时间内价格可能沿着你不希望的方向波动)[2]。这反过来要求交易者在与规模较大的订单竞争时,必须迅速撤销已有订单并提交新的订单。如果在这种市场上没有足够高的撤销率,就会陷入(理论上)永远无法停止的规模虚大的恶性循环。但是当交易者撤单时,规模虚大的订单可能也需要撤销,因为它被撮合成交的规模很有可能会超出交易者的预期。

无论如何,执行算法必须做出的第一个决策是选择进取订单或被动订单。进取或被动代表了交易者希望进行交易的急切程度。市价订单都是进取订单,因为交易者告知市场希望其订单立刻被撮合成功,成交价格就是当前的市场价格。当市价订单为买入订单时,至少要支付当时的卖出价;当市价订单为卖单时,成交价格至多为当前的最高买入价。如果订单规模超过当前的买入价(卖出价)所能提供的量,交易会以多个买入价或卖出价依次执行。如果交易者确实想立即交易,付出这样的交易成本是值得的。

限价订单也可以看作不同程度的进取型订单。例如,以当前最佳卖出价进行交易的限价买单是进取订单,因为这种订单直接以对手价成交,直接从订单簿中移除了最佳卖出价(也称为**卖出价拉升**)。反过来,低于当前最佳卖出价的限价买单就属于被动订单,因为相当于交易者表示可以忍受撮合成功的概率低一些,交易者只需要支付之前他所设定的价格。除了承担这种不确定性,被动订单还会受到一个很严重问题的干扰:逆向选择。发出进取订单愿意以对手价成交的交易者，可能已经得到信息，知道他正在执行的订单值得以对手价成交。正如我们在交易成本模型中所讨论的那样，很多交易所支付费用给流动性的提供者（发出被动订单的交易者），而要求流动性的使用者支付费用，这使得问题更加复杂。换句话说，以对手价成交的订单使用或"消耗"了流动性，因为以该种方式成交的每一份合约都消耗了其他交易者所发出的被动订单，从而减少了别的市场参与者可以获得的流动性。

支付费用给流动性的提供者的做法促进了被动订单交易，但只是在订单撮合成功时。被动型交易者不仅得到了一个更好的交易价格，而且会收到交易所的佣金返利（通常是每股 0.2 美分）。但同时，付出的代价是撮合成功概率的下降以及可能会遭受逆向选择问题。值得注意的是，一些交易所的做法是相反的：向流动性的提供者收费而付费给流动性的消耗者。因此，提供（消耗）流动性的返利取决于如何判断被动或进取订单。这也取决于怎么回答在何处提交订单的问题，这也将是在"在何处发送订单"部分所要讨论的一个主题。

一般来说，动量型的阿尔法策略会和进取型的执行策略配对使用，因为如果不使用进取型策略，市场形势可能很快就会发生变化。而均值回复策略倾向于使用更加被动的执行策略，因为该策略的风险在于当前的市场趋势仍将继续，采用被动策略至少可以得到更好的执行价格，从而减缓逆势而为的下行风险。

采取进取型还是被动型执行策略的另一个考虑因素是信号强度和模型关于信号的置信水平。相对于较弱的不太确定的信号，比较强烈的、更具有确定性的信号将会以更加积极的策略加以执行。这一点可以通过一些极端例子比较容易地进行阐述。假如你有内幕消息知道几天内某只股票的价格将会翻番，因为别的公司将会宣布大笔买入该股票。如果根据内幕消息进行交易是合法的（实际上当然不是），你可以很高兴地花一大笔钱到市场上发出进取型订单大肆购进该股票。当上涨幅度以数美元计算时谁还会去计较每股几美分的费用？另一方面，如果你对某只股票没有任何消息，但想卖出该股票的人问你愿意出什么价钱，你很有可能会给出一个达到安全边界的很低价格。

一个常见的折中做法是将限价订单的价格设定在介于最佳买入价和最佳卖出价之间的某个价位（只有最佳买入价和卖出价之间的价差大于最小报价单位时，该方法才具有可行性）。这样，交易者的订单可以跳到等待执行的订单序列的最前面。尽管交易者所支付的价格比被动地等待订单执行要稍高一点，但所带来的好处要超过形势变得更糟糕的情形。同时，订单被执行的概率也比把订单设定成当前最佳买入价或卖出价要高很多。此外，这种情形下交易者也不太可能遭受逆向选择问题。在交易术语中，以最佳买入价或卖出价下单称为**跟单**（joining），生成新的最优买入价或卖出价的下单称为**推单**（improving）。

随着宽客对限价指令簿的数据进行搜集和研究，订单执行算法正变得越来越复杂，根据限价指令簿的各种"形态"变化来调整订单执行的主动性。可以通过金融产品合理价格的一个例子加以说明。提及某种金融产品的价格，最传统的做法是指明其最近一笔的成交价格，或最佳卖出价买入价。但最近一笔成交价格只是告诉我们别人刚刚做了什么交易而不是现在你应该怎么做，因此对于交易的指导意义有限。显然最佳买入价和卖出价有用很多，但如果处于最佳买入价的订单有 10 000 单位，而最佳卖出价只有 1 单位呢？这说明买入价的价位更为关键。因此，考虑到这种不均衡情形，很多算法通过计算合理价格来反映限价指令簿上买入卖出订单间的不均衡。

总的来说，订单执行算法的第一个特征是订单的进取程度，可以通过频谱（spectrum）的概念加以理解。市价订单处于频谱最为进取的一端，最为被动的一端是设定价格远离当前市价的限价订单。订单的进取程度通常取决于所选用交易策略的类型，也依赖于信号强度以及系统关于信号的置信水平，有时也会考虑到订单簿信息，如合理价格等。

其他订单类型

考虑到交易所及其规则的多种多样，试图在这本书中涵盖每一种可能的订单不可能取得太好的效果。由于各个交易所中新的订单类型不断涌现及旧的交易类型不断被淘汰，更加难以做到涵盖每一种订单。但是需要对在各大活跃交易市场上通用的一些订单类型有所了解。本节将列出这样的一些订单类型。

暗订单（hidden orders）是指以牺牲与相同价位的明订单的优先权为代价，让市场其他参与者看不到自身订单信息的交易方式。暗订单的主要目的是，向其他市场参与者隐藏交易者的交易意图同时仍可以进行交易。正如上文所讨论的，如果交易者发出一个明订单（允许其他市场参与者看到）进入市场，他会泄漏一部分信息。如果已经买入很多单位的某金融产品，而有的交易者再次提交了买单，可以想象价格会很快上涨，导致交易所需要的费用上升。换句话说，基于某一时点买卖单的不平衡性，市场可以对市场冲击有着很全面的感应（这一点和我们在之前讨论的合理价格有很大关系）。发出暗订单并不会向市场提供任何信息，有助于降低市场对不均衡性的感知。但同时，暗订单也降低了订单在等待序列中的优先权，导致被执行的概率降低。

使用暗订单的算法类交易策略有很多，**冰山算法**（iceberging）是其中一种。冰山算法是通过将一个大单拆分成很多小订单，绝大部分小订单以暗订单的形式出现在指令簿上。这样，其他交易者看不到这个订单的大部分交易，就好像只能看到冰山处于海平面以上的部分一样。需要指出的是，只有部分交易所允许暗订单交易。

此外，还有另外一些种类的市场和限价订单，如收盘市价订单（market-on-close orders）、停止限价订单（stop-limit orders）等。**收盘市价订单**是通知经纪商在交易日的收盘竞价阶段发布的市价订单。**停止限价订单**要求经纪人必须严格按照订单价格成交或在更好价格水平上成交，否则就要等到订单价格或更好价格重新出现时再执行。还有些订单的修正版本，如立即全部执行或者撤销订单、全部成交或不交易订单和取消前有效订单等。**立即全部执行或者撤销订单**（fill-or-kill order）是指所下达的订单立即全部成交否则自动撤销。**全部成交或不交易订单**（all-or-none order）和立即全部执行或者撤销订单类似，但没有撤销机制，所以如果一个订单无法马上全部成交，仍存在于指令簿上而不撤销。**取消前有效订单**（good-till-canceled）在交易日结束时不自动取消，在几天甚至几周内持续有效，直到交易者明确取消为止。

由于市场和资产种类的差异，还存在着其他很多类型的订单。此外，根据客户需求，不断会有新的订单类型产生，也会有订单类型退出历史舞台。在订单执行过程中，宽客必须决定在各种情况下所使用的订单类型。策略的执行强度越高，宽客对于当前订单类型以及各个交易所规则运作情况的了解程度显得越重要。

有一种订单值得特别留意。由于全国市场系统（Regulation National Market System，NMS）规则的漏洞，美国股票市场上存在着扫架订单（intermarket sweep orders，ISO）。NMS规则中禁止所谓的封闭市场。当某产品的最佳买入价和卖出价相等而两个订单无法完成撮合时，我们称这样的市场状态是封闭的。如果一个买家愿意以100美元的价格买入某只股票，而另一个卖家愿意以100美元卖出同样的股票，理论上你可以预期这两个交易者的订单可以撮合成交。但是，由于交易所在交易完成后才更新指令簿，这种技术处理的落后会导致市场看起来是"封闭的"（实际上并不是）[3]。

例如，交易者发出限价订单，想以 100 美元的价格买入 5000 股 WXYZ 的股票，而此刻的最佳卖出价刚好也是 100 美元。如果此时的最佳买入价是 99.99 美元，但市场上卖出价为 100 美元的 WXYZ 的股票只有 3000 股。通常所能想到的成交情况是，5000 股买单中的 3000 股与 3000 股卖单撮合成交，剩下 2000 股价格为 100 美元的限价订单进入限价指令簿，最佳买入价也变为 100 美元（因为该订单购入 WXYZ 股票的价格高于之前的最佳买入价 99.99 美元）。但是，按照 NMS 规则要求，交易所限价指令簿上的订单进行撮合使用的软件系统反应速度较慢，3000 股的卖单并不会马上从指令簿上消失，会存在一定的延迟[4]。由于禁止封闭市场，只有当这个延迟被解决后，剩下的 2000 股买单（价格为 100 美元）才可以进入限价指令簿。

问题在于，向合并的指令簿提供订单的各个交易所，直接提供数据给自己的客户公司，这些公司看到最佳卖出价从指令簿中移除时，并没有这种延迟。当看到有个大买单时，这些公司可以进场直接挂出 100 美元的买入价，因为它们预计 WXYZ 的价格会上涨。接着，一旦 NMS 规则允许之前买家的 2000 股价格为 100 美元的买单进入指令簿，该订单的优先权会低于看到该订单时才挂出的买单，虽然这个 2000 股的订单下单时间较早。我们将在第 14 章详细讨论这为什么会带来麻烦，目前我们只需要知道人为地强制等待一个订单的进入会带来很大麻烦。为了避免这一问题，精明的交易者会要求得到承诺可以使用 ISO 去执行其交易。

经纪商有权对委托公司自觉遵守 NMS 规则的能力进行判断，而不需要强制交易者使用公共的合并后的限价指令簿。相反，有些公司可以直接从交易所得到数据，比官方渠道更快地得到相同的限价指令簿。这些公司进行自我合规检查，如果经纪商认可其检查结果，这些公司会被允许使用在其订单上使用 ISO 标志，从而可以使其订单被发布在订单簿上。在我们之前的例子中，交易者将能得到价格在 100 美元的 3000 股卖单，并马上具有最高的优先权以 100 美元的价格竞价 2000 股。

ISO 的存在仅仅是因为 NMS 规则中关于封闭市场的禁令，以及交易所为满足 NMS 规则所采用的落后技术。关于这一点我们将在第 16 章加以讨论。

大订单和小订单

无论是市价订单还是限价订单，宽客都必须迅速决定订单的交易量。从关于交易成本模型的讨论中我们可以知道，与小订单相比，大订单的交易成本会不成比例地快速上涨，因为随着流动性需求的增加，流动性的供给价格会越来越高。因此，在交易大订单时自动执行订单常用的方法是进行拆分，如将一个 100 000 股的订单拆成 1000 个 100 股的小订单，在某个时间窗内分别进行交易。当然，在一段时间内分散出单，交易者会面临价格波动的风险（立即执行订单的价格和分散出单时的价格可能会有很大变化）以及市场冲击带来的额外成本。

但一般来说，人们普遍认为分散出单是降低交易成本的有效途径，这也是执行算法极为常见的特征。拆分后的订单规模取决于根据交易成本模型估计出的所关注的金融产品各种规模订单的交易成本。每个订单规模的大小取决于对订单进取程度的判断。此外，具有较强吸引力的订单执行起来也会更快一些。

否则，订单的进取性可能就不再那么必要，交易可以以另一种方式执行。例如，交易者可能以最优卖出价下单买入某种金融产品，然后等待其他参与者下单后再以相同的价格下单买入，这样可以保证以第一笔订单执行时的最佳卖出价完成交易，而不至于发生滑点造成最终的成交价是更高的平均价格。

何处下单

在一些市场上，对同一种金融产品有不同的流动性分池。例如，BATS 和 Archipelago 是目前交易美股的两个备选流动性分池。关于**智能下单方法**（smart order routing）已经有颇多研究，其中包括在当前形势下最好选择哪个流动性分池去下单。这种决定通常来说是很直接的。如果某金融产品的价格在一个流动性分池中的价格要优于另一个流动性分池，交易者当然会选择第一个分池。

我们在"其他订单类型"部分描述了和 NMS 规则有关的一个问题。NMS 于 2007 年通过，其目的是减少同一股票在不同的流动性分池中具有不同最优价格这一现象。这一规则造成的一个后果是，同一只股票在各个有效流动性分池的最优买入价和卖出价必须同时展示在各个流动性分池。这削弱了美国股市上智能下单方法的优势。但是，在很多其他市场中存在着碎片化的结构，在这些结构中智能下单方法仍然很重要。此外，在美国股票市场上不同的流动性分池间也会存在着暂时性或存续较长时间的差异。

市场结构上近来出现的一个新动向是，所谓的**暗池**在订单执行中的作用日益增强。交易平台可以分为**明交易平台**和**暗交易平台**。在明交易平台上，市场参与者可以从限价指令簿看到买单的价格及规模等信息；而暗交易平台不提供这些信息。暗池最为显著的特征在于，它为大订单的执行提供了便利，因为暗池交易中的订单不会公布（而被其他市场参与者看到）。如果有买（卖）家下单买入（卖出）一个大订单，而市场上存在着这样的对应订单，交易就会以买家的出价成交。但是交易双方以外的任何投资者都不知道该笔交易的发生。考虑到我们之前在"进取订单和被动订单"中所描述的指令簿规模对潜在市场参与者交易决策的影响，如果你的订单信息不被其他市场参与者知晓显然是大有裨益的。据估计，在美国股票市场上超过 30% 的交易量是通过暗池交易完成的[5]。随着暗池交易日益重要，需要对暗池交易中的订单执行方式进行更多的思考。

值得注意的是，**暗池流动性**包含了所有不是发生在明交易平台的交易。例如，正如我们将在第 15 章进行详细讨论的那样，绝大部分零散订单是被做市商撮合成交的，这些交易并不真正在交易所发生。再考虑到暗池交易量，暗池流动性在美国股市交易中的比重越来越大。从某种意义上讲，交易所和暗池之间，交易所和做市商之间，做市商和非做市商之间正进行着一场争夺战。

交易基础设施

我们已经提到，为实施和完成电子交易，交易所和交易者间需要建立联系。此外，双方间的信息传递协议也是必需的。宽客在实施交易策略过程中所使用的硬件和软件都属于基础设施的最终组成部分。绝大部分情形下，宽客必须决定建立还是购买方方面面涉及的基础设施。由于监管的要求和其他条件的限制，绝大部分交易者使用第三方经纪公司作为其执行策略的代理机构，通过其提供的服务来完成交易。使用经纪的一个好处是，所需要的基础设施方面的问题都由经纪解决，而复制这样的一套基础设施费用昂贵。

正如已经讨论的那样，提供给交易者用来连接到交易所的服务，最为常见的类型是直接市场入口（DMA），通过经纪商的服务器使待交易订单分配到不同的流动性分池中去。但是，一些宽客，尤其是使用高频策略的分析师，使用一种最近才出现的连接方式——**主机托管**

（colocation）。经纪商通过 DMA 平台向交易者提供市场接口，但这个过程存在一定程度的延迟。对延迟效应敏感的量化策略可以选择主机托管方式来改进连接速度。在主机托管过程中，交易者试图将交易服务器的物理地址尽可能地靠近交易所。很多情况下，这意味着主服务器和交易所的服务器处于同样的数据中心。这种地理位置上的接近，主要是为了尽可能地缩短订单（以光速进行）传输的距离（从交易者的服务器到交易所）。一个具有较高质量的典型 DMA 平台，从订单由交易者服务器发出到订单信息到达交易所，一般会有 10～30 毫秒的延迟，而经过合理设计的主机托管渠道发生的延迟不到 1 毫秒。对于延迟较为敏感的交易策略而言，这是个很有意义的提高。

关于通信，电子化交易中最重要的基础设施是金融信息交换协议（Financial Information eXchange，FIX）。FIX 协议始于 1992 年，当时只是富达投资公司（Fidelity Investments）和所罗门兄弟公司（Salomon Brothers）之间的一个通信框架，后来逐渐发展成为世界上大部分银行和资产管理公司间进行实时电子通信的一种选择，而进行股票或期货电子化交易的交易所也会选择使用 FIX。对于参与交易的各方而言，FIX 协议是在交易过程中进行信息通信的标准流程。考虑到每天订单和执行信息的数量都是以数十亿计，对这些信息的通信采用标准化的格式显然是至关重要的。FIX 协议免费开源；实施 FIX 协议的软件被称为 FIX 引擎（FIX engine），但并非所有的 FIX 引擎都一样。宽客必须选择购买还是构建这些引擎，做出任何一种选择（购买或构建）的宽客都不在少数。一般来说，对于延迟效应极为敏感的宽客，如高频交易者，更倾向于构建自己个性化的 FIX 引擎以确保最佳通信速度。

交易基础设施最后一个组成部分和所使用的软硬件有关。同样地，宽客可以选择购买或者构建各种软硬件。例如，购买配置好标准化硬件

（芯片、数据存储器等）的电脑，使用现成的订单管理系统用以执行和管理交易订单，使用第三方执行算法，都很容易实现。另一方面，一些量化交易公司定制专属的芯片，以比常规的商用芯片更快的速度完成特定的交易相关功能。通常来说，这种个性化的硬件配置比单纯依赖软件能达到更快的速度。但是，不像软件那样，硬件一旦被定制好就很难改变，显得有些过于固化。

此外，宽客竭力使其算法、数据库和执行软件都更加精炼，以缩短处理数据和向市场发送订单过程中发生的内部延迟。即便是电脑的最为基础的配置也会在宽客的考虑范围内，如所使用的操作系统。例如，绝大部分宽客使用 Linux 或 Unix 操作系统，因为这两种操作系统更容易配置且执行效率更高，因而计算性能上比 Windows 系统表现要更加出色。我记得几年前一家量化交易公司告诉我，他们使用应用在 Sony Playstation 3 上的处理器，因为这款处理器比目前任何强大的个人电脑或服务器都绝对快得多。从那时起，用于对电脑中的图形信息进行转换驱动的图形处理器（GPU），逐渐开始应用到量化交易系统中来，因为 GPU 的运行速度比通常的 CPU 要快很多。

小结

对一个量化交易策略而言，我们已经详述了订单执行相关的方方面面。宽客必须做出的第一个选择是构建还是购买一个交易通道。构建世界级的交易基础设施的成本和技术难度，使得很多宽客（尤其是采用长期交易策略或交易小型投资组合的宽客）选择从经纪商或订单执行服务供应商那里购买这些服务。实际上，经纪商和服务供应商都为提供算法和连接服务而收费，这部分费用通常包含在佣金中。使用第三方提供的算法进行交易通常会比使用交易者自己的算法要贵 5 倍以上。因此，对于经验丰富或管理众多资产的交易者来说，构建专有的执行模型和基础设施是值得的。

对量化系统而言，执行就像是橡胶轮胎接触路面一样，宽客通过执行才能与其他市场参与者产生联系。自从交易开始实现电子化后，该领域便不断产生着丰富的研究成果，这种情形在未来还将持续下去。这一章我们详述了黑箱内部最后一部分，如图 7-1 所示。现在我们将注意力转向理解量化交易策略所需要的数据上。

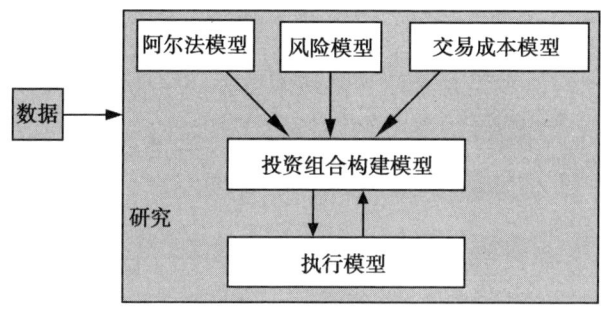

图 7-1　黑箱结构

注释

1. 经纪商除了根据交易者的交易量获取佣金之外，也会从客户的其他行为中取得一部分收益。例如，作为资金托管机构，为清算和持仓服务所收取的结算费用。有时，股票借贷费也会带来一部分收益。
2. 在资本市场上的逆向选择中，由于买卖方之间的信息不对称而造成通常会发生不好的结果的趋势。在第 14 章中我们将详细讨论。
3. **封闭**（locked）一词在这里是使用不当的。封闭市场是不存在被冻结这一说法的。这只是个买入卖出价差均为 0 的指令簿，这应该是想要进行鼓励的结果。
4. 这种软件通常称为 Securities Information Processor（SIP）。很多美国股票交易所使用的特殊 SIP，称为 UQDF（UTP Quote Data Feed）。UTP 是 Unlisted Trading Priviledge 的缩写，和纳斯达克交易所的股票代码有关。NYSE、AMEX 以及美国其他一些区域性交易所的股票所使用的类似软件称为 CQS（Consolidated Quote System）。
5. Matthew Philips,"Where Has All the Stock Trading Gone?" May 10, 2012, www.businessweek.com/articles/2012-05-10/where-has-all-the-stock-trading-gone#p1.

第 8 章

数 据

> 我会卖了孩子后再卖数据,但我不会卖掉我的孩子。
>
> ——匿名期货量化交易者

谚语有云"输入垃圾,输出垃圾",意味着如果你使用的输入变量质量不好,得到的结果也不会好。具体到量化交易领域,很多宽客使用各种**输入/输出模型**(input/output model)。这是个计算机领域使用的术语,来源于计量经济学中的投入/产出模型。输入/输出模型是指信息处理器(如电脑)与外部世界进行信息传递的方式。输入/输出模型备受青睐的一个原因在于,采用同样的输入变量无论运行多少次,输出结果都不会改变。在量化交易中,将输入变量转化为输出变量的过程通常称为**黑箱部分**(black box),在前面的章节中我们已经对黑箱的内部结构进行了详细的探讨。本章我们将讨论量化交易模型的输入变量,或者说模型所依赖的数据基础。

服务器与多个数据源连接在一起,数据通过服务器到达黑箱。接收到这些数据后,黑箱通过阿尔法模型、风险模型、交易成本模型、投资组合构建模型、执行模型等量化交易系统内部的模型对其进行加工处理。服务器通常是通过一些经常被宽客称为数据馈送处理器（data feed handlers）的软件来进行数据处理，这种软件将数据转化为便于量化系统存储和使用的格式。

数据的重要性

从很多角度都可以看出，对数据的重要性再怎么强调都不为过。首先，众所周知，数据是量化交易系统的输入变量。系统输入变量的属性决定了可以利用系统进行哪些工作。例如，手头有一堆生菜、西红柿和黄瓜，不可能造出喷气式发动机。反过来看，根据这些材料你可以做出判断，它们最适合做一份沙拉。要做喷气式发动机，至少得需要一些发动机的部件，或者至少需要些材料，不仅能承受高速和高加速度，而且在高纬度、高温低温中都可以工作。量化交易系统也同样如此。从某种层面上看，如果你获得的是宏观经济方面的数据，你很难得到一点儿也不反映宏观经济状况的模型。

通常来说，模型的很多细节都是由所使用的输入变量的特征决定的。回到之前的例子，如果你得到的都是些缓慢变化的宏观经济数据，如美国每季度的 GDP 数据等；进一步假设在这些数据公开发布后一周你可以得到它们。这种情形下，你不可能建立一个快速交易模型并据此决定持有头寸的时间以分钟进行计算。此外，需要注意的是，你所得到的美国的数据在预测债券或货币相关产品时可能会比较有用，但在股票市场上这些数据并不足以建立一个有效的模型；美国的 GDP 数据也无法提供乌拉圭或者波兰证券市场上的信息。

存储和提取数据所使用的数据库技术很大程度上取决于所使用数据的属性，我们将在这一章的后半部分详细讨论这一话题。有时，数据决定了采用何种软硬件才能使得模型达到最好的效果。数据的属性（甚至数据的传输方式）很大程度上决定了我们可以利用数据做些什么以及具体可以怎么做。

如果数据的搜集和预处理工作没有做好，将会带来严重的后果，从另一方面阐明了数据的重要性。之前我们提到量化交易系统是输入/输出模型，如果模型的输入变量数据质量不够好，很难期望模型产生准确甚至仅仅是可用的结果。1999年的火星气候卫星（Mars Climate Orbiter，MCO）的失败就是个很典型的例子。价值两亿美元的卫星由于与大气层的摩擦而被烧毁，发生这一事故的原因是，项目组的软件工程师在编写控制卫星助推器的程序时按照牛顿为力学单位进行设计，而另一个项目组在处理传输到卫星的数据时用的力学单位是磅力。控制卫星助推器的模型运行准确，但是由于输入数据的单位不对（数据被缩小为原来的1/4.5），卫星下降时偏离轨道，距离火星的大气层过近而导致发生摩擦被毁掉。事故发生后，美国国家航空航天局（NASA）并没有把事故原因归咎于软件错误，而是认为对软件进行检验和重检的过程以及输入软件的数据造成了这次事故[1]。

但是，总会有些事先考虑不到的问题。毕竟，当你对结果进行仔细检查时，结果通常是带着很多小数的一串精确数字，但这只是**虚假精确**（false precision）。所以，面对一个带有很多位小数的精确数字时，我们并不可以完全信赖这一数字。因为我们所关心的交易类型是具有时效性的，因而时间因素显得很重要。假如你建立了一个模型可以对股票第2天的价格做出很好的预测，但你所需要用到的却是一周以后的数据，这样的模型有何意义呢？当然这是个极端的例子，但也基本说明了将准确信息输入正确模型的速度越快，所能得到的结果就会越好（至少在你计划得到一个好的收益时）。

错误的数据会导致花费大量的研究时间，在极端情形下甚至得到毫无意义的结论。通常，我们需要数据去改进和市场相关的理论或科学上的一些东西，就像物理学家利用对现实世界的观察来构造他们的理论一样。所以，如果我们提供给科学家的是错误信息，并且他却不知情，科学家可能会研究出在现实世界根本不适用的理论。错误的数据导致错误的结果。如果数据本身存在严重问题，无论检验方法多么复杂，模型多么完美，都不可能判断出待检验的交易系统是好是坏。

很多量化交易公司在经营过程中都意识到了这一点。因此绝大部分顶级的公司都是自己从源头直接搜集数据，而不是从数据供应商那里购买。这些公司在快速得到数据、清洗数据甚至在以更好的方式去存储数据等方面都投入了大量的资源。一些公司有几十个甚至上百个员工专职负责数据抓取、清洗以及最优化存储等工作。

数据类型

数据基本上可以分为两大类：**价格数据**（price data）和**基本面数据**（fundamental data）。价格数据并不仅仅是和金融产品价格相关的数据，也包括从交易行为中得到或提取的其他信息。股票的交易量、每笔交易的时间及规模等都属于价格信息。实际上，整个指令簿都可以认为是价格数据，因为指令簿上包含有一个交易日中给定金融产品所有买入价和卖出价（以及量）的连续记录。此外，我们还可以将各种指标水平相关的数据（如标准普尔 500 指数每日记录的波动百分比）归为价格数据的范畴，即使计算的数值并不是关于可交易的金融产品的。

基本面数据包含的范围很宽泛，因而难以进行有效分类。从某种意义上讲，基本面数据是指除了价格数据之外的所有数据。但是，所有类型数据的共同特征是，这些数据有助于决定金融产品未来的价格或者至少描述金融产品目前的状况。最常见的基本面数据种类有财务健康状况（financial health）、财务表现（financial performance）、财务价值（financial worth）和情绪（sentiment）等。例如，对于一只股票而言，公司的资产负债表常用来反映公司的财务健康状况。同时，对于反映宏观经济状况的有价证券（政府债券或货币）、财政预算、贸易赤字和个人存款等数据可以反映一国的经济健康状况。利润表和现金流量表中的一些指标（如总的净利润、自由现金流）可以被用来考查公司的财务表现，还有一些指标（如应计科目与总收入的比率、现金流与利润的比率）可用于评价公司的财务健康状况。类似地，美国 GDP 数据可用于衡量美国宏观经济表现，而贸易盈余数据则可用于反映美国经济的财务健康状况。第三类基本面数据和金融产品的价值有关。股票市场上这类数据的常见例子是账面价值或净现金流。最后一类基本面数据是情绪相关数据。宽客如何评级一只股票，公司内部人员对公司股票的买卖行为，股票期权的隐含波动率相关信息都属于股票的情绪类数据，经济学家对下一季度 GDP 增长情况的预测则属于宏观经济的情绪类数据。

我们不愿对这一问题进行过度简化。聪明的研究人员总是在不断地寻找未被其他市场参与者使用的创新性的数据来源。市场上所使用技术工具的进步促进了这种活动的开展。例如，一些公司（以及一些数据供应商）对英文的新闻报道进行量化分析，宽客们对这些报道进行系统的句法分析提取量化信息，并依据这些数据建立交易策略。但是，这仅仅是为了得到更加快速且稳健的情绪指标（并非其他基本面数据）而进行的一种尝试，所以我们认为这种数据来源本质上仍是基本面数据。我们还知道有一家公司试图利用卫星定位（GPS）数据来判断各种经济活动的水平，这一做法比利用政府公布的指标更加迅速准确。但这看起来也不过是在搜集数据手段上的改进（或变革），基本面数据的属性并没有发生任何改变。这样说并不是否定想出这些方法的人的创造性，只是指出我们的分类框架已经能够很好地对已有数据的种类进行划分。

在我们对数据的讨论中出现了一种有意思的模式。大部分价格数据倾向于关注短期效应，讨论的都是每日数据甚至日间连续数据。而在基本面数据中，我们看到的数据通常是周度、月度或季度数据。从这一不同的时间周期马上能够看出，一般来说使用价格数据（基本面数据）的相关交易策略通常是短期（长期）策略。这是因为，一般来说价格数据比基本面数据更新的频率更高。但这也不是绝对的，因为有些基本面策略，尤其是关注基本面或情绪变化的策略，可能是很短期的。不过在绝大多数情形下这一规律是成立的，这也是构建量化交易策略的常用准则。

数据来源

获取数据的来源众多。最为直接，也可能最具有挑战性的是，从源头直接获得原始数据。换句话说，宽客直接从纽交所（NYSE）得到在纽交所交易的股票的价格数据。这种做法的一个好处是，宽客可以最大限度地控制数据的清洗和存储，并且在速度上也具有很大的优势。但这么做也具有很高的成本。例如，需要与每一个数据源都建立联系，如果我们需要在多个市场和多个交易所交易多种金融产品（如股票和期货），数据源的数量就会很庞大。对每一个数据源，都需要相应的软件，把数据源处的数据格式转化为量化交易系统可以使用的某种格式。

主要的数据源及数据种类包括以下几种。

- **交易所**：价格、交易量、时间戳、持仓量、空头持仓量、订单簿数据。
- **监管机构**：各个公司的财务报表、个股的大股东持股情况以及内部买卖活动。

- **政府**：宏观经济数据，如失业率、通货膨胀及 GDP 数据。
- **公司**：财务报告及其他公告（如红利的变化等）。
- **新闻机构**：新闻报道。
- **数据专营供应商**（或**数据加工者**）：可能有用的一些生产数据。如经纪公司经常发布关于上市公司的报告，一些公司追踪并发布基金的现金流数据。

由于从数据源直接获取数据涉及大量的工作，很多公司使用数据供应商提供的加工后的数据。例如，有些数据供应商从世界各地的监管文件中提取财务报表数据，进行加工整理创建量化的数据库并授权给量化交易者使用。在这一例子中，数据供应商解决了把来自各种数据源的数据置于统一框架下并进行存储和分类的问题，因而得到报酬。但如果量化交易公司想要搜集世界上很多公司的价格数据和基本面数据。通常来说，不同的公司提供的数据类型会各不相同，一家公司只提供其中一种类型的数据。例如，对某只股票而言，一个数据供应商可能提供价格数据，另一个供应商则可能提供基本面数据。这些数据供应商在识别股票的方式上可能也会各不相同。一个供应商可能用股票代码，另一个供应商则可能用 SEDOL 码或其他标识符[2]。关于同一个有价证券有着不同的数据集时，宽客必须找到一个途径，保证这些数据能够和其内部数据库中这家公司的记录统一起来。用于帮助实现这一目的的工具通常称为**证券主管**（security master），因为控制文件将数据供应商识别股票的多种方式统一映射到宽客在其自己的交易系统中所使用的特定识别方法。

你可能会猜到，有一些公司可以提供统一格式的数据库，用以整合来自不同数据供应商和不同类型的数据。这种公司被称为**第三方数据供应商**（tertiary data vendors），通过整合数据使宽客更容易使用数据而获利。这种公司与很多数据源以及二手数据供应商建立联系，建立并维护证券主管系统，甚至做一些数据清洗（一个我们马上会详细讨论的主题）的工作。因此，这些第三方数据供应商在量化交易公司中很流行。但是，我们应该意识到，虽然这些公司带来了很多便利，但也在宽客和原始数据之间加了一层，从而导致丧失速度优势，也可能会丧失一部分对数据清洗、存储方法或获取方式的控制权。

数据清洗

我们已经探讨了数据的种类和数据的重要性，接下来我们讨论宽客在管理原始数据时会遇到的各种问题以及他们如何加以解决。尽管原始数据供应商、二手数据供应商以及第三方数据供应商都做了很多努力，数据仍然会出现缺失或错误的情况。如果忽视了这一点，这一问题会给宽客带来严重后果。这里我们对几种常见的这类问题加以讨论，并介绍一些用以解决这些问题的常见方法。值得注意的是，尽管以下所描述的数据问题看起来很明显，但在一个每小时处理上百万数据（甚至在 1 分钟内，尤其是对高频交易者而言）的量化交易系统中注意到这些问题却很有挑战性。

正如我们已经提及的那样，第一类常见的数据问题是缺失值。当部分信息确实存在，但由于各种原因数据提供者无法提供这些数据，便会发生数据缺失现象。若没有数据，交易系统什么也做不了，所以数据缺失是个很严重的问题。更糟糕的是，仅使用存在的部分数据，交易系统可能计算出错误的结果。解决缺失数据问题有两种常用方法。一种方法是建立允许数据出现缺失的系统，在某些时间段没有数据时系统并不会草率运行。例如，很多数据库会自动将缺失值赋值为零。毕竟，零和缺失有很多共同之处。但是，在一些情形下却有很大不同，如目前的价格为零（例如我们持有某产品的多头，在该头寸上将获得 100% 的损失）和目前的价格未知。

为解决这一问题，很多宽客在其数据库和交易系统中对零和空值加以区分。常用的处理缺失值的一个方法是，使用最近的一个已知价格数据，直到一个新的价格数据可用为止。第二种方法是在缺失值出现的位置进行插补，补上一个合理的数据。这个方法对于历史数据有用，对实时数据并不奏效；但对实时数据也有很多方法可以使用。

看一个半导体公司股票的例子。假设我们恰好知道在缺失值出现时点之前和之后的半导体公司股票的价格（这也是这种方法可用于恢复数据库里的缺失值的原因所在）。我们可以简单地将缺失时点的股票价格取为之前之后两个时点价格的平均值。进一步假设我们知道缺失时点附近时间段的股指、科技板块、半导体行业和主要竞争对手的表现。通过把缺失时点附近的这些信息以及相关事件结合起来，可能会计算出一个更加合理的股票价格。尽管我们无法保证事实上也不太可能得到精确值，但至少我们可以得到不会带来系统故障的合理数值。

第二类常见的数据问题是错误观测值。例如，小数点错误就很常见。以英国股票价格为例，有时以英镑为单位，而有时又以便士为单位。显然，如果系统默认收到的数字是以英镑为单位，而接收到的数据又没有明确标示数据单位，这时就会出大问题。10英镑被记作1000便士，但仅标记1000的话，会导致模型以为价格快速大幅上升，从而导致各种混乱（例如，如果价格突然莫名其妙地上涨了100倍，没有数据复核机制的系统可能会大幅卖出该股票）。此外，价格数据可能出现错误。交易所和其他数据源经常会排除**坏点**（bad prints），就是指那些根本不会出现的数值或者至少不会以数据源所预示的方式出现的数据。

目前解决这一问题最为常用的是被称为**异常值过滤**（spike filter）的方法。异常值过滤方法寻找价格数据中那些幅度特别大、突然的变动，并对这些变动进行平滑或直接删除。注意到，有时异常值确实存在，这使得问题更加复杂。这时，异常值过滤方法可能会拒绝掉一个有效数据，或者忽略异常值或者将其替换为一个错误的值。图8-1演示了这样一个例子。在2008年7月15日这一交易日，美元兑墨西哥比索迅速下跌了近3个百分点，然后又在几秒钟内回复到正常水平。

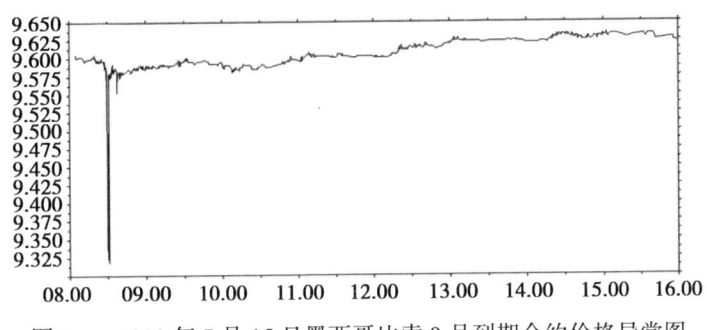

图8-1　2008年7月15日墨西哥比索9月到期合约价格异常图

但这种情况并不仅仅出现在交易不活跃的金融产品上。10年期的德国国债是世界上交易最为活跃的期货合约之一，曾经在2008年3月28日交易日期间几秒钟之内大跌了1.4%，之后很快恢复到正常水平（见图8-2）。

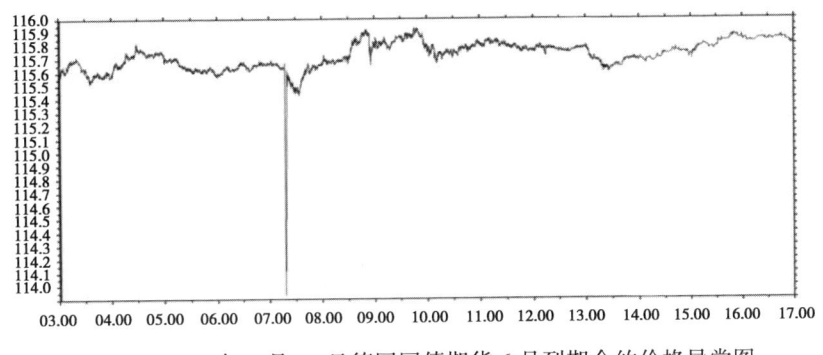

图8-2　2008年3月28日德国国债期货6月到期合约价格异常图

异常值过滤方法可能会将该点的价格作为坏点对待，但这却是真实存在的一个点。为了减少这一问题的影响，一些宽客使用异常值过滤方法来提醒，辅以系统监管人员进一步查看该数值，检测这一问题。基于所查看到的事实，人工可以做出判断，对这一异常价格应该怎么处理。当某一个数据有多个数据源时，另一种常用的有效方法是使用来自不同数据源的数据进行交叉核实。如果相互匹配，这很可能是个正确的价格数据。如果无法匹配，至少其中一个是有问题的。当然，当两个供应商的数据不匹配时应采取什么措施，属于另一个话题。还有一种清洗数据的常用方法和处理缺失数据的方法类似，通过观察坏点出现时点前后的值或者根据相关金融产品的表现来得到一个近似值。

另一个常见的数据错误类型和公司的行为有关，例如配股和分红等。假设一只股票按照 3∶1 进行配股，一般地股票价格会下降 2/3，以抵消股票数额的增加[3]。如果数据供应商没有记录这次配股，因而没有调整历史数据以反映公司行为。这时量化交易系统可能会受到误导，认为股价一夜之间下跌了 67%。这一问题的解决主要依赖对公司行为的独立追踪以及之前提到的异常值过滤方法的人工监管。

另一个令人头疼的问题是，有时数据中会含有错误的时间戳。这一问题通常出现在日间数据或实时数据中，但其他数据中也存在这个问题。这是个比较难解决的问题。显然，时间序列的路径至关重要，尤其对关注阿尔法收益的量化交易者而言需要指明金融产品的买入卖出以及清仓时机。这时，如果因为数据源的错误导致时间序列被打乱，会带来很大麻烦。宽客可能会相信系统实际上运行错误的结果[4]，或系统实际上运行正常时却认为其运行错误[5]。如果量化交易公司对数据进行实时存储，可以通过对接收到数据的时间戳和存储数据时的内部时间进行比对，以确保时间戳的正确性，这可能是解决这一问题最行之有效的办法。但这么做需要可靠地对数据进行实时存储，并利用软件对每个数据点的时间戳和系统时间进行比对而不会过于拖慢系统速度，这些都增加了解决这一问题的难度。需要指出的是，这一方法只适用于实时抓取和存储数据的量化交易系统。对于那些购买数据的宽客而言，他们只能通过对来自不同数据源的数据进行交叉检验来解决这一问题。

最后，需要提到一个不太明显的数据问题，被称为前视偏差（look-ahead bias），我们将在本书中对该主题进行多次探讨。**前视偏差**是指在某些事情真实发生之前便错误地假设已经知道了相关信息，还有另一种形象的表述"昨天之前就知道了昨天的新闻"。之后我们将深入讨论前视偏差问题，目前我们只对数据上的一类这种偏误加以讨论。具体而言，该问题是由数据的不同步性造成的。

数据不同步的一个常见例子是每个季度美国各个公司上报给监管当局的财务报表文档。公司在每个季度末上报财务报表，但这些报告通常在季度末4~8周之后才会公开发布。假设2010年第1季度已经结束。2010年5月1日，顶点建筑公司（Acme Concrete）报告公司第1季度的利润是每股1美元，而宽客在3月31日的预计只有每股0.5美元，因而这是个利好的消息。而一旦能得到这个数字，绝大部分数据供应商就会在3月31日报道顶点建筑公司第1季度的利润是每股1美元，而不会等到5月1日真正公布这一数字。

3年以后，一个宽客利用供应商提供的收益数据对交易策略进行验证。数据中记录着顶点建筑公司2010年第1季度的每股收益是1美元，宽客便会信以为真，而实际上在5月1日发布之前他是不可能知道这一数字的。在模型验证过程中，宽客看到模型在4月就会买入顶点建筑公司的股票，因为每股1美元的收益使得4月开始这只股票的市盈率就很好，但实际上模型直到5月1日以后才会得到每股1美元收益这个数字。在5月初时交易策略会突然带来很大利润，因为这时收益数据公布于众。这种问题在宏观经济数据（如失业率）中也存在，在有些指标初次发布几个月后会进行修正。如果不对这类数据的修正记录进行仔细追踪，宽客可能会遇到在之前股票例子中同样的问题：他以为自己在过去能够获得修正过的数据，而实际上他只能得到不太准确的初始数据。

如果宽客忽视了这一类型的数据错误，他就会犯第一类错误：认为自己的策略很有效会带来收益，但事实上只是看起来如此而已。因为在此过程中发生了很严重的数据错误。为解决数据中的前视偏差问题，宽客可以记录下更新后的数据发布的日期，并且在模型验证时只在合理的时间段才使用这些数据。此外，宽客也可以在他们所关注的数据上加人工滞后项，这样模型对该指标的敏感度得以延误，足以克服前视偏差。数据的前视偏差问题在研究中很特殊，在下一章我们将继续讨论。真实交易中并不存在前视偏差之类的问题，现实中宽客们希望尽可能快地将所有相关数据纳入到他们的交易系统中。

另一类源于数据不同步性的前视偏差则是世界上不同交易市场收盘时间各不相同造成的。SPY（跟踪标准普尔500指数的ETF）在下午4点15分结束交易，但构成标准普尔500指数的股票4点后就不再交易。欧洲股票市场在纽约时间上午11点到晚上12点间不进行交易。一天中纽约开盘时亚洲市场已经收市了。很多情形下，美国的新闻和交易活动对欧洲和亚洲市场的重大影响直到第二天才能体现出来。

例如，2008年10月10日周五一个交易日内，日经225指数下跌幅度超过9%。但纽约开盘时这边已经收盘了，而欧洲市场同一天则下跌了7%到10%不等。当欧洲市场收盘时，标准普尔500指数当天下跌幅度为6%左右。但10日在美国东部时间下午两点，这时其他地方都开始进入周末而美国市场还有两个小时的交易时间，标准普尔500指数突然飙升，收盘时只跌了1%多一点。在日本，13日周一休市。欧洲市场周一强力反弹，几个主要市场收盘时上涨幅度都超过11%，而纽约市场日中"只"涨了6%。但当日收盘时，美国市场的涨幅也超过了11%，超过了欧洲市场。接下来周二一个交易日，日经指数上涨了14%。在接下来的交易日，欧洲市场涨了约3%，而美国市场微跌。忽略这种不同步性会为收盘价的分析带来很大问题，因为同一天中这些收盘价的时间各不相同。

前视偏差问题对研究和资产管理以及主观判断型交易者有很多不易察觉的影响，以上我们举了几个例子。宽客面临的关键挑战在于如何处理以各种形式呈现的这一问题。

数据存储

通常使用数据库存储搜集到的数据以备后续使用，数据库一般有几种形式。第一种数据库是没有相对关系结构的**平面文件**（flat file），这种两维的数据库和普通的表格很类似。这种平面文件数据库不会因为需要加载太多内容而变慢，由于简洁而广受欢迎。这种简单的文件结构很容易进行搜索，通常是顺序搜索（如从第一行到最后一行）。但是，想象一下，在有着几百万条记录的平面文件中搜索接近文件末尾的某条记录时，可能需要花费相当长时间。为解决这一问题，很多宽客使用**指针平面文件**（indexed flat files），增加了额外一步但使得大文件的搜索变得容易。指针为电脑建立了一张虚拟的表格（cheat sheet），提供了一种比顺序搜索更加智能化的算法对大数据集进行搜索。

第二类数据存储系统是关系数据库。关系数据库允许数据集中出现更加复杂的关系。例如，假设我们不仅想追踪股票自身的数据，还需要其所在产业、所在生产部门、所在国指数以及所处的股市的一些数据。这是宽客需要做的常规事项。使用平面文件系统时，我们不得不为每一组数据建立一个独立的表结构。如果每张表的组成元素都没什么变化还比较好办。但现实中，每次发生公司行为、合并或其他事件，我们得对每一张表中该股票的相关记录进行修正,该股票的所有记录都需要进行更新。而在关系数据库中,我们只需要创建一个包含每只股票**属性**(如所在行业、所在板块、所属市场和所在范围)的表即可。在这张表的基础上,我们很容易对股票及其属性的相关信息进行管理。数据库根据已建立的关系可以对其他部分进行管理。尽管关系数据库具有强大的搜索能力,但搜索过程也可能会很缓慢而冗长,因为搜索时需要扫描很多表单、元表单和数据表之间的关系。

有一类很重要的关系数据库被称为**数据立方体**(data cube),这一说法源于 Stark 量化投资公司的前总裁苏德·齐德卡拉(Sudhir Chhikara)。数据立方体强调关系数据库的一致性,把所有金融产品所有属性的取值都放到一个三维数据表中。对某个日期而言,所有产品都列在这张表的一个坐标轴上。第二个轴则存储所有产品给定属性(如当日收盘价)的取值。第三个轴则存储其他属性的取值(如当日每股收益)。这种方法以一种有效的方式对关系进行了简化。换句话说,该方法将某些关系强行连接了起来;进一步通过保留每天每种产品的所有属性,对于给定的产品和属性则不需要去搜索最新的数据点。每天都创建数据立方存储所有的相关数据,这种方法也有自身的缺陷。对关系进行强行连接会导致灵活性的缺乏,所以如果关系的性质或数据查询方式发生变化时,会出现很大问题。

各种数据存储方法都各有优缺点。在一定假设条件下就比较容易说哪种方法"最优",但实际情况是最优方法取决于所要解决的问题。就像黑箱的其他部分一样,宽客在这里做出的判断会决定成败。

小结

本章中,我们解释了量化交易系统所使用数据中的一些基本概念。

虽然数据很少是量化交易策略中令人兴奋的部分,但数据不可或缺,对宽客做的所有事情都很重要,为如何评价量化交易系统也会提供很多信息,因而值得加以深入理解。

下面我们将研究过程作为对黑箱进行探索的最后一站(见图8-3)。

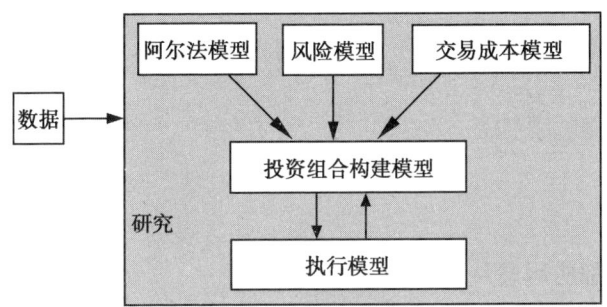

图8-3 黑箱结构

注释

1. Greg Clark and Alex Canizares, "Navigation Team Was Unfamiliar with Mars Climate Orbiter," Space.com, November 10, 1999.
2. SEDOL 全称是 Stock Exchange Daily Official List,是英国和爱尔兰股票的唯一证券识别码列表。其他股市上常用的证券识别码有 International Securities Identification Number(ISIN), Committee on Uniform Security Identification Procedures(CUSIP)。CUSIP 基本上是美国和加拿大的股票使用。很多数据供应商也使用他们自己的证券识别码。
3. 为简单起见,我们没有考虑**配股效应**,但很多人认为确实存在。该理论认为,股票真实的下降程度并不会像根据配股的规模计算出来得那么严重,因为人们喜欢购买被低估的股票。
4. 理论上这被称为**第一类错误**,指在假设检验问题中接受一个假阳性的结果,即原假设错误时却认为原假设正确。
5. 理论上这被称为**第二类错误**,指在假设检验问题中接受一个假阴性的结果,即原假设正确时却认为原假设错误。

第9章

研　究

> 任何事都应尽量从简，但不可过简。
>
> ——爱因斯坦

研究是量化交易的核心。最优秀的宽客获取荣誉很大程度上归因于其精心设计的、严格的、孜孜不倦的研究项目。对于黑箱交易者，研究究竟意味着什么，本章将进行概述。本章主要集中于讨论发展交易策略中的阿尔法模型方面的研究。有关风险模型、交易成本模型、投资构建模型、执行算法以及监视工具相关的研究也将进行讨论，必要时会提及其他相关研究话题。本章内容适用于整个黑箱。

研究的目的是审查周密思考的投资策略。策略的实现是一个长期的过程，旨在达到目的、获得成功。在大多数应用场合，策略可以从无数个方案中进行选择。在几乎任何一个领域都能发现有趣的例子，诸如癌症治疗、篮球比赛、战争、法庭或者财务计划等领域。对于每种情况，有许多可供选择的方案，那么如何进行选择呢？对于量化交易而言，要基于研究进行选择，研究是自然科学的基础。

研究蓝图：科学的方法

表现优秀的宽客共有的一个特征是，进行研究时遵循**科学的方法**（scientific method），当然也是其他研究领域研究的方法。这是非常重要的，因为科学的方法使得整个量化交易过程中重要的判断更严谨与更有纪律性。如果不严谨，宽客很容易因为痴心妄想和情绪化误入歧途而丧失逻辑一致性，而逻辑一致性在许多科学领域都有助于科学研究。

第一，科学方法开始于科学家所观察的世界具有可解释性的事物。换句话说，科学家在所观察的事物中发现一种模式。例如，通常情况下，如果物体处于地面之上且没有支撑，它将朝地面方向降落。第二，科学家形成理论去解释这些观察结果。结合前面的例子，科学家进而构建理论，事物之间存在着固有的特性使得它们相互朝着对方移动。这就是著名的**万有引力定律**（theory of gravity）。第三，科学家必须对理论进行推断。如果万有引力存在，基于万有引力定律的结论，行星的轨道应该是可预测的。第四，也是最重要的一点，理论需要进行检验。但不是"证明"理论，而是恰当地寻找所推断结论的**反例**，即**可推翻**（disprove）理论。在万有引力这个例子中，牛顿的理论被用来预测海王星的存在，天王星的运动轨道不能用当时已知的天体所解释。但是这至多为牛顿理论提供支持，并不能实际证明这个理论。著名的科学哲学家卡尔·波普尔（Karl Popper），将这种方法称为**证伪**（falsification）。尚未被反驳的理论，只是暂时被认为是正确的。但是我们不能确定下一个观察到的现象不会证明其理论是错误的。牛顿的万有引力定律从未被"证明"，事实上，已经被爱因斯坦的广义相对论所取代。爱因斯坦的广义相对论也没有被证明。有些问题既不能用牛顿定律也不能用爱因斯坦的相对论进行解释，需要其他理论进行解释，诸如宇宙的加速膨胀现象和银河系外围星球的不可预期的高速度。

观察市场，很容易看到宽客研究方式与上述情况相类似。首先，我们想象一个量化研究者观察到各类市场经历各个阶段，市场在一段时间内呈上升趋势，紧接着又在一段时间内呈下降趋势。她推理这个现象叫作**趋势理论**（trend exists），无论什么原因，这会使得市场的未来表现与近期的历史表现呈同一方向。如果只给定了市场历史运行的相关信息，这个结论将使得她能够达到一个比随机预测市场表现更好的结论。所以，她尽力去测试理论，而且没有证据反驳她的理论。使用定义历史趋势的一些度量方法，例如第3章使用的移动平均线的交叉点的例子，她发现的确能够对市场进行预测，这一方法优于可能允许的随机预测方法。但是她不能完全确定。至多，她有足够的自信认为，测试是足够严格的，以至于可以承担理论有效性的一些风险资本。

然而，宽客和科学家存在着重大区别。科学家基于很多目的进行研究，包括了解自然世界的真相。而且在自然科学领域，一个良好的理论，既很好地被证据所支持且有着广泛的实际应用价值，例如爱因斯坦的相对论，并不需要为了继续有效而修正。相反，量化研究不得不进行持续的研究，采取措施确保研究成果丰富多产。这是因为，自然是相对稳定的，但市场并非如此。无论是来自监管的改变、投资者和交易者聚集的心理的诡异变化、交易者追逐阿尔法的持续竞争还是其他现象，都表明市场实际上是一个高度动态过程。基于这个原因，量化交易者必须持续不断地进行研究，以使得他们能够更严谨与更深谋远虑，正如他们在开发最初的策略时一样。

思想的产生

在理想的情况下，宽客在他们的研究中遵循科学的方法。就这一点而言，理论的发展（或者理论上可靠的数据挖掘方法）是研究过程的第一重要步骤。我们发现，思想的 4 个共有来源是：对市场的观察结果、学术文献、研究员或者投资组合经理在量化公司之间的迁移以及来自主观判断型交易者活动的教训。

宽客提出他们的想法的主要方式是通过观察市场。这种方法最直接地体现了科学方法的精神。量化交易策略的一个优秀而古老的例子是：期货合约中的趋势跟随策略。理查德·唐奇安是趋势跟随策略之父。他最先在股票市场进行交易，但是在 1948 年，他创建了期货公司，第一次公开地持有商品基金。1960 年 12 月，他在时事通讯上发表了他的交易思想：《商品趋势择时》(*Commodity Trend Timing*)[1]。他观察到，许多市场，即人们倾向于称作的牛市或熊市，存在着彻底的运动方向。他假定能构建一个系统，这个系统能够探测到趋势已经开始并持续进行。他将其想法表述为跟随策略：如果既定市场的价格高于过去两周的最高收盘价，则做多；如果价格低于过去两周的最低收盘价，则做空。在此期间，持有市场中所拥有的头寸。使用这个不可思议的简单系统，1950～1970 年，他创造了成功的业绩记录，并催生了现在管理数千亿美元资产的行业。

量化金融以及更广泛的金融领域的学术论文中充斥着大量量化研究者感兴趣的话题。例如，许多金融论文探讨了各种聪明的方法，公司首席财务官（CFO）利用这些方法编造公司盈利和其他财务数据，进而使股东保持信心。量化公司注意到这一点，目前几个公司已经有相关策略，通过寻找学术文献中描述的各种行为来构建交易机会。许多量化公司花费大量的时间收集学术期刊、工作底稿以及会议资料中的能够用科学方法检验的思想。宽客可以寻找财务报表管理相关的文献，并检验这些文献中的思想。也许，量化交易领域中掀起巨浪的学术论文的最经典的例子是哈里·马科维茨的《投资组合选择》(Portfolio Selection)。正如第 6 章所陈述的，在《投资组合选择》中，马科维茨博士提出了一种计算

"最优"投资组合的算法，这种算法被称为**均值方差优化**（mean variance optimization）。自马科维茨论文发表后的几十年里，在有关投资组合构建的研究中，他的技巧以及变异型仍是量化交易工具箱中最主要的工具。除金融文献之外，宽客也频繁利用其他科学领域的文献，例如天文学、物理学或者心理学，其中的想法可能适用于量化金融问题。

新思想的另一个常见来源是研究员或者投资组合经理在量化公司之间的迁移。虽然许多公司借助非竞争条款和保密协议使这一切变得很难，但是宽客仍然能够有效地将思想从一个地方带到另一个地方，这是意料之中的。任何理性的宽客都会想知道竞争对手在做什么，尤其是那些成功的竞争对手。至少在别处工作过的潜在的新雇员的部分优势在于了解竞争对手的行为，甚至是一些秘密。对于这类事件，有无数的例子。高盛创造了用于全球策略性资产配置和全球股票市场中性交易策略的 AQR 量化方法。理查德·丹尼斯训练了一组被称为"海龟"的新交易者实施趋势跟随策略，他们没有交易经验。这是与他的朋友威廉·埃克哈特（William Eckhardt）进行打赌的一个社会实验。肖氏公司是其创立者在摩根士丹利的统计套利交易平台被撤职以后创建的，这个公司也发展了几个成功的同行，包括 Two Sigma 和 Highbridge 量化股票基金经理。另一个具有吸引力的公司是文艺复兴科技公司，以留住人才而著称，部分是因为他们的研究员签署铁证如山的非竞争协议。曾经有两个研究员流失到千禧年合伙公司（Millennium Partners），文艺复兴科技公司因为此事起诉千禧年合伙公司，不过最终证明研究员在文艺复兴科技公司工作时莫名其妙地**并没有**签署非竞争协议。然而，交易者最终被千禧年公司终止合约，千禧年公司认为雇用他们带来的麻烦大于其价值。有时候，投资者背后窥探量化公司，然后与其他投资者进行分享，扮演着量化公司思想传播的载体。

最后，宽客从成功的主观判断型交易者行为中吸取经验教训。例如，成功的交易者中有一句古老的谚语："亏损时要止损，盈利时要让利润奔跑。"这个思想很容易形成且被检验，被称为**止损策略**（stop-loss policy），系统地包含未结算头寸的已实现损失。宽客与成功的主观判断型交易者紧密合作，试图将后者的行为特征编纂在交易系统里。这样的例子有很多。并不是所有的策略注定都会成功。**技术交易者**（technical trader）是指对市场价格图形进行主观分析，并基于这些图形的不同形状所暗示的"准则"做出决策的交易者。这些图形被称为诸如**头肩模式**（head and shoulders pattern）或**上三角模式**（upward triangle pattern）。许多量化基金来来往往，试图重新创造一些模式进入系统化交易规则。这可能是因为思想本身并不具备有效的理论基础，也可能如一些人所认为的，是因为人工操作时没有基于规则，进而斥责真正的系统化交易不会成功。然而，能够吸取有价值的经验教训：不是所有的成功交易者都有技巧，识别**真正**有用的或没有用处的因素的有效方式是将思想形成研究过程，观察其能否存活至最后。

检验

检验是研究的中心。初看上去，这个过程的最常见版本看上去相当简单。首先，构建模型，并基于可行数据的某个子集（**样本内数据**，in-sample period）训练此模型。然后在数据集的另一个子集检验其是否盈利（**样本外数据**，out-sample period）。然而，研究是充满着风险的活动。研究员总是因为痴心妄想而丢弃严谨性。在这一部分，我们将陈述研究过程中的一些固有工作与挑战。

样本内测试，又称为训练

在量化交易中，模型近似于真实世界发生的现象。在模型中输入数据并预测未来。检验过程的第一个步骤是基于样本内数据寻找最优参数**训练**（train）模型。这听上去难以理解，我们将逐项解释。

假设我们想测试一个策略：便宜的股票表现优于昂贵的股票。用收益率（earning yield，earnings/price）度量廉价，收益率越高暗示着股票越便宜。但是收益率高到什么水平才能足以表明股票未来表现优秀。收益率低到什么水平暗示股票昂贵并且很可能未来表现不佳。这些水平就是参数。通常来说，模型的参数是定义模型的某些方面并影响其表现的变量。这些变量可以被设置为任何值，通过改变这些变量值，模型本身将被改变，将提供不同的结果。

想象你雇用一个顾问帮助你购买理想的"最优"房子。顾问列出了可能影响你的决定的相关变量，例如房子的大小、购买时的房屋状况、地理位置以及相关学区。如果你不告诉他这些变量的理想值，他将通过观察你对不同房子的反应进行推断。你对贫穷社区的大房子并不感到满意，对富人社区的小房子可能更感兴趣。使用这种方式，顾问可以推断你不喜欢第一种社区，更喜欢第二种社区。进一步，相对于房子大小而言，社区可能对于你来说是更加重要的因素。如果他能够**重复**这些"实验"，他将能够调整供你选择的目标，直到找到你最满意的房子。顾问的努力得到回报，他很好地完成了工作。

同样，量化模型的最优参数是能够达到最优表现的参数，无论测量模型优劣的标准是什么。训练模型包含寻找最优参数集，这通常是通过测试许多组数据集，并希望至少有一个数据集使得结果具有吸引力而实现的。是什么构成吸引力，我们将立即详细讨论这个问题。但是我们首先考虑样本内研究的一些其他方面。

在某种意义上，对于宽客而言，样本内研究是件有趣的事情。在真实世界，宽客的模型不断地受到新信息和不可预知的事件的挑战。但是样本内的历史数据对于整个模型是已知条件，没有必要对已知条件进行预测。样本内数据就像小学生测试的答案要点，这是模型运行最好的区间，因为模型不必做任何预测。模型不得不做的是结合适用于审核的整个数据样本，合理地解释样本内数据。这是研究过程中值得高度期望的一个部分。

样本内测试的过程包含一个重要的决策：究竟是什么构成拟合模型的样本？样本有两个特征：宽度和长度。想象一个研究员想构建一个基于美国大约 5000 只上市股票的策略，1990 年至目前的数据可供他支配。就样本内测试的宽度而言，研究员对使用的股票数量以及如何选择这些股票做出决定。他是应该使用所有行业及市值水平的更广泛的跨行业股票呢，还是应该使用相对狭窄的跨行业股票，还是应该选择所有股票呢？对于时间长度而言，研究员必须考虑适用于拟合模型的数据窗口。最近的数据更合适还是更古老的数据更合适？相对较小时间窗口的随机数据集更合适，还是 1990 年以来的整个数据集更合适？宽客通常喜欢使用一个时间段的所有金融工具数据，但这绝不是通用的，因为这里需要权衡利弊。

通过使用更多的数据，宽客构建的模型适用于更广泛的情景和市场环境，这使得模型更稳健。在真实条件下，模型会成功，是因为模型已经可以"看见"和适用于大量样本内数据包含的情形与环境。另一方面，模型允许使用的数据越多，当被调整的时候，构建模型的风险就越大，此时的模型仅仅能对过去进行很好的解释。基于这个原因，许多宽客使用交叉数据进行样本内检验和模型拟合检验。

"良好的"模型的组成部分

宽客使用各种方法度量模型的"好坏"(goodness)。无论对于样本内数据还是样本外数据，都是真实存在的，我们将在下一个部分讨论后者。这里先说明宽客可能使用的一些统计量（以及其他输出量）。我采用预测标准普尔500指数的策略解释这些度量指标。预测的期限是一天，使用众所周知的**股票风险溢价**（equity risk premium）方法进行调整，通过计算每天标准普尔500指数和10年国债收益率的差进行衡量。如果标准普尔500指数收益率高于债券收益率，这被看作做多股票的信号。如果标准普尔500指数的收益率低于债券收益率，则被看作做空股票的信号。我在20世纪90年代中期建立这个策略，旨在用于战略性资产配置，但我从未进行交易。因为使用下面这些度量指标度量以后，就会明白不进行交易将是显而易见的事情。这个例子简单地表明策略在真实世界使用真实资金实施之前需要首先通过检验。这个例子的策略结果是基于1982年6月至2000年12月的日收盘价而得到的。

1. 累积盈利图

累积盈利图是检验过程最有力的输出量，因为正如人们所说的，一图胜千言。从累积盈利图可以看出，策略能否盈利、平稳性如何以及存在着何种下行风险，适用于哪些情况。正如图9-1所显示的，这个策略在测试阶段时持续盈利，但回报流是呈波浪起伏的，而且很长一段时间内不够活跃（一些情况下持续几年），有时大幅亏损，有时获得巨额盈利。研究员能够立即看出这个策略存在着实际问题。从1989年后期到1995年早期，以旁观者身份几乎不进行交易，当然确定没有盈利是否现实呢？

2. 平均收益率

平均收益率表明策略在过去实际运行情况如何（即盈利情况如何）。如果策略在测试阶段效果不佳，那么实际情况下策略就不可能奏效。正如后面所看到的，测试让研究者相信，交易中盈利是一件极其容易的事情。令人遗憾的是，这种错觉主要归因于大量的致命陷阱。在标准普尔

500指数的例子中，仿真实验中的总累积盈利达到746%，在没有去除交易成本和佣金之前，年化收益率达到12.1%。

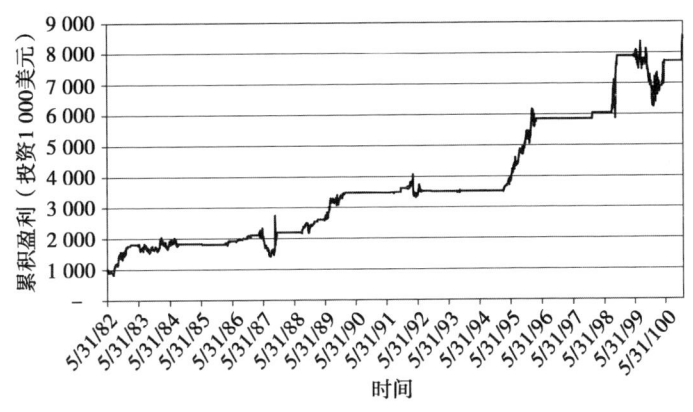

图9-1 标准普尔500指数策略的回测累积盈利图

3.收益率随时间的变异性

收益率随时间的变异性描述的是平均收益率的不确定性，该指标有助于研究员判断是否应该持有某交易策略。通常情况下，收益率变异性越小，策略越优。例如，某策略年平均收益率为20%，年标准差为2%（即在67%的时间里，年收益率在20%-2%至20%+2%的范围内，即在18%和22%之间）。这个结果相对于年平均收益率为20%，年标准差20%的策略（即在67%的时间里，年收益率在0和40%之间）要更好。这个思想使得研究员应该对不确定性较低的既定收益率的策略更有信心，更有信心明显是一件好事情。

在我的公司，我们关注一个统计量：**块度**（lumpiness），指的是显著高于平均收益的时间段内的收益占策略总收益的比例。这是另一种测量收益一致性的方法。尽管度量指标很重要，但一致性并不总是主要的目标。不过，知道投资者或者策略的从业者所期望的目标是一件好事情，即使只能识别到策略行为发生改变的时间。在标准普尔500指数的策略中，整个测试阶段的日化收益率的年化标准差是 21.2%。

4. 波峰波谷间的最大降幅

波峰波谷间的最大降幅测量的是盈利曲线中从任意一个累计波峰开始的最大回测。如果策略盈利 10%，然后亏损 15%，再然后盈利 15%，那么这个阶段策略的整体收益率大约是 7.5%。然而，波峰和波谷的降幅达到 15%。另一种陈述方法为：投资者为了获得 7.5% 的盈利，必须承担 15% 的风险。策略的回测越低，策略越优。许多宽客不仅仅分析一个回测，而是分析多个回测以了解他们策略的极端和常规下行风险。分析下跌之后的恢复时间也很重要，有助于研究员理解模型极差表现之后的行为。回复时间较长通常是不受欢迎的，因为这暗示着，如果策略在某个时间发生大量损失，将在很长时间内保持负值。标准普尔 500 指数策略在回测时的波峰波谷间的最大降幅为 –39.7%，这是由于 1987 年夏天做空标准普尔 500 指数所造成的。实际上，1987 年 10 月崩盘之前，策略看上去表现不错。

然而，下跌信息必须谨慎处理。如果从 1990 年至 1997 年，8 年（在对冲基金里面被认为是较长的跟踪记录时间）的可转换债券套利策略数据可以看出，降幅很有限。但是 1998 年，这些策略表现极差。存在的问题就是**样本偏差**（sample bias），这表明所使用的判定"最坏"降幅的样本并不是整个可能结果的良好代表。相反，虽然回测时间很"长"，覆盖了有利于策略的整个时间段，也将低估潜在的下行风险。对于这个问题，并没有太多的解决方案：计算下行风险的样本要么足够大，以至于能够覆盖很大范围内的市场体制以及有利的和不利的环境（尤其与策略测试相关的环境），要么不能覆盖。如果样本并不足够大，不能代表所有可能情况，那么宽客只能对环境变得恶劣时的最坏亏损做出一些判断。很明显，这个判断很大程度上依赖于研究员的判断。即使这样，这最多也只是一个粗略估计。

此外,最大历史下行也仅仅是一个有偏样本产生的可能结果。想想历史收益分布像一副纸牌。如果我们按照纸牌的原有顺序翻转纸牌,将得到历史时间序列。然而,如果重新洗牌,按照新的顺序翻转纸牌,将得到不同的时间序列。如果反复操作成千上万次,理论上讲从一个真实历史数据可以得到许多可能的结果。这种方法被称为**重复采样**(resampling),这样可以提升历史样本的效率。基于这些成千上万的历史重复采样数据,可以计算出每一种情况的最大下行,对策略的潜在下行风险估计更稳健。对于识别纸牌中可能某一天置我们于死地的情况,这是一个明智的做法。我们担心,他可能包含着太多的 A(aces)和王(kings),而并没有太多的 2 和 3。

5. 预测力

统计量 R^2(R-squared)表示预测模型解释被预测量的变异程度,换句话说,就是被预测量被信号解释的变异程度。其值在 0～1,有几个有效的方法进行计算。用户可以利用许多统计包(包括 Microsoft Excel)很容易地计算出 R^2。值为 1 意味着模型解释了被预测量变异 100% 的信息。如果不是特别说明,当我们谈到"被预测量"时,当然是指向进行交易的股票、期货合约或者其他金融产品。在量化金融领域,毫不夸张地说,我们试图预测期货价格/收益率/一些金融产品的趋势,使其 R^2 为 1 是不可能的,除非方法是错误的。事实上,在这个行业,R^2 为 0.05 就是极好的了(参照后面章节讨论的样本外数据)。我的一个前员工曾说道,"如果你没有犯错误并且 R^2 高于 0.15,换个方式重新处理,因为如果你使用这个策略,证监会将会认为是内幕交易而逮捕你"。注意到,R^2 等于 0.15 意味着预测模型描述了被预测目标**未来**变异的 15% 信息。正如另一个量化交易者所谈到的,"人们认为 0.02 的 **R^2**

的模型就是很好的模型"。图 9-2 显示了 1982～2000 年的标准普尔 500 指数策略的 R^2 低于 0.01。

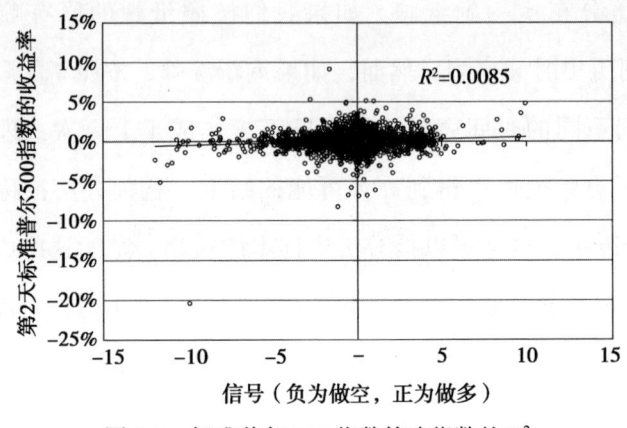

图 9-2　标准普尔 500 指数策略指数的 R^2

宽客经常使用别的方法衡量预测力。这个方法是在检验中按照十分位数（或者研究喜欢的其他分位数）的方法对金融产品的潜在预测的收益率进行分组。通常情况下，具有可靠预测力的模型能够显示最坏的收益情形出现在最坏的预测收益情形中。实际上，改善的预期收益的每一个分组表现优于前一个。如果被预测的金融产品的收益不能随着预测而改进，则暗示着这个策略只是偶然地发生作用。

图 9-3 的柱状图显示的是按照五分位数对标准普尔 500 指数策略的研究结果。正如图形所看到的，至少在这个研究中，策略看上去是合理的。最左边的信号结果与标准普尔 500 指数平均 –2.35% 的收益相吻合。确实，这是所有标准普尔 500 指数平均收益中的最坏结果。从左边开始的第二个分位数组表示的是标准普尔 500 指数策略的第二个最坏结果，平均收益率为 –0.19%。我们逐步转移到牛市信号，标准普尔 500 指数收益率继续改善，与预测行情上涨相一致，这也是人们所期望的。每一个分位组的收益率高于前一个分位组的事实表明阿尔法信号（早些修正的

股票风险溢价信号)与预测目标(第 2 天的标准普尔 500 指数收益率)之间的单调关系。

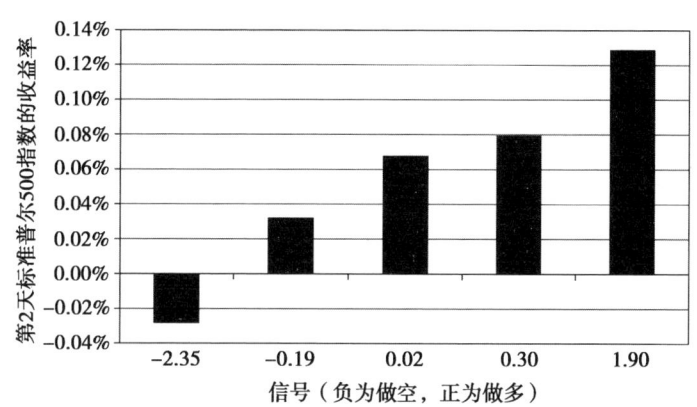

图 9-3　按照五分位数对标准普尔 500 指数策略的信号和收益率之间的关系研究

6. 胜率或盈利时间占比

胜率这个百分比是一致性的另一种度量方法。这个指标告诉研究者系统盈利是来自小比例的偶然表现极其优秀的交易,还是来自很多交易,每笔交易可能都贡献微小的利润。类似地,可以使用盈利周期与总周期数的比值简单度量(这通常是用胜率或者盈利天数百分比进行度量)。对于两种度量方法,人们对具有更强一致性的策略具有更多的信心。在标准普尔 500 指数策略中,研究结果有点不寻常,因为策略并不是每天产生信号,而仅仅当模型察觉到机会足够具有吸引力时才产生信号。既然这样,模型会在 65% 的时间里产生 0 信号,19% 的时间里产生盈利交易,16% 的时间里产生亏损交易。在非零信号的交易时间里,大约 54% 的时间里获得盈利。对于一个策略而言,这也不是一个太糟糕的结果。

7. 回报相对于风险的不同比率

许多统计量被用来度量**调整风险收益**(risk-adjusted return),通常都是设法度量获得一些收益的"成本"(以风险的角度)。典型的例子是以威廉·夏普命名的夏普比率（Sharpe ratio）。1990 年，威廉·夏普与哈里·马科维茨一起获得诺贝尔经济学奖。**夏普比率**是通过计算某周期内高于无风险利率的平均收益率与收益率的波动率之间的比值可得。夏普比较越高，策略越好。宽客（以及投资管理领域的许多人）通常去掉**比率**（ratio）以简化这个名称。夏普值为 2 的策略是指每承担 1 个单位的风险，将会获得 2 个单位的高于无风险利率的收益率（如果能得到这个结果，这是一个相当好的夏普比率）。

和夏普比率相近的比率是**信息比率**（information ratio），不同之处在公式中去除了无风险利率。标准普尔 500 指数策略的信息比率仅为 0.57，意味着投资者每承担 1% 的风险，可以获得 0.57% 的收益（此外，这个结果是在扣除交易成本和实施策略的其他费用的成本之前）。**斯特林比率**（Sterling ratio，平均收益率与低于平均收益率的波动率），**Calmar 比率**（Calmar ratio，平均收益率与波峰波谷间最大回测的比值），**Omega 比率**（Omega ratio，正收益率之和与负收益之和的比值）也是广泛应用于调整风险收益的度量指标。1982～2000 年的标准普尔 500 指数策略显示斯特林比率为 0.87，Calmar 比率为 0.31，Omega 比率为 1.26。在这些比率中，最让人失望的是较低的 Calmar 比率，这个结果意味着承担 1% 的回测风险，能够产生 0.31% 的收益。

8. 与其他策略的关系

许多宽客会同时使用几个策略。这样，宽客有效地管理**策略组合**，这与其他类型的投资组合一样，分散风险。宽客需要频繁地测量新策略如何适应于其他已经使用的策略，确保新策略能够增加价值。毕竟，不能改进投资组合的好思想最终也没有用处。虽然计算新策略与现存的投资组合策略之间的相关系数是件寻常的事情，但许多宽客通过比较现存策略的结果和加进新思想后的结果，度量新策略的新增价值。结果的显著改进表明新策略和现存策略之间存在着协同关系。

9. 时间延迟

在检验策略时，一个有趣的问题是，策略及时获得信息的敏感性如何，预测效果会在市场中持续多长时间。许多宽客寻求理解，如果他们必须在接受交易信号后才开始交易，这个交易有一些延迟，那么策略的收益将会如何。换句话说，如果2006年4月28日，策略开启一个卖出Microsoft(MSFT)的信号，宽客将能看见MSFT没有被允许卖出的一天、两天、三天等多天时间内策略的表现。通过这个方法，可以判断策略对接收信息及时性的敏感程度，也能获得策略拥挤程度的一些信息（因为越拥挤意味着到达新均衡的运动越激烈，即潜在盈利的衰减速度越快）。想象一个研究员开发了一个根据华尔街分析师的建议交易股票的策略。越多分析师对某个公司持推荐意见，越会导致策略对此公司持有多头头寸，否则推荐建议的减少会导致对此公司持有空头头寸。这个策略很流行并被许多宽客（和主观交易者）所追随。然而，策略的效应是非常短暂的，对接收到信息的及时性非常敏感。

这个现象的一个例子如图9-4所示，使用2006年4～10月MSFT的数据。正如你所看到的，2006年4月28日有5次下跌，导致MSFT股票低于标准普尔500指数11.4%。事实上，在4月28日开盘时，MSFT的**开盘价**已经下跌大约11.1%，因为开市前对MSFT的降级已经发生。正因如此，量化交易者必须小心谨慎，不能允许仿真系统假设能尽早捕捉到11.1%的改变而进行交易。相反，要保守一些，应该测试评级发生**后**的几天开始交易的两周表现。

如果宽客确实这样做了，就会发现，在4月27日闭市（宣布评级改变之前的晚上）**之后的任何时间**卖出MSFT，收益实际上都相当平庸。如果在4月28日、5月1日（下一个交易日）或5月2日收盘价卖出

MSFT，将会获得盈利。但是如果在 5 月 3～12 日进行交易，则不能盈利。这解释了策略对即时信息依赖程度的压力测试的重要性，这也不总是可利用的。

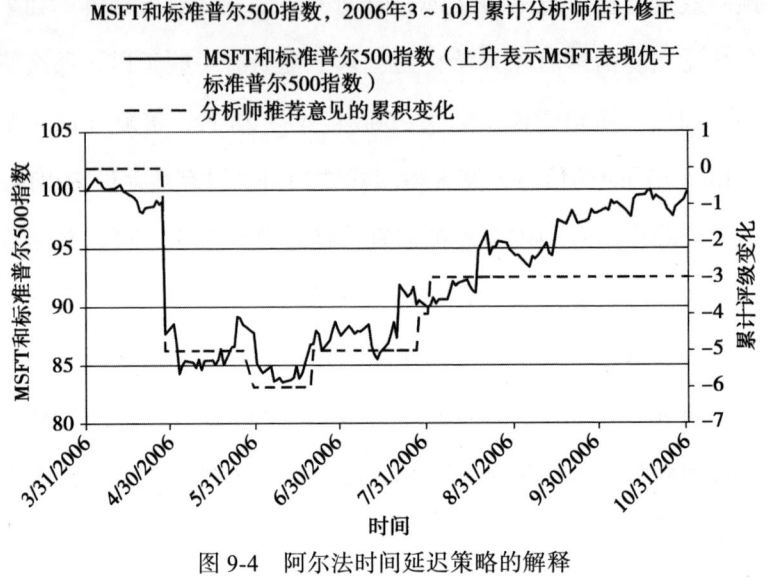

图 9-4　阿尔法时间延迟策略的解释

有趣的是，延迟信号的实施并不总是导致坏结果。例如，标准普尔 500 指数策略倾向于"尽早"交易，也就是说，即使市场随后按照预测的方向运行，建立多头和空头头寸也为时过早。正因如此，延迟一天进入市场能够显著地将策略的总体收益率从 746%（年化收益率为 12.1%）提高到 870%（年化收益率为 12.9%）。对于这个策略的使用者而言，这必定不是好兆头。通常情况下，交易者不会很舒适地从交易策略中获得这样的信号，这个信号不仅使你延迟一会儿没有实施交易而无亏损（这可能是最好的结果），而且实际上，使你在获得信号至少一天之后再进行交易而盈利。

10. 特定参数的敏感性

前面提到，通过改变参数，可能得到不同的结果。但是基于参数的微小变化对结果所造成影响的理解，有助于了解策略的质量。这里使用前面基于 P/E 的一个策略作为例子。我们认为任何 P/E 比值高于 50 或者为负值（因为负盈利）都应该被认为是昂贵的。同时，假定低于 12 的 P/E 比率是便宜的。按照前面讨论的度量方法检验这个策略，发现基于这些参数的低 P/E 策略（≥50 表示昂贵，≤12 表示便宜）获得 10% 的年化收益率和 15% 的年化波动率。

现在想象仅小幅改变参数，P/E 比率低于 11 的股票被认为是便宜股票，高于 49 的股票被认为是昂贵股票。如果按照这个策略，与前面策略相比，结果则发生很大变化。我们应该对两个结果持怀疑态度，任何一个在模型中都不予采用。这是因为模型被证明对于参数值的微小改变过于敏感，在现实世界中没有什么使用价值。P/E 值为 10 和 11，或者 P/E 值为 50 和 49 之间应该明显不同吗？许多研究员所研究的是参数值的变化对结果变化程度的影响。参数的近邻集应该得到极为相似的结果，如果不是这样，研究员应该对策略持有怀疑的态度，因为这些结果可能意味着**过度拟合**（overfitting）。

过度拟合

前面描述了宽客判断既定模型好坏的一部分度量标准。这些标准在模型被创造以及使用的过程中，被用来判断模型的质量。的确，许多对冲基金投资者都会使用大部分这些度量指标衡量不同交易者的业绩。

然而，在判定量化策略的优度时，仍有一个极其重要的指导原则，这就是**过度拟合**。模型的过度拟合本质上意味着研究员使用过多的数据。最经典的定义是研究员建立了一个能够很好解释过去的模型，但对未来解释性较差。这可能发生于几种情况。

第一，研究员必须对模型的复杂度加以注意。模型的复杂度来自几个方面。一个是预测因子的数量。在建立模型时，研究员可以采用数千个因子解释资产价格过去的波动。模型或多或少能够精确解释过去发生的事情。但是让我们来回想量化交易模型的目的，类似于寻找阿尔法的交易者的目的，是预测未来，而不是解释过去。虽然我们期望过去对未来提供一些指导，但我们也必须理解过去最多是未来的不完美指南。而这意味着能够完美地解释过去，在预测未来时并不一定起作用。

第二，研究员由于条件的限制，创建相当复杂的模型。例如，可以设想一个为了判定持有多头或空头头寸而寻找价格行为的特定模式的策略。一个简单的模型可能要求：当金融产品的价格高于过去10天价格一定数量时，持有多头头寸。一个更复杂的模型可能要求，如果金融产品的价格在过去1天是下跌状态，在过去10天是上涨状态，在过去20天是下跌状态，在过去100天是上涨状态时，才开始持有多头头寸。当然，作为人类，我们擅长于理性地理解事物，我们可能能够对一些确定可以奏效的策略给出合理的解释。但是这确定比较复杂，因为里面包含许多"如果"语句。正因如此，策略是极其脆弱的。

在预测方面对相对简单模型的渴望以"节约"（parsimony）著称。"节约"来自拉丁语单词"parsimonia"，意思是"节俭"（sparingness）和"俭省"（frugality）。对于宽客，节约意味着做出假设时保持谨慎。在量化交易中，这处在研究过程的绝对中心位置。节约型模型使用较少的假设条件，尽可能简洁地解释未来。正因如此，对有许多参数或因子的模型通常要持怀疑的态度，尤其要考虑过度拟合的风险。

节约起源于方济会（Franciscan）的化缘修士和逻辑学家威廉·奥卡姆（William Occam）的一个著名准则——奥卡姆剃刀准则（Occam's razor）。奥卡姆剃刀准则大概是由原始的拉丁语翻译得到，原始的拉丁语意思是："如无必要，勿增实体"（Entities must not be multiplied beyond necessity）。在科学领域，这被理解为，使用尽可能少的假设条件，尽可能简单的理论解释事物。1992年，卡尔·波普尔指出，越简单的理论越好，因为它们极容易被检验，这意味着它们包含更多的经验值。在我们周围，科学家同意节约、去除不必要的假设条件和复杂度，则是更好的科学。本章最开始所引用的爱因斯坦的名言是另一条重要的警示，过于简单化的解释也是没有用处的。

回看顾问帮助你购买房屋的例子：如果他考虑增加大量的因素，比如客卫瓷砖的颜色或屋顶材料的类型，假定**事前**没有什么理由促使你成为他的顾客，他的分析将是混乱的。复杂模型（依据因子个数）可能能对过去有很好的解释，但不可能很好地预测你是否会喜欢以前没有见过的类型的房子，因为模型实际上不可能包括你所喜欢房子的全部因素。另一方面，如果顾问只考虑两个因素——房子的大小和学区，这个模型也不能很好地预测你的偏好，因为他留下了太多重要的变量，例如卧室的个数、卫生间个数、财产情况等。正是这样，量化研究员工作的一个重要部分是在尽力过于完美地解释过去和尽力简单地解释过去之间进行权衡。倾向于任何一边都是失败，因为这样模型会过于复杂化或过于简单化。

过度拟合的一个相关类型仅出现在交易极其不频繁的策略中。这里我们关心交易频率不高的情况，这些交易的统计量并不显著，并且不考虑交易是否盈利。例如，想象一个模型，在标准普尔500指数至少下跌40%以后的任何时间购买，当触及新高时再卖出。运行此策略，将会看到较强的回测结果。这个策略本应有巨大的盈利和相对较小的回测。在过去的40年里也确切地看到3个交易信号，但每13年出现一次交易信号着实很难令人感到兴奋。让任何资本承担这种策略带来的风险本身就具风险。

潜在的过度拟合风险的另一个常见来源是参数的具体说明。提醒一下，在第3章，我们讨论了许多模型有参数的事实。例如，在构建趋势模型时，研究员认为过去一段时间里价格变化的一些特征可能暗示着未来趋势的持续。可以想象，与这个模型相关的几个参数。例如，价格变化所处的历史阶段（量化领域中被称为回测，lookback）。这个时间段的最小长度是多少，被认为是很重要的因素。最小时间段长度是多长呢？这些问题不是模型的中心问题，然而不同的答案对模型所产生的收益率有重要的影响。例如，对于**同一趋势模型**（exact same trend model），回测两天的趋势产生的收益与回测过去 6 个月的趋势产生的收益会完全不相关。

宽客可以利用一些方法固定参数。基于市场先前的运行规律，一种方法是主观地设定参数。回测的结果预示着这个策略的效果如何。这个方法优点在于根本不用进行拟合。策略或者会起作用，或者不会。这个方法也有很多缺点。因为它严重依赖于研究员的判断，最优参数值可能与模型中设定的参数集相去甚远。也就是说，利用贝叶斯预测方法（在第 3 章进行讨论）的研究员可能倾向于以这种方式设置参数。

参数拟合的另一个方法是利用各种各样的参数值对策略进行回测，选择使得结果最优的参数。这个决定可以是主观决策，或者通过影响参数选择的算法进行判断。现在我们转向讨论一个参数值选择的例子，如图 9-5 所示。

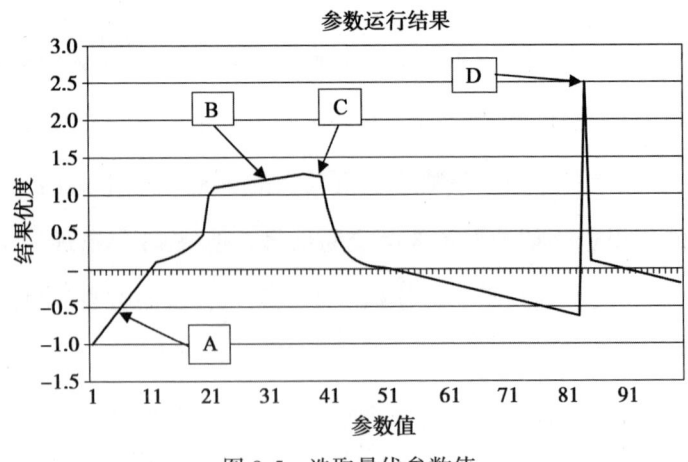

图 9-5　选取最优参数值

在图 9-5 中，你猜测哪个点是最优参数值？点 A 看上去不是最优，因为基于 A 点的参数值，策略表现较差。C 点看上去较优，因为它是平稳阶段的最高点。但是 C 点距离悬崖边很近，我们不能确定是否处于不明智选择的风险之中。D 点看上去最优，但是这一点也相当不可靠，因为邻近区域表现普遍较差。留下 B 点成为最优点。我们没有选择稳定阶段的最高点，而选择相对安全的参数值。为什么安全程度很重要，这是一个值得讨论的问题。

我们来看图 9-5 中唯一的峰值点 D，检验揭露了在拟合阶段可能包含一些伪造点，这些点使得 D 的参数值对应的投资表现最优。遗憾的是，这个偶然结果也只是昙花一现。换句话说，如果选择 D 点，我们就在打赌认为未来会与过去**完全**相似。你可能熟悉标准的免责声明："过去的表现不能代表未来亦是如此。"然而我们判断交易者是否成功时，至少部分依靠业绩，这也说明我们认为过去实际上可能是未来的**一些**暗示。同样地，通常情况下，基于科学研究的假设条件，所有的量化交易（确切地，包含科学）隐含地假设过去发生的事情有助于我们理解未来。这就是为什么科学的方法开始于对世界的观察，这些观察能够形成一种理论。但是思考过去最合适的方式是作为未来的**一般性指引**（general guide），而不是完全复制过去。我们建立的模型本身就是对未来的一般性指引的概括性描述，当以这种方式进行表述，很清楚我们宁愿模型更谨慎一些，不要犯错。正因如此，谨慎的宽客宁愿将点 B 作为更具鲁棒性的点，而不是 D 点，因为 B 点对应的投资策略更优的机会更多，而不是单纯地将样本数据的一些偶然情况作为最优结果。

参数拟合的最后一个注意点是参数或者只能适用于过去，或者随着市场数据的不断更新，参数能在未来重复使用。这里所考虑的情况适用于参数拟合的每一个实例。然而，重复拟合参数本身会增加模型的复杂性。而且，取决于重新拟合实施的过程，也可以使用尽可能少的数据进行拟合，以免出现过度拟合的现象。

这直接导致我们思考一个重要的话题：过度拟合，在第3章已略有提及。事实上，资本市场会产生大量的数据。类似文艺复兴科技公司都以每天收集太字节（TeraByte）数据而著称。仅捕捉每个美国股票交易所每天所产生的信息就超过1太字节的存储量。然而，数据是极为嘈杂的。资本市场为什么是一个噪声过程是哲学家和经济学家研究的内容。但是不可否认的是，过去的数据对未来波动的影响很小。这就是大量的样本外检验 r^2 近似于0.04的原因（样本外检验是下个小节的内容）。很少的信号埋藏在那些噪声数据中。因此，对能够近似解释噪声过程的模型应该持有极度怀疑的态度。

量化研究员必须对正测试的理论进行评估。采用大量度量指标和技术可以完成这个工作。但是最终，还是依靠大量的主观判断进行评估。毫无疑问，正是对本章所提出问题的良好判断力可以将成功的研究员区分出来。一般情况下，我们可能注意到好的研究员必须拥有充足的信心和技能，相信理论能得以发展和改进。至少同样重要的是，研究员也必须具备足够的怀疑态度和拥有谦逊的品质，能够平静地接受大部分思想完全失效的事实。

样本外检验

样本外检验（out-of-sample testing）是检验流程中的第二部分，是告知研究员去除样本内检验中那些虚拟表格（cheat sheet）的帮助后，策略在实际中是否起作用。到目前为止，模型的参数已经通过样本内检验数据集而固定，问题是基于已被选择的参数，模型是否能在全新的样本外数据集中真正起到作用。本章描述的许多统计量可以被用来做出判断。

许多宽客使用的另一个统计量是样本外检验的 R^2 与样本内检验的 R^2 的比值。这个比率是度量模型鲁棒性的另一种方法。如果样本外检验的 R^2 与样本内检验的 R^2 相当接近（即，如果比率大于等于 0.5），则被认为是一个好的模型。如果比值显著小，研究者必须对模型的成功应用持怀疑态度。

对于样本外检验有许多种方法。最简单的方法是使用除去样本内检验数据的剩下部分进行检验。一些研究员使用**滚动样本外数据的方法**（rolling out-of-sample technique），在这种方法中，最古老的数据点将会被丢弃，最新的数据点被用来拟合（样本内）和检验（样本外）模型。这个过程重复进行，直至全部可行的数据样本被完全使用。滚动样本外数据的方法被认为不断随着时间的改变而有助于更新模型，模型不是依靠可能先前运行了很多年的单一数据集。然而，这个方法依赖于环境，缺点在于模型不断地吸收最近一段时间的信息，这可能减少其鲁棒性。这种权衡是极其微妙的，在任何个例中都可能被争辩，只是对模型效果进行一般性的判断是不切实际的。另一种方法是可以使用不断增长的数据窗口，随着时间不断改变，更多的数据被收集，样本外检验将持续进行。

虽然样本外检验明显有效，但能够正确地操作是一件相当有技巧的事情。想象研究员基于样本内数据完成模型拟合。然后，研究员基于样本外数据检验看上去鲁棒的模型。但是这个模型在新的数据集上表现较差。在这个模型上已经投入大量时间的研究员决定检查模型在样本外数据集上失败的理由，发现模型在样本外数据集发生亏损交易，是因为环境发生改变。找出这些原因后，研究员返回到模型并修正模型以解释新信息。他重新在样本中拟合模型，基于样本外数据重新检验。模型运行得很好。

然而，我们在庆祝之前，应该考虑研究院所做的工作。通过研究样本外数据的信息，并使用这些信息重新训练模型，研究员有效地使用样本外数据，并使它们成为样本内数据集的一部分。通常情况下，在样本内数据和样本外数据之间来回切换是个可怕的想法。这会带来更加微妙的问题。

我们常常对资本市场发生的事情有足够的了解，我们倾向于建立模型、选择可能在样本外数据集起作用的参数集。这会扭曲样本外检验的目的，因为在很多方面我们期待未来的表现。例如，我们可以回望20世纪90年代后期的互联网泡沫，了解到，实际上世界经济没有发生改变，长远来看，那些业绩亏损的企业不会广泛地被社会肯定。如果现在建立一个策略，可以知道互联网泡沫会发生并最终破灭。然而，1999年，对此却不是那么确定。

新的有趣的事情会混淆我们的理解。正因如此，检验当前最好的想法优于过去已经存在的情况是一种痴心妄想。这是前视偏差的一种微妙和可恶的形式，是研究中的一个重要问题。当研究员对用来检验模型有效性的样本外数据集越来越熟悉时，很可能他们正暗中假设他们对未来会有很多了解，实际上，历史上询问同样的问题时，他们并不了解。这种情况被一些宽客称为**加工数据**（burning data）。

为了降低因加工数据带来的前视偏差，一些量化公司合理地采取大量措施，将策略研发功能从策略选择功能中分离出来，扣除研究员的一大部分数据。按照这种方式，理论上，研究员甚至不清楚有何种数据和没有何种数据，这样会减少犯前视偏差错误的机会。为了减少苛刻的限制条件，研究员可能不被允许知道或看见所被使用的样本外数据，或者样本内和样本外测试的数据比例可能随机被修改，或者不通知给研究员。无论如何，正如你极易看到的，检验中的问题是复杂的，如果想要有成功的希望，就必须要求有很多构思和考虑。

另一种方法是首先判定样本外检验是有点神秘的，尤其对于有经验的、善于观察的研究员而言。样本外检验被放弃，这是出于对样本内数据结果的额外警惕和拟合参数的最小化的综合考虑。在这个方法中，宽客尽可能使用较少的参数，将参数值设置在合理的水平，简单地测试策略，寻找有良好表现的参数。

检验中的假设条件

检验流程中的另一组成部分是假设条件，这些有关交易策略的假设条件在历史上已被检验。这里我们讨论两个例子：交易成本和（股票市场中性策略或多头/空头策略）空头头寸的可得性。

交易成本已经被研究过，包含佣金和手续费、滑点、市场冲击。有趣的是，在研究过程中，交易策略过去被实施实际上需要的成本并没有经验证据。这是因为，交易策略实际上并没有真实发生，而是目前基于历史数据正被研究。因此，研究员必须做出一些假设，假设订单因为市场冲击而造成的成本大小。

这些假设条件在确定策略好坏方面是很重要的。我们重新使用一个极端例子，来理解为什么会是这样。想象我们假设交易是完全无成本的情形。这可能使得非常高频的交易策略更具吸引力，因为，实际上只要预测到价格上的任何改变，无论是多小的改变，交易似乎都值得进行。想象一个模型在55%的时间里交易是正确的，当交易正确时，每股会获得0.01美元的收益。模型在45%的时间里是错误的，当交易错误时，每股会损失0.01美元。这样，每100股交易，期望收益是0.10美元。但是当这个模型被实施时，证明实际交易成本是平均每股0.01美元。这表明策略实际上在55%的时间里是收支平衡的，在45%的时间里每股亏损 0.02 美元。实际结果是，每 100 股不是盈利 0.10 美元，而是**亏损 0.90 美元**，这明显是一个较差的结果。一般而言，过高估计交易成本会使得宽客持有头寸时间长于可能的最佳值。然而低估交易成本将使得宽客太频繁地更换投资组合，产生额外的交易成本。如果我们在这方面不得不犯错的话，过高估计比过低估计更有意义，但能够近似正确估计成本仍是更受欢迎的事情。

在检验股票市场中性策略或多头/空头策略时，宽客做出的第二种假设条件与空头头寸的可得性（availability of short positions）相关。想象一个市场中性策略的量化交易员，根据策略设计，持有与多头头寸数量大约相等的空头头寸。随着时间的推移，通过发现价格被高估的股票，空头头寸规模会显著增加，在市场下跌时获取盈利，从而减少策略的内在风险。然而事实是，空头名单，尤其是最易成功的空头名单，在**卖空限制**（hard-to-borrow）列表中。卖空限制列表是那些通常被经纪商限制做空的股票，因为经纪商不能机械地借出股票。如果没有真实的股票被解除，这笔交易将被认为是**裸卖空**（naked short sale），这在美国是不合法的行为。因此，这项交易将不会像回测时预期的一样被执行。如果模型不了解卖空限制政策（模型要警惕过去发生的这些问题并不是一件小事，因为这些历史数据很难获得），研究员很容易愚蠢地认为空头组合将能够带来价值，而现实中并不可能存在。这是因为当他真正进行投资组合时，才会发现不能进行最优的空头交易，被迫使用较差的空头交易代替。

小结

我们已经对成功的宽客在研究中必须做的工作、必须做好的工作有了基本了解。在量化投资过程中，研究是一个高度敏感的领域。研究员的判断是最重要的影响因素。研究员必须深入细心研究，因为这是策略的形成阶段。研究阶段所犯的错误会深深烙进策略的任何部分，这个错误的系统化实施将是灾难性的。而且，研究不是一蹴而就的。相反，宽客必须连续进行有活力的和丰富多彩的盈利项目，以持续获得利润。

根据定义，模型是市场过去行为的归纳。随时间的推移，越通用的模型鲁棒性越强。但是这样的模型很可能在任何时点上都不够精确。越具体的模型越精确，但是当市场条件改变时，模型很可能整体失败。在普遍性和专一性、鲁棒性和精确性之间进行权衡是量化研究员面对的重要挑战。虽然我意识到这个挑战没有万全之策，但是爱因斯坦的一句话提供了最好的准则："任何事都应尽量从简，但不可过简。"

现在我们完成了黑箱的旅行（见图9-6），包含模型组件和驱动模型的组件（数据和研究）。下一个章节将聚焦于对量化交易者及其策略的评估。

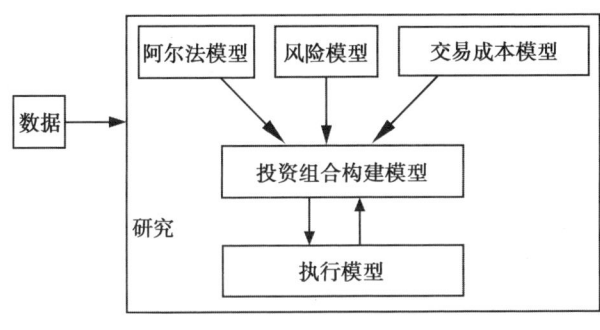

图9-6　黑箱结构

注释

1. From Richard Donchian's Foundation website: www.foundationservices.cc/RDD2.

Inside
The Black
Box

第三部分
量化投资策略实战指南

第 10 章

量化策略的风险内生性

如果对数据进行深入研究,它们将会表明任何事情。

——格雷戈·伊斯特布鲁克

前面已经定义了两种类型的敞口:一种是可以带来长期回报(阿尔法和贝塔)的敞口,这种暴露人们易于接受;另一种是不能带来长期回报(风险)的敞口,这种敞口易伴随着策略偶尔发生。对于积极主动投资的量化交易者而言,通常可以避免贝塔敞口(因为它们极易通过复制一般的低成本的指数金融工具而获得),因此本部分我们主要聚焦于阿尔法风险敞口。

正如我们所强调的,宽客通常所捕捉的阿尔法敞口类似于主观判断型经理所寻找的类型。然而,任何一种策略都存在这样的问题,即在某个时间点,应该用于产生回报的敞口却没有从市场中得到相应的补偿。对于宽客和主观判断型交易者,这种不受欢迎的敞口均存在。

本章,将帮助投资者理解一些量化交易独有的或者不只是量化交易独有的风险类型。在某种意义上,也为投资者设计自己的风险模型提供了一种框架，这种风险模型能够帮助投资者对如何将量化交易作为策略组合的一个部分做出决策。在第 12 章，我们将继续讨论这个话题。

模型风险

模型风险（model risk）是任何一个量化交易系统都会带给投资者的最基本的风险类型。模型是对现实生活的一种近似表述。如果研究者对一种特定的现象不能很好地进行建模，例如动量，那么即使在一个通常对动量有较好效果的环境中，这个策略也可能并不能获利。换句话说，模型风险就是策略不能精确表述、匹配或者预测它所能探索的现实世界现象的风险。更为糟糕的是，模型风险并不会立即呈现。有时候，在技术参数或者软件工程上的一些小错误会随着时间的积累导致许多问题，这些问题在某一个繁忙的交易日突然爆发出来。而且，模型风险来自许多方面，最常见的是模型的不适宜性、模型的错误设定以及执行错误。值得一提的是，所有类型的模型风险不仅会出现在阿尔法模型中，而且可能来自策略的其他部分的任何一个错误。回测软件、数据吸收处理器、阿尔法模型、风险模型、交易成本模型、组合构建模型以及执行算法都存在着模型风险。

建模的不适宜性

建模的不适宜性是一个根本的错误，它包含两种形式。第一种形式是对一个给定的问题进行错误的量化建模。例如，对一个音乐家的素质进行建模，从一开始就是错误的想法。人们可能会考虑音乐技巧相关的因素，诸如训练资源和持久性。但是最终，音乐家是否优秀这个问题并不是数学或者计算机模型所能回答的。这本身是一个主观问题，应用计算机模型本身就是一个错误。

因为对于模型的错误假设和判断，导致了模型不能正确地判断真实的情况。2008年的金融危机，可以说是证券市场上的模型失效。尽管证券和量化策略并不一样，但是它们都是世界各地的银行基于模型才产生的。因为这些产品在各种模拟的情况下都通过了检验，所以才被评级为AAA级。但是分开来看，它们都是不良资产。对于这个问题的概念化提取上产生了问题。在这个事件中，忽略了整体经济可以由于一个因素导致大量贷款同时无法被偿还。所以这些模型并不能处理现实中出现的金融危机。

第二种错误出现在量化交易中，更不容易被发现，是对已知问题的模型的错误应用。对于这种错误的一种示例是在风险评估部分讲过的，对于VaR（value at risk）的广泛使用。传统的VaR用相关矩阵和历史波动率来判断一个组合在特定时间的风险。然而，使用VaR中许多固有假设是无效的，例如，使用相关系数矩阵和历史波动率（定义为回报率标准差）时，假设投资组合中的数据都是呈正态分布。但事实上，市场数据经常呈现**厚尾特征**（fat tails）。换句话说，数据中经常有极端值存在。标普500指数的数据中可以看出这种情况的具体实例。基于2000年1月3日到2008年11月30日的日指数历史数据（剔除红利后），负4倍标准差所对应的日期是回报率低于–5.35%相对应的日期。如果标普500指数的回报率呈正态分布，4倍标准差的事件每33 333交易日（大约128年，假设每年260个交易日）才会发生一次。事实上，对于标准普尔500指数，这种情况平均每13个月就会出现一次，正态分布假设条件导致**频率增加了118倍**。

此外，只有当两者成线性相关关系时，相关系数（VaR计算过程中的重要组成部分）才有意义。然而，许多金融产品彼此并不是线性相关关系。图10-1展示了线性关系和非线性关系的有趣对比。

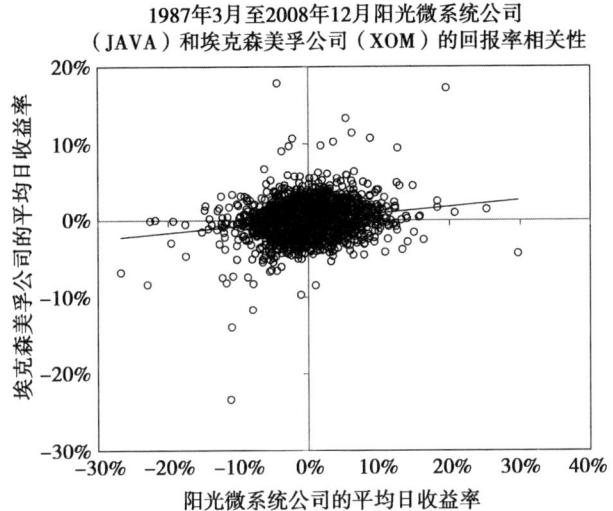

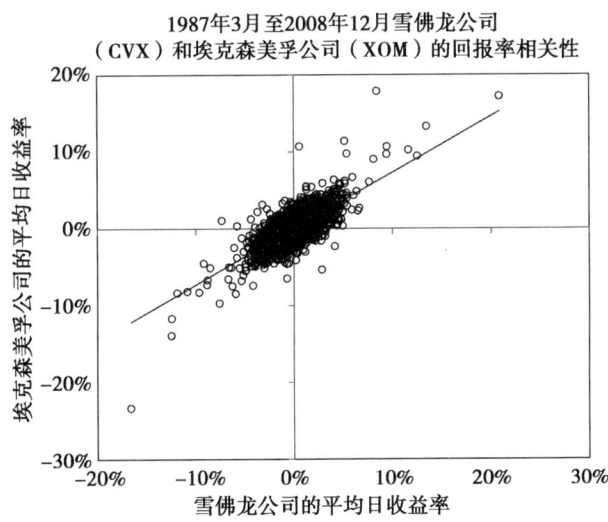

图 10-1 非线性和线性相关关系示例

正如图中所示,埃克森美孚公司(XOM)和阳光微系统公司(JAVA)之间并不是线性相关。注意到,埃克森美孚公司(XOM)回报率最高时,实际对应的阳光微系统公司(JAVA)回报率相当低(大约是 -5%)。同样地阳光微系统公司(JAVA)回报率最高时,对应的埃克森美孚公司(XOM)的回报率大约是 -5%。两者关系的最佳拟合图形看上去更像圣路易斯市的大拱门，而不是一条直线。相反，埃克森美孚公司（XOM）和雪佛龙公司（CVX）之间的关系确实看上去呈线性关系更合理。使用相关关系检验阳光微系统公司（JAVA）和埃克森美孚公司（XOM）之间的相关关系的研究员很可能会犯模型不适宜性错误，因为这个相关关系本身是非线性的。

模型误设

第 2 种模型风险是**错误设定**（misspecification）。模型误设意味着研究员建立了不能很好描述真实世界的模型。就实际情况而言，完全无法拟合真实世界的模型不可能获取利润，因为在作废之前不可能被关注很长时间。正因如此，越流行的错误设定与不寻常发生的事件越相关。这些模型大部分时间运转正常，但是当异常事件发生时会错误运行。2007 年 8 月的余波反映了这种情况，当时许多宽客认为他们对大盘股的流动性风险的模型做得不够好，这是因为他们只关注了与自己持仓股票相关的流动性风险。然而，据他们了解，如果许多大的交易者同一时间清算类似的持仓，这些头寸的总规模远远大于任何一个个人交易者持有的规模。

这件事情的直接结果是，许多宽客发现风险模型或者交易成本模型错误设定，已经开始尽力修改这些漏洞。但是，这类事件的罕见性和独特性使得建模变得尤为困难。

执行错误

第 3 种或许是最常见的模型风险是**执行错误**（errors in implementation）。所有的量化交易策略最终都成为依存于硬件和网络架构中的软件组成部分。执行错误，或者是编程错误或者是网络架构中的错误，对于量化交易者而言都是严重的风险，某些情况下也会对整个市场带来严重的风险。

例如，想象一个宽客利用执行软件，使用限价单以买入价买入和以卖出价卖出。但是他在执行软件上用相反的符号编写程序，以至于以买入价卖出和以卖出价买入。因为这个错误，对于每笔交易他要付出买卖价差——和当初的想法完全相反。这是一个程序错误的例子。2012年8月，骑士资本交易在短短的30分钟损失超过4亿美元，是由软件的某个部分由休眠状态转为活跃状态的错误而引起。订单量成几何数量增加，使得骑士在高价位累积了大量头寸。当它们卖出这些头寸，损失达到9位数。无论资本还是信心方面，骑士资本都受到很大的影响。公司几乎破产，为了生存，公司被迫以极其不合理的折扣价将超过70%的资本卖给投资者集团。这里并不是要挑剔它们，但是这不是骑士资本第一次犯执行错误。2011年3月，骑士资本的一个"过程错误"使得一些新创交易所交易基金（ETF）的价值立即从初始阶段的80%变至100%（交易所取消了它们的交易）。

法国安盛在它的风险模型中也有一个代码错误，导致客户损失2.17亿美元，法国安盛集团最终向投资者做出赔偿，并向证监会支付2500万美元的赔偿金，才得以解决这件事情。在这个例子中，错误似乎在2007年4月已经出现，但是直到2009年6月才被发现。即使在发现以后，几个法国安盛高管向他们的首席执行官隐瞒这个问题，既不向投资者披露问题，甚至也没有修复。最终，法国安盛集团大约在3年后，2010年4月向客户披露了它们的错误。除了支付巨额赔偿金，它们管理的资产从2010年3月的620亿美元下降到2012年6月底的180亿美元。

在另外一个例子中，保持匿名的一个成功的量化交易公司犯了一个架构错误。该公司的阿尔法模型和执行引擎是各自不同的服务器。正如之前所讨论的，投资组合构建模型是利用阿尔法模型来提供信息，以决定执行的多头头寸和空头头寸规模。某个交易日某个时间点，需要重新启动系统服务器。但是当服务器重新启动后，执行服务器最先在线，几分钟以后，阿尔法模型才重新恢复服务。执行模型，由于没有看到阿尔法模型发来的任何信号，快速自动地开始清算投资组合以消除风险。在阿尔法服务器恢复服务之前很短的时间里，公司投资组合的80%被清算，然后不得不重新构建。这个错误发生时，没有任何警告存在，直到不幸的结果显现出来。策略的盈利能力很强，但是突然被打破，归因于一个特殊的离奇错误和市场环境组合的影响。幸运的是，回报率没有受到太不利的影响，但这或许只是一种幸运。利用大量的代码来表达量化交易策略，很不幸的是，一些软件和架构错误是最常见的，但通常也是伤害较小的错误类型。

结构关系变化风险

许多量化模型都是基于历史数据。甚至那些利用分析师的预测或者情绪信号的模型也极大地依赖于历史，因为情绪通常偏向于历史趋势运行的方向。不论哪种模型，宽客都是利用过去的关联关系和行为开发理论和建立模型，以帮助预测未来。如果市场以一种特殊的方式运行了一段时间，宽客将会开始依靠这种持续的行为。如果结构关系发生改变，宽客通常会受到影响，因为关联关系和行为发生改变，这种影响至少也是暂时性的。

在分析量化策略和决定如何使用量化策略时，对过去的依赖确实是值得考虑的很有趣的问题之一。在一些策略里面，对历史行为持续性的依赖是明确的，例如趋势跟踪的策略。注意，这没有必要成为对这些策略的谴责。确实，一些策略盈利几十年，迄今为止已经表现出比股票市场更好的风险调整收益。然而，如果既定的趋势发生反转，趋势跟随者几乎肯定会受到损失。讽刺的是，聚焦于均值回复的宽客在大的趋势反转时可能也会遭受损失，尤其是当他们使用的是**相对**均值回复策略（relative mean reversion strategy）时。我们可能期望，如果趋势发生反转，对于均值回复策略的交易者而言是好的现象，因为他们打赌趋势不会发生。然而，如果反转也与既定相关关系的破坏相关，那么会因为策略的**相对**部分的设置而损失惨重。图10-2解释了这一点。

图10-2 两只股票的相关关系的结构改变

正如图中所示，嘉信理财（Charles Schwab，SCHW）和美林证券（Merrill Lynch，MER）之间的相关关系经历了4个不同的阶段。从1996年年初到1997年年末，两只股票是相当相关的，并且显示出相似的趋势。另一方面，从1998年年初到2001年年初，两只股票的运行趋势完全不同。嘉信理财相比于早期，或者相比于以后的阶段，表现出非常大的波动性。互联网泡沫似乎是这个转变的原因，这个阶段投资者开始将嘉信理财看作在线经纪商，股价波动性更像美国证券（Ameritrader）和电子交易（E*trade），而不像它的传统对手——美林证券。由于互联网泡沫的破裂，嘉信理财不寻常地回复到了美林证券的水平，从 2001 年年初直到 2007 年年初，很长一段时间内趋势密切跟踪美林证券。然后，在 2007 年年初，可以发现关系发生明显的变化，美林证券戏剧性地表现不如嘉信理财。当然，这是归因于可以追溯到 2007 年年初的银行业和信用危机。

过去 10 年，如果一个宽客对两者相关关系持续性进行赌注，将会经历两段艰难的时间段，因为这个关系并不是一直保持不变。这些股票是已经永久分离还是在未来的某个时间点重新恢复关联，这超出了我们预测的能力。这正是结构关系改变时的风险所在：市场结构的转变引起一个金融工具的历史行为或者金融工具之间的关系剧烈快速发生变化。

这种结构型转变的另一个例子是价值型股票和成长型股票之间的关系。IVE 和 IVW ETF 分别代表标准普尔 500 价值型指数和标准普尔 500 成长型指数。这两个 ETF 之间的历史价差如图 10-3 所示。

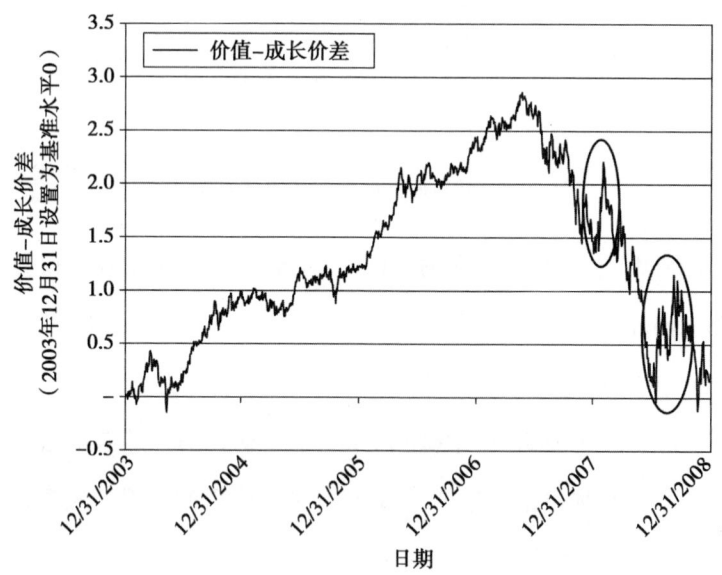

图 10-3　2003～2008 年价值-成长价差

这幅图显示，从 2004 年年初至 2007 年 5 月中旬，标准普尔 500 价值型指数优于标准普尔500成长型指数大约29个百分点。价差略微缩小，直到2007年7月中旬。然后快速下降，这是因为曾赌注于价值型股票会优于成长型股票的宽客对他们的头寸进行平仓。这个平仓，与当时的宏观经济环境相结合[1]，引起成长型股票相对于价值型股票的巨大反弹。

注意到，近期趋势中有两次大的短期反转，一次是在2008年1月，一次是在2008年7~9月，如图中圆圈部分所示。这两次运动是极其剧烈的，实际上是很长一段时间里（确定比这次分析的回溯时间要长）价差的最大及最快的运动。在2008年1月9~31日这16个交易日里，价值型指数反弹超过了过去160个交易日跌幅的一半以上。换句话说，反弹的速度比之前趋势的速度快了5倍。虽然与2007年夏天的感受有所不同，但这对宽客而言，是另一个极其痛苦的时间段。紧接下来的115个交易日里，价值型/成长型价差反转超过22个百分点，直到2008年7月中旬，返回到了平衡点。在这一点上，一个短期但震荡剧烈的6天交易日阶段，市场见证了价差恢复到之前下跌水平的40%。换句话说，反转速度几乎是先前趋势速度的8倍。从2008年8月后期到9月初期，价差又回复了36%，再从7月中旬至9月早期39天的时间里，价差总共回复超过50%。

更为糟糕的是，一些频繁的剧烈反转会引起许多其他类型的相关关系的动摇不定。例如，曾经表现不佳的公司（例如金融公司或者房产商）开始表现不错，而曾经表现不错的公司（例如科技公司）开始表现欠佳。外汇和债券也倾向于反转，大宗商品也类似（尤其在过去5年的时间里）。最后这一点如图10-4所示。

值得注意的是，原油ETF运动趋势似乎像价值型/成长型价差的镜像。在2008年1月早期和2008年7月中旬（图中圆圈部分所示），经历了镜像反转（mirroring reversals）。在此之间，它们成镜像趋势。由于这个原因，结构关系改变对宽客而言尤为痛苦：它们通常在许多层面同时发生。

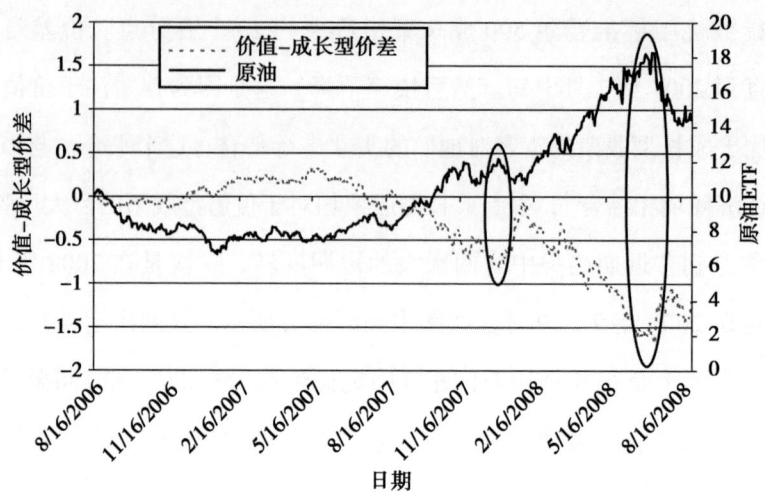

图 10-4 价值－成长型价差与原油价格，以 2006 年 8 月 16 日为基准标准化

外生冲击风险

第三种量化风险来自**外生冲击**（exogenous shocks），之所以称之为**外生**（exogenous），是因为它们主要不是由市场内部的信息所驱动。恐怖袭击、新战争的开端以及政治或者监管干涉都是外生冲击的例子。因为量化模型使用市场数据进行预测，当非市场信息对价格产生影响，量化策略会受到影响。事实确实如此，因为这些冲击通常会导致股价运动趋势大于平常的幅度。所以，在外生冲击的情况下，大幅度的运动不能通过使用市场数据的合理的模型进行解释，而完全要通过市场外部信息进行解释（如图 10-5 所示）。

图 10-5 标准普尔 500 指数走势图中，第一个圆圈表示的事件是，2001 年 9 月 11 日，发生在纽约和华盛顿的恐怖袭击事件。市场关闭了大约一个星期，当它重新开放后，急剧下跌，之后以极快的速度反弹。忽略对市民进行袭击的恐怖本质，市场的下降趋势实际上是 2000 年 3 月已经开始的下跌趋势的延续，趋势跟踪策略会获益。然而，许多均值回

复策略和相对阿尔法策略在 2001 年 9 月遭受损失，因为非市场信息戏剧性地和暂时地改变了市场运行方式。

一个类似的情况是在 2003 年早期的伊拉克战争的初始阶段，如图中第二个圆圈部分所示。全球股市、债券、外汇以及大宗商品市场突然彼此步伐一致地运动，这一切是由美国军队在伊拉克取得进展的新闻报道所引起的。这也导致包括趋势跟随者在内的许多宽客付出代价，因为这导致了几个资产类别同时进行与先前趋势相反的运动。

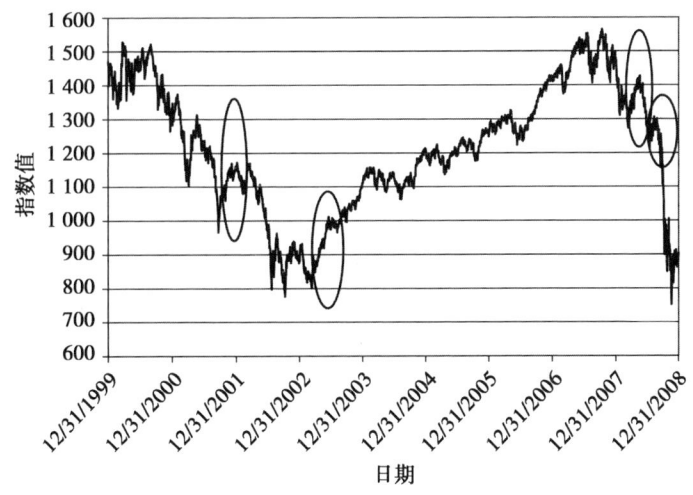

图 10-5　1999 年 12 月至 2008 年 12 月的标准普尔 500 指数

第三个圆圈相关的事件是 2008 年 3 月中旬贝尔斯登公司（Bear Stearns）获得救助的事件。这个阶段不利于许多量化策略，因为一个剧烈的趋势反转是由不能被机器所预测的信息引起的。确实，贝尔斯登公司的倒闭可能是非市场"信息"所导致的结果，在本书写作过程中，证监会应该正在调查谣言潜在的不道德行为，在贝尔斯登倒闭之前，这个谣言四处蔓延，可能助长了贝尔斯登倒闭的可能性。

最后一个圆圈相关的事件是股票市场金融板块的另一个上涨。这是由证监会在做空制度上的改变引起的，使得做空受损的金融股票变得更加困难。虽然人们仍在争论证监会干预、倒闭谣言和对大型金融公司的政府救助对于市场而言是内生的还是外生的，但毋庸置疑的是这些事件传递给市场参与者的信息既是不可量化的，也是不寻常的。正因如此，对于量化投资而言，外生冲击风险是重要的、很难处理的（除去可以自由规避的）副产品。

蔓延风险和同质投资者风险

量化特有的风险新成员是**蔓延风险**（contagion）或者**同质投资者**（common investor）风险。这类风险不是因为策略本身，而是因为其他投资者持有同样的策略。在许多情况下，这些策略被其他投资者作为投资组合的一个部分，而这些投资组合经常包含一些倾向于定期表现欠佳的金融产品。首先，这个风险因素和策略使用的人数相关。其次，与其他投资者持有的**别的**因素相关，这些因素能够使得他们惊慌地退出量化交易策略，有时也称为**自动取款机效应**（ATM effect）。在自动取款机效应里面，一个策略的重大损失会引起完全互不相关的策略的清算。这一切的发生是因为对两个策略拥有风险敞口的投资者，特别是在高杠杆的情况下，在面对财务困境和追加保证金的要求时，因为非流动性持仓通常此时不能被卖出，只能减少富有流动性的头寸。本质上，良好的富有流动性的策略的退出是为了弥补不好的流动性欠佳的策略的损失。

这是极具挑战性的风险类型，当然也不是宽客所特有的风险类型。然而，1998年8月（明显不是量化事件）和2007年8月（很清楚是量化事件）事件中风险的透明性需要特别关注。1998年8月，不是量化交易策略遭受损失，而是类似于并购套利其他策略遭受损失。后面我们将更详细地讨论这两年发生的事件，但是目前，值得一提的是，两者具有极强的相似性：两个例子中信用危机导致信用金融产品的流动性不足触发了更多富有流动性的资产被强制卖出，而这些富有流动性的金融产品与信用危机并没有关系。

1998年，许多相对价值股票套利策略遭受重大损失，这些策略赌注双重上市的股票或者正在并购的股票价格会趋于一致。这次损失是俄罗斯政府债务违约的间接结果。洛文斯坦（Lowenstein）的《营救华尔街》（*When Genius Failed*）中最著名的例子是荷兰皇家壳牌公司，这是一家双重上市公司。荷兰皇家总是以相对于壳牌公司8%～10%的溢价进行交易，赌注两只股票价格最终应该收敛，消除溢价。出于这样的希望，长期资本管理公司以及其他投资者对壳牌公司持有多头头寸，对荷兰皇家持有空头头寸。毕竟，一个既定公司在欧洲上市就应该比在美国上市表现更好，是没有合理的经济原因的。然而因为长期资本管理公司不得不在流动性不足时释放头寸，到长期资本公司完全清算时，价差由原来的8%～10%扩大到20%。头寸不得不被卖出的原因是长期资本公司在俄罗斯债务头寸上有重大损失。俄罗斯债券头寸是相对收益率策略的一部分，它们做多高收益率的俄罗斯债券，做空较低收益率的美国债券（全球利率上涨的对冲，为做多俄罗斯头寸提供资金）。当俄罗斯违约时，没有人特别想买长期资本管理公司无法摆脱的数十亿美元的俄罗斯债务。这样，长期资本管理公司不得不痛苦地清算类似荷兰皇家壳牌公司的头寸来筹集资金[2]。

将长期资本管理公司危机认定为是量化交易失败是不准确的。诚然，在长期资本管理公司工作的一些人很擅长数学。但是根本上，他们所执行的策略，尤其是引起很大麻烦的策略，并不是量化交易策略。他们进行的是跨国家的和跨资产类的收益游戏，他们不断地寻求拥有风险资产，卖出相对安全的资产。在很多方面，这其实是对新兴市场和一般市场的持续稳定性和改进做高杠杆的单边赌注。

2007年8月的事件完全不同，许多量化对冲基金损失严重。几个驱动程序同时发生对相对价值型的量化策略造成灾难性的影响。这些原因包括，特定量化交易策略的规模和普及程度，2007年8月之前的一段时间内策略表现不佳，很多参与者极其缺乏流动性的策略交叉拥有所有权，类似测定常数波动率的VaR模型的广泛使用。

2007年量化清算危机的第一驱动力是量化多头/空头策略的规模和普及程度。2004～2007年，许多一流的经理人开发量化多头/空头策略以吸引大量投资者资本，或者是大的机构投资者，或者是零散的个人投资者。开发这些策略的公司被低换手率和长期投资期限的多头/空头策略所吸引，这两者对于安置大量资本都是必需的。投资者也被量化多头/空头策略从2004年到2007年年初的正收益率和开发产品的一流经理人所吸引。总的来说，可能数千亿美元被投资于量化多头/空头基金和银行自营交易业务，再加上杠杆，量化多头/空头交易者可能控制着大约上万亿美元的总头寸（多头和空头绝对值的加总）。这些头寸的大部分被大市值的美国证券所持有，因为大批量流动性较强的股票才能提供充足的多样性和资产规模，以满足基金经理和投资者的需求。即使实际上，许多公司开发这些产品的模型具有多样性，但它们仍有足够多的相似性，而使得单笔交易很拥挤。

崩溃的第二个驱动力是，2007年夏天之前的一段时间里，这些交易者已经开始承受低于平均水平的收益。许多聚焦于美国市场的大型基金在2007年年初至2007年8月已经是零增长或者负增长状态。部分原因是，在之前的几年时间里，"价值型"股票表现优于"成长型"股票，而至少2007年5月末以后，"价值型"股票的表现开始劣于"成长型"股票，正如本章前面所述。许多混合策略和自营交易柜台也倾向于追逐近期表现，在表现好的策略上增加资本，在表现差的策略上减少资本。这个倾向与 2007 年夏天之前几个月的量化多头/空头交易策略的不好的表现相结合，很可能尤其是对已经感觉到有必要减少投资组合风险的风险经理有所帮助。

第三个原因，我认为最重要的一个原因，是或明或暗地对许多策略进行交叉抵押（cross-collateralizing），这是一种普遍做法，尤其是在银行自营交易柜台和多策略对冲基金中。夏天之前，对冲基金和自营交易柜台获得丰厚的利润，这证实了 2008 年年初一直保持较窄的信用价差的风险暴露。这些基于信用的策略历史上已经被证明，相比于"正常的市场条件"下，在危机中是远远缺乏流动性。2007 年 7 月，一些信用产品基金经理经历了突如其来的巨大损失。这驱使他们为了筹集资金卖掉仍具有流动性的策略头寸。这种自动取款机效应是 2007 年灾难和前面描述的 1998 年情况的主要相似之处。

导致清算的第四个因素是**风险目标定位**（risk targeting）（第 7 章有所描述），风险经理是将基金或者策略的波动率设置在一定水平作为既定目标。他们希望根据投资组合的风险反向调整杠杆，以获得"恒定风险"（constant risk）。投资组合中测量风险最常用的工具是 VaR。正如以前讨论的，VaR 测量单个金融工具的风险（一段时间的回报率作为变量），并将单个金融工具的风险与相似性（相关系数矩阵）相结合。基于这些模型，当市场波动率较高时，或者金融工具之间的相关性较强时，计算的风险较高。然而，值得注意的是，这两个现象相互关联，市场之所以波动性较强，是**因为**它们被风险因素所驱动，同时风险因素可以导致金融工具之间的相关系数比正常值高。换句话说，VaR 风险模型的两个输入会同时增加，这些增加可能是被同一潜在的原因所驱动。

2003～2006 年，市场波动率的下降是此期间的主要特征，而各种策略中的杠杆数量却通过两个渠道在急剧增加。第一个渠道是基于杠杆中的风险目标定位模型，正如前面所描述的。当波动率下降时，风险目标定位模型要求增加杠杆使得波动率保持恒定。2007年初期，为了达到同 2002 年或 2003 年相同的波动率，增加至少 1.5 倍至 2 倍的杠杆成为必需。换句话说，4 倍毛杠杆策略成为 6～8 倍杠杆策略。

第二个渠道则是，当波动率下降时，机会也同样减少，收益率倾向于下降。20 世纪 90 年代后期和 21 世纪早期，两位数收益率的策略开始表现出一位数收益的结果。投资者和基金经理都希望获得更好的名义收益，于是他们提高杠杆，即使许多策略并没有使用风险目标定位模型。然而，2007 年夏天，尤其是在 7 月下旬，伴随着严重的信用危机，波动率开始急剧扩大。这导致许多参与者同时减少杠杆，因为他们的 VaR 模型对相关系数和波动率的同时跳跃做出极其消极的反应。

回顾一下，2007 年 8 月，宽客面对的危机的 4 个主要驱动力是：①投资于许多价值型量化策略的大量资金，这些策略彼此之间至少有一些相似，换句话说，有"拥挤交易"效应（"crowded trade"effect）；②美国量化多头/空头交易策略年初以来表现欠佳；③经历了重大损失的基于信用的流动性欠佳的策略与富有流动性的量化策略的交叉所有权（cross-ownership），在危机时期，富有流动性的量化策略被当作自动取款机；④波动率下降时，会导致杠杆增加，一方面是因为基于波动率目标定位的杠杆调整，一方面是为了产生更高的名义收益率。

现在看来，当几家大型混合对冲基金和/或自营交易部门为了应对基于信用的策略产品业绩不佳而开始降低杠杆时，危机开始发生。而且，市场波动率持续上升，导致更高的 VaR 水平，进而需要比较低的杠杆目标。去杠杆化从美国的量化多头/空头交易开始，手头上的最富有流动性的策略也开始持续表现不佳。基金经理卖掉多头头寸，弥补空头头寸，对市场造成巨大冲击。多头头寸股票价格经历了大量无法解释的下跌，而空头头寸股票同样经历了强烈的价格上涨。这意味着，持有与清算人相同方向的股票投资者，最终业绩反转。在许多情况下，股票价格会在交易量大幅增加的同时以不可思议的速度运行，宽客不得不进行平仓。

纽约证券交易所上市的普尔特房地产公司（NYSE：PHM）的拥挤的空头交易是其中的一个例子，如表10-1所示。

表10-1 普尔特房地产公司（NYSE：PHM）（2007年5月31日至8月31日）

PHM，2007年夏天	价格变化（%）	平均日交易量（百万）
5月31日至7月23日	−22.0	3.5
7月24日至8月3日	−12.5	7.2
8月6～9日	+15.6	10.4
8月10～31日	−22.6	5.7

这张表包含了几个振奋人心的数据。注意到这个夏天的初期，PHM价格一直在下跌，每天平均交易量为350万股。然后，在7月24日，每天交易量突增到720万股，股票加速下跌。然而接下来的4个交易日内，交易量增加50%，股票价格有了大的反转，4天的时间，股票价格恢复到前面44天下跌价格的50%（即，股票变化速度比先前的变化速度大约快了20倍），这也是对市场冲击的二次型的有趣解释。最先100%的交易增长量被市场吸收，并没有改变股票运行的方向。但是，接下来的50%的增长看上去成为市场卖方的转折点，确实，在8月9日弥补空头头寸的交易者因为市场冲击成本增加，支付价格超过了15%，是平均清算成本的几百倍。8月9日下午，清算压力刚刚减弱，股票价格重新开始下跌趋势，在交易量更接近于量化清算之前平均水平的情况下，价格下跌大约23%。

其他类型量化交易者，例如统计套利者，在7月下旬，看上去为量化多头/空头参与者提供了必要的流动性。统计套利者通常很享受类似这样的环境。而且毫无疑问，许多人确实会很喜欢提供流动性，他们打赌价格最终将会收敛。量化多头/空头清算的结果是，许多非常具有吸引力的有价值的多头头寸以一个极其低的价格被卖出，而昂贵的、低质量的空头头寸会触及非常高的价格。这些股票严重偏离于对等股票，对于普通的统计套利交易者而言是很好的交易机会，因为统计套利者总是赌一些股票总会重新收敛于一个"公平"的相对价值。但是在某个时间点，统计套利交易者也由于承担其他量化基金的库存，持续涌入市场的库存而遭受重大损失。面对这次浪潮，统计套利交易者不再继续提供流动性。因为他们在获得的头寸上遭受损失，因此他们也开始渴望现金，开始火上浇油。

这很可能是转折点。突然，统计套利交易者和量化多头/空头交易者开始遭受重大损失。这些损失不能被基本面所解释，只能纯粹地被缺乏充足的流动性所解释。到 8 月 7 日，这种情况开始变得更加糟糕。更广泛的策略，例如统计套利，以飞快的速度遭受损失，与量化多头/空头交易者开始进行清算。最终，8 月 8 日彻底崩溃，许多策略遭受重大损失，为了保全本金，同意立即清算。损失开始从美国策略蔓延到国际策略，尤其是在日本被实施的策略（那时，日本是量化多头/空头交易和统计套利交易最流行的非美国市场）。

当所有清算经理的共性超越经理之间的不同点时，基本面信号显示开始受到损失。这个危机的初始阶段，甚至成长型和动量型的策略也开始快速亏损。值得注意的是，许多策略通常持有与价值型和均值回复型策略**相反的**头寸（opposite positions）。周四，8 月 9 日，量化领域陷入一片混乱。原本远离亏损的许多策略也开始严重亏损。日内损益图（Intraday P&L）早上开始变为负值，并逐渐越来越低，因为许多量化股票基金清算了头寸。然而，8 月 8 日，仍有几个信号一直在工作，8 月 9 日，在量化股票交易中，很难找到比现金更赚钱的金融工具了。看上去受欢迎的任何股票都正在被卖掉，而不受欢迎的任何股票都正在上涨。总之，许多量化股票交易者经历了历史上最糟糕的一天，随着许多人开始完全追求现金，许多交易者将杠杆降低到极低的水平。

值得多提一点的是，为什么会有如此多的经理会以相同的方式做出反应，即通过降低杠杆和清算头寸的方式。8 月初是极为违反常情的一个时间段，不仅经检验可靠的因素不再起作用，它们实际上正起着负面作用。而且因为许多量化经理主观判断依据是，在模型表现糟糕时，做出平仓的决定，如果有量化经理确实这样做了，将会导致其他有类似损失经历的经理做出完全一样的事情作为回应。应该注意到，遭受的损失仅仅是市场冲击的唯一结果。

关于这一点最清楚的证据是一个著名的大型量化公司在 8 月初遭受着和其他公司一样的煎熬。8 月 9 日，这个公司惊慌地聚集投资委员会决定下一步如何进行。但是委员会的几个成员正在享受夏季假期，会议推迟到了 8 月 13 日周一进行，同时，管理投资组合的助理经理每天保持基金满仓运行。正如表 10-1 所示，当清算停止时，价格相当快地返回到它们先前的运行趋势（例如，普尔特房地产公司仅仅在两个交易日之后，在 8 月 13 日收盘时下跌 12.3%）。正因如此，到投资委员会开会时，他们的基金已经恢复了大部分损失，委员会决定继续原来的投资理念。

对于 2007 年 8 月所发生的事情而言，最具讽刺意味的是，规模较小的更精致的量化交易者拥有与更传统更大型的量化机构重叠性很小的交易策略，这些交易策略并不常见，但最终也造成损失，在晚些时候清算了它们的头寸。正如前面所提过的，亏损在 8 月第 2 个星期中期开始累积的经理，在大规模去杠杆的末期停止对流动性的需求。这迫使他们支付不可思议的交易成本（都来自市场冲击）进而降低杠杆。极其富有声望的基金的损失报告比比皆是。损失范围在扩大，从 –5% 至 –45%，极少数的股票交易者在这件事中全身而退。

2007年8月与先前市场危机，甚至1987年的大崩盘有所不同的是，这一阶段，没有普遍的市场恐慌。美国股票在8月最初的10天时间里运行平稳，然而国际市场的股价下跌较小的个位数。这个时期，我们所见证的完全可以说是世界上最富有流动性的股票流动性危机，这个危机来自市场中性投资者，市场中性投资者的数千亿美元的卖出头寸并没有导致市场坍塌，股票指数几乎没有任何改变。损失很大归因于清算和市场冲击的成本，而不是简单地认为交易"出现错误"。这是一个很好的学术特性，但是应该仔细检查这件事情，是值得注意的。这种情况第一次解释了蔓延风险/同质投资者风险会出现在富有流动性的量化策略中，像出现欠缺流动性的或者主观判断型策略一样多。拥挤也第一次成为量化交易策略的风险。

宽客如何监控风险

在对量化交易特有风险讨论时，也值得对引起这些风险的量化交易特有的工具进行讨论。第7章相当详细地描述了风险模型，这些模型能够寻求降低或者控制投资组合中的风险敞口规模。但是宽客也利用各种不同的软件去监控这些风险敞口、监控它们的系统和本章描述的各种各样的量化特有的风险。存在着各种各样的监控工具、最著名的是敞口监控工具、利润和损失监控工具、执行监控工具和系统性能监控工具。

敞口监控工具（exposure monitoring tools）足够简单。它们从当前持有头寸开始，然后根据经理所关心的敞口进行分组和/或分析头寸。例如，在期货投资组合中，如果经理想看他投资于各种资产类别（股票、债券、外汇和大宗商品）的投资组合的价值，他可以利用敞口监控软件来做这件事情。类似地，人们可以根据感兴趣的特征集对金融产品进行分组，例如按照价值、所表现的动量水平、波动率以及其他。许多股票交易者（使用私有工具或者现成的软件，诸如 BARRA 或者 Northfield）监控不同板块或者行业、不同市值以及诸如价值型和成长型等不同类型因素的总敞口或者净敞口。基于 VaR 的工具也可以依据投资组合中的风险整体综合水平，至少可以根据风险度量来测量敞口。工具很简单，但是如何使用是一门艺术。有经验的经理可以根据模型是否按照应该运行的方式进行运行来分辨投资组合的敞口。如基于极限或者基于期望的敞口不一致，这可以作为模型有问题或者其他市场条件出现问题的早期警报。

损益监控（profit and loss monitors）同样是简单的。它们也是从当前投资组合开始，但是接下来它们关心投资组合前一天的收盘价，并对同一产品的收盘价与当前市场的价格进行比较。许多经理观察策略的日内表现图，以快速直观地判断当天情况如何。这些工具对于提防一些模型风险也是重要的。如果策略以非预期的方式执行，在亏钱的时候赚钱，在赚钱的时候亏钱，经理能够检查出这些异常行为的原因，或者经理能看见让他意识到这个问题的现象。2007 年 8 月，我们在讨论量化策略的表现时，顺便提到过这个问题，当时日内图显示几乎每笔交易都在持续恶化。我们知道至少有一个经理注意到了这个日内模式，他尽快进行研究，使得他比其他人更早地降低了风险，因此挽救了大量损失，而其他交易者后来才得以挽救这些损失。

损益监控的其他类型是观察**如何**赚钱或者赔钱，而不是观察**是否**赚钱或者赔钱。例如，宽客可以分析他们策略已经实现的和没有实现的损失和利益。许多策略可以快速削减亏损的头寸，并且能更久地持有盈利头寸。但是如果一个宽客发现他的策略持有亏损头寸的时间比平常更长，而卖出盈利头寸的速度比平常更快，这可能是有地方出错并需要改进的信号。这种工具经常追踪**命中率**（hit rate），即策略在既定头寸上盈利时间百分比。另外，策略的设计者通常了解交易策略的成功率应该看到的结果，度量结果严重偏离正常值时可以作为出现问题的重要信号。

执行监控工具（execution monitoring tools）通常是用来显示量化交易者的执行进度。主要显示目前正在运行的订单以及哪种订单刚刚被完成，并包含交易规模和价格等信息。限价订单的填充率也被追踪，主要是帮助监控执行算法的表现，尤其对于更被动的执行策略更是如此。一些经理在订单执行监控软件上特别测量和监控滑点和市场冲击，这可以使他们看见从执行策略能否得到他们所预期的结果。

最后，**系统性能监控工具**（systems performance monitors）广泛被用来检测软件和基础设施错误。量化交易者可以从 CPU 的性能、自动化进程不同阶段的速度到信息往返于交易的延迟时间，来监控各个技术。这种监控也许对于嗅出系统风险和一些模型风险最为重要。

小结

量化交易会给投资者和参与者带来潜在的利益，其纪律性、计算能力以及科学严谨性为投资者在高度竞争环境下遇到的盈利挑战给予支持。然而，宽客也有一系列需要处理的问题。这些问题中的一部分对于宽客而言是特有的（例如，模型风险），但是大部分问题对于量化策略而言，比主观策略更重要（例如，同质投资者或蔓延风险、外生冲击风险、结构关系变化风险）。宽客利用各种各样的工具监控系统和风险，能够降低与量化交易风险相关的下降趋势。

前面已经讨论过量化交易者面对的挑战以及宽客如何面对这些挑战。我们转而将注意力聚焦到市场中广泛信奉的对量化交易的各种批评上。

注释

1. 在这个时刻或之后的一些时刻,宏观经济环境对那些"成长型"的公司比较有利。在这些时期,成长型公司是指那些和商品价格正相关的公司,比如石油公司或黄金采掘公司,以及那些与经济周期弱相关的公司,比如电信公司。

2. Roger Lowenstein, *When Genius Failed* (New York: Random House, 2000).

第 11 章

对量化交易的批评

计算机是无用的,它只能给你答案。

——巴伯罗·毕加索

一直以来,人们会周期性地憎恶宽客。1987 年,被称为**投资组合保险**(portfolio insurance)的策略因为发生在 10 月的股市崩盘而受到谴责。1998 年,人们将长期资本管理公司危机和金融市场的近似坍塌归咎于量化模型。可能是在 2007 年夏天,人们对量化交易的舆论由猜疑转变为公开的负面情绪。这种情绪可能有多种多样的原因。有些可能是出于在小学阶段对数学课的憎恶,有些是对未知的恐惧,还有一些是对偶尔的耸人听闻的市场黑箱交易崩盘的害怕。但是,正如许多事情不能被广泛理解一样,反对量化交易的声音有的是完全正当的,有的是彻底荒谬可笑的。值得注意的是,资本市场的几乎每一种交易都要面对一些有见地的批评,换句话说,量化交易,像其他交易类型一样,既有优点也有缺点。

本章阐述一些对量化交易最常见的批评,以及我的一些观点。同时,我也陈述一些支持量化交易的观点。

交易是一门艺术，不是科学

市场主要由人们对所接收信息的反应而驱动。不是所有的信息都可以系统地被理解。而且，不同的人对同一信息片段认知也不同。如果公司的首席执行官被解雇了，是好消息还是坏消息呢？一个交易员可能认为这意味着领导层的不稳定性，从而认为是一个坏消息。另一个交易员可能认为首席执行官应该被解雇，这是董事会的一个明智决策，公司目前经营状况很好。事前，无论哪种认知都无法证明是正确的。所以，量化交易批评者认为，如何才能相信市场能被真正模型化？他们认为，市场最终是由人所驱动，人类行为不能被模型化。

这种对量化交易的批评是相当落后的，让人想起那些因挑战权威而受到迫害的科学家，比如伽利略和哥白尼。从生产汽车到驾驶飞机以及到股票市场交易，人类已经成功地将过去的很多手动过程自动化和系统化。当然，人类仍然还有空间手动地去制造各种各样的产品或服务，但是当商业化成为主体，我们会看见自动化过程的效率和一致性优于手动操作带来的利益和价值。

人类行为不能被模型化的观点不容易被驳回，但是这也不可能是正确的。实际上，量化技术是非常成功的，例如可以在亚马逊网站上判断顾客可能喜欢的书，在客户关系管理软件中进行数据挖掘，人力资源部能够利用量化技术寻找产生最佳雇员的大学。很明显，正如我们已经讨论过的，尽力让计算机回答它本不应该被问的问题，建立不能很好反映真实世界的模型总是有风险的。但是在很多情况下，量化交易包括，人类通过综合各种结果所做的事情同样可以被计算机处理，例如从市场交易中获利。

确实，当完成得比较好时，电脑化的交易策略倾向于在很长一段时间内有异常表现，例如前面提到的一些例子：埃德·斯柯达、文艺复兴科技公司，普林斯顿新港合伙公司（Princeton-Newport Partners）、肖氏公司（D.E.Shaw）以及 Two Sigma 公司。在最好的例子中，模型只是对真实世界的模拟，而不是对真实世界的复制。所以我们不能期望量化模型有多完美，就像我们不能期望亚马逊网站每次都能确切地推荐正确的书籍一样。然而，久而久之，一个精心设计的量化策略能够充分预测市场行为，进而为参与者产生大量收益，这已经被第 2 章所强调的几个量化公司所证实。

由于低估风险，宽客引起更多的市场波动性

这个批评既包含真实成分，也包含虚假成分。许多基金经理，包括宽客在内会受到模型风险基本类型的影响，即提出了错误的问题，使用了错误的技术（诸如 VaR 技术），做出许多关于市场的错误假设，试图将风险表示为一个数字，这个目标看上去是毫无意义的。而且，正如 2007 年 8 月量化清算危机中所解释的，宽客低估了在大规模的、拥挤的交易策略中的下跌风险。这也源于量化交易的根本缺陷。给定计算机一个被很好地设定或者做出很多假设的问题，计算机可能给出一个极其精确但完全错误的答案。例如，我对自己的财富建立一个模型，假设这本书能够有 5000 万的销量，我将会收到 50% 的销售收入，将此收入投资到交通工具，每年能获得 100% 的收益，以复利进行计算，持续进行投资。利用这个模型，我可以得到未来任何时刻我的精确财富。然而，我的所有假设在最好的情况下都是值得高度怀疑的。

计算机的工作不是判断假设条件，这类错误最终归咎于错误假设。类似地，一些宽客因为使用量化模型而受到谴责，这些量化模型要么不

适于测量风险，要么设计出现问题。也就是说，它们很少单独犯这样的错误。确实，VaR 本身满足风险经理和银行监管者的需要，他们对将下降风险总结为一个数字很感兴趣，而不愿从多个角度做很多困难的具有细微差别的工作来理解风险。所以，虽然我们接受对宽客低估风险或者错误测量的批评，但可以理解的是他们并不孤单。几乎所有领域的决策制定者通常都会低估最坏的情况，在一次灾难性事件以后会高估风险。这主要是因为极端风险很少出现，很难确定极端风险出现的概率以及损坏程度。所以，宽客低估风险的陈述有可能是真实的，但是这也更多归因于人类本性和极端事件的影响，而不是量化交易的特有属性。

然而，宽客低估风险莫名其妙地成为市场波动性增加的原因，这个观点是无稽之谈。首先，我们在第 2 章提出，在正常时期，宽客倾向于降低市场波动性和无效性。无论非正常时期和混乱时期发生了什么，不能简单忽视事实情况。其次，自人们彼此间进行交易以来，极端事件就一直在发生。起初，我们可以在股票和其他资产类看到极端事件。在量化交易出现之前（确切地，是在计算机广泛使用之前），道琼斯工业平均指数发生过五次大跌，最糟糕的跌幅超过 40%。最惨痛的一次是发生在经济大萧条时期，道琼斯平均指数下跌几乎达到 90%，直到 1954 年才得以恢复。在量化交易成为重要的力量之前，股票中最近的一次下跌开始于 1973 年 1 月，1974 年 12 月下跌到最低点，跌幅达到 45%，直到 1982 年 11 月仍然没有完全恢复。此后，股市的大跌就是 2000 年 3 月到 2002 年 10 月的熊市，这次大跌是由互联网泡沫破裂而引起的。在造成市场极端波动或引起人们持续痛苦的这些事件中，宣称某一次下跌应由量化交易者负责是极其荒唐的。同样的分析适用于其他资产类别。近期债券市场上最严重的事件是 1998 年的俄罗斯债务危机。这影响了一些"量化"公司（虽然，在第 10 章提到，我不认为长期资本管理公司是一个量化交易公司），但是确定的是，这不是由宽客引起的。1995年的墨西哥金融危机和1997年的亚洲金融危机，也都不是量化交易所引起的。事实上，曾有一段时间，亚洲各国将矛头指向著名的**主观型**交易员（discretionary macro trader）乔治·索罗斯，认为是他导演了1997年的亚洲金融危机。

我们也可以从完全相反的角度观察，宽客与市场危机是如何关联的。量化交易中的危机与市场波动率的改变或者市场波动率水平如何关联？我们将聚焦于2007年8月的事件，这是迄今为止仅有的一个好例子。那个夏天，宽客经历痛苦的两个星期时间里，道琼斯工业平均指数的历史波动率确实上升。然而，道琼斯实际波动率只是从远低于平均值的水平上升到自1990年以来的平均水平。2007年8月3～9日，量化清算危机最严重的时间段，道琼斯工业指数**上涨**大约1.1%，这几乎不会引起恐慌。这个阶段，由VIX指标测量的隐含波动率从25.16上升到26.48，但在4天的时间里，这绝不能算显著变化。将市场波动性的改变归结于量化交易者是人们天马行空的想象。实际上，政策者的决定、外部冲击（例如，战争或恐怖袭击）、基本的经济周期以及一般的狂热与恐惧等对市场下行风险和波动率的上行波动有着极其重要的影响。基于这些，我认为2008年发生的异常事件值得讨论。

2008年的市场混乱

2008年夏天，我正写这本书的时候，金融界正遭受着自大萧条时期以来最具有挑战性的环境。股票市场承受着十年来的第二次大跌，跌幅超过40%。世界上几十家银行或者破产或者被国有化，包括美国五家最大投资银行中的两家。世界上许多地方房价暴跌。几家货币市场基金全部亏损或损失严重。美国几家大型的保险和抵押公司或者被国有化，或者要求救助。冰岛实际上已经破产，需要俄罗斯进行救助。为了稳定金融系统，破纪录的救助方案和前所未有的多国家政府支持的救助措施开始实施。据报道，时任美国财政部长的亨利·保尔森告诉美国国会："这是彻底崩溃的时间段。"各种形式的金融活动，尤其是信贷活动，几乎处于停滞状态。以这作为市场混乱的例子，有两个原因：①评估宽客是否应该对此负责；②讨论宽客境况如何。这并不是想对危机进行彻底的检查。

这场危机给了我们很多教训：事实上，是那些不负责任的银行，在没有尽职尽责调查客户财务现实的情况下，对不合格的客户发放贷款；监管者视而不见，加重了这些问题。会计准则上的漏洞、大量的杠杆行为、极度贪婪和鲁莽的人们、错误的报酬机制和极度的自我都起了重要的作用。

卖空者和对冲基金被广泛斥责，很多人认为是它们引起了这场危机，并且，互联网上不负责任的谣言可能应该承担部分责任。（然而，我没有看到任何人提出取缔传出谣言的网络或者各种平台。）传播谣言的人是不可原谅的。不过，我们还必须明确意识到：试图将注意力从真实原因和元凶转移开是相当不负责任的，这些元凶中的许多人为取缔卖空和对冲基金大肆游说。

这些障眼法无法改变事实：事实上，许多银行存在着有毒的资产负债表，存在着无数的和未公开的数亿美元的亏损，并且没有解决问题的方案。2008年美国国会通过的救助方案核准了7000亿美元的救助资金，这笔资金结合美国复苏法案和温和的货币政策，足以阻止市场坍塌。很明显，4年的时间，美国经济尚未完全复苏。而且，欧洲危机就在最近开始突现，至少同美国危机同样严重。换句话说，目前市场一片混乱，并非是谣言驱动的幻觉。尽管如此，为了平息对对冲基金和卖空者的责骂，美国证监会禁止799只金融股在2008年9月19日至10月8日的卖空。这段时间，金融指数ETF-SPDR（AMEX：XLF）继续下跌23%（如果剔除这段时间发布的大约1%的红利，情况略微更糟糕）。相反，这个禁令被解除以及金融公司又被允许卖空的一个星期后，相对于10月8日的收盘价，XLF略有上涨（gained slightly）。

一些人认为，宽客可能是造成房地产泡沫的部分原因，房地产泡沫破灭会造成市场大混乱。一些荒谬的言论已经将量化交易者如肯·格里芬（Ken Griffin）、博阿兹·温斯坦（Boaz Weinstein）与这场危机连接起来[1]。这些言论有两个主要的漏洞。第一，许多涉及信用交易的基金根本不是系统化交易。虽然格里芬和温斯坦很擅长数学，但他们的投资策略是完全主观型策略。第二，即使我们将他们称为宽客，投资行为也根本没有促成与2008年实体经济危机相关的任何事情。

事实上，怎么会有人将他们与经济危机相关联。格里芬的城堡基金（Griffin's Citadal hedge funds）和温斯坦的萨巴对冲基金（Weinstein's Saba hedge funds）的各种信用交易和其他套利交易，是寻找基于一个公司的资本结构（股票和各种类型的债务发行）的不同部分的错误定价的交易机会。这些交易艺术与法律和会计技能息息相关，并没有任何系统化过程。城堡基金也因为收购大量不良资产而成名，如收购了Amaranth和Sowood。将一些活动与量化交易相关联是一个明显的错误。推断它们是危机的创造者，就像说世界是圆的是因为加利福尼亚能出产好的鳄梨一样。

对华尔街快速发展的结构化产品的比较荒唐的言论相对较少，这些结构化产品在2008年危机中起到很大的作用。很清楚许多政党因为信用危机而受到指责。众所周知，中产收入者没有预付定金和必要的资金证明买到漂亮的房子比比皆是。监管者和评级机构使不负责任的借贷成为可能，这加剧了房地产泡沫。关于这个话题，其他人可能比我们的分析更透彻[2]。宽客是如何出现的呢？

结构化产品在危机中确实发挥着重要角色的作用，结构化产品对于贷款人很具有吸引力，贷款人对完全不合格的借款人提供贷款，这些借款用于投资房价过高的房地产，借款人甚至没有抵押品保护它们。这一次都归根于多样化概念的滥用。做不良贷款是坏的想法，但做大量不良贷款也许是一个好的想法，因为这源于一个低劣的假设，不是所有的贷款同时成为坏账。换句话说，交易证券的那些人做了一个方便的、但高度可怀疑的假设，这个证券是由所有贷款所组成的，假设条件是没有什么系统性风险使得所有债务在同一时间变成坏账。我并不确定是不是房价可能下跌以及严重的经济衰退被忽视了。

证券价格的确定和信用风险的分析有大量相当成熟的数学算法[3]，例如copulas函数、Lévy模型和鞍点逼近理论。但是正如我最初提出的，量化交易与驱动结构化产品的创新几乎没有关系，与投资界的各种宣传毫无关系。的确，无论是量化交易还是金融工程都是在金融的领域利用数学。然而，这只是相似程度，在微观上的重叠部分。量化交易者不会创新证券，不会将它们展示给评级公司，不会将它们推到养老金以及其他。金融工程师不负责对不同金融产品的未来趋势进行预测，也不执行交易。量化交易者通常不必考虑如何估价：因为通常流动性极强，交易所交易频繁，他们所交易的金融工具的价格通常确定可知。

宽客不是信用危机的始作俑者，但是他们进展如何呢？简而言之，他们比大多数人表现都要好。2008年，许多量化股票公司苦苦挣扎，年损失达到10%。但是许多宽客，利用统计套利、短期交易甚至一些长期交易策略，实际上获得了可观的利润。而且在量化交易的其他领域，2008年也是个丰收年。量化商品交易基金（CTA）以及各种各样资产类别的短期交易者在这场危机中表现相当出色。不过与其他公司相比较，既然下跌 10% 是正常水平，那为什么还被认为是一个坏的结果？过去的 10 年时间里，股票市值曾**两次**蒸发一半。许多大型的传奇基金公司破产。在我看来，**这些**是极端投资风险的例子，与量化对冲基金无关。正如前面所提到的，宽客在 2008 年苦苦挣扎是绝对不真实的。

宽客在混乱时期有好的表现，这并不是第一次。在最近两个严重的市场混乱时期，即 1998 年的夏天和 2000～2002 年的熊市，宽客表现抢眼。事实上，许多宽客在这两个时间段表现很好，其中一些人的业绩超过了历史水平。即使在 1987 年 10 月的大崩盘中，许多量化趋势跟踪的 CTA 基金表现出相当强势的收益。这并不是说它们对损失具有免疫力或者不被市场动荡所影响。重点在于，在考虑风险时，相对于更传统的市场甚至于对冲基金，宽客采用的是非常好的双重标准。

宽客不能应对市场行情中的不寻常事件或快速的变化

这或许是对量化交易最合理的批评。宽客必须依赖于历史数据才能对未来进行预测。这种依赖性的结果是，当市场发生重大或者突然的改变时，很可能会遭受损失。值得重复强调的是，除非市场体制变化特别大并且没有任何警示，否则对宽客的影响会比较小。也许量化交易最具挑战性的时间段是 2007 年 7 月下旬到 2008 年 8 月。在这大概 13 个月的时间里，宽客（尤其那些执行股票市场中性策略的宽客）面对着流动性危机和至少三次剧痛。图 11-1 解释了这一点。

从这个图中可以看出，从 2004 年中期到 2007 年早期，价值型投资表现优于成长型投资。这个趋势在 2007 年 5 月中旬开始反转，并且在 2007 年 7 月下旬加剧，很可能是宽客表现不佳、面临清算的原因。相比 2007 年 5 月之前价值型投资更优的情况，很容易看见从 2007 年 5 月到

2008年1月，成长型投资优于价值型投资的变化趋势更剧烈。2007年秋天，许多量化策略已经适用于这个新的市场，导致在这一年的最后阶段有很好的表现。另两个阶段也很吸引眼球：一个是在2008年的1月，另一个是在2008年7月，如图中圆圈部分。这两个事件是2007年5月开始的强势趋势的剧烈反转，这两个反转是价差历史中最剧烈的部分。对于许多量化交易者而言，尤其对于股市中的量化交易者，这两个阶段面临着巨大的下行风险。这是因为宽客基于市场的主导模式对未来进行预测，这个模型在这种情况下反转。

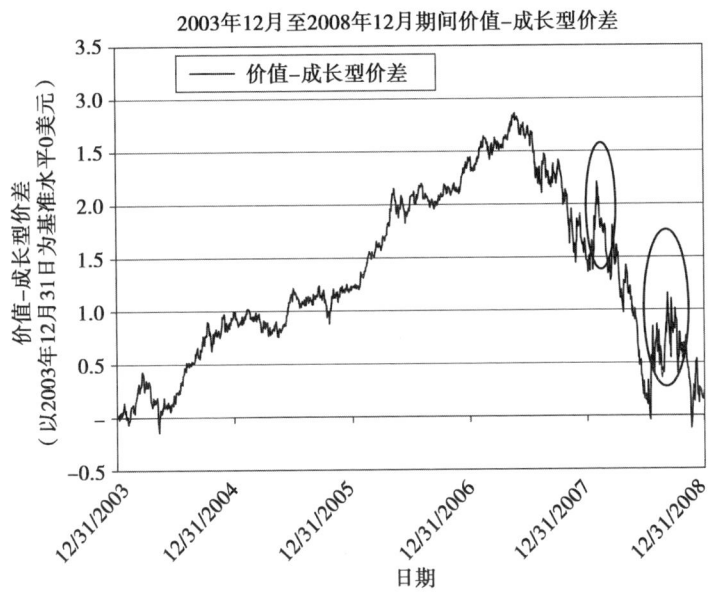

图11-1　通过价值－成长型价差表现出的市场逻辑变化

值得提及的是，虽然大多数量化策略会受到市场体制变化的负面影响，少数策略能够成功地度过这个时期。尤其一些短期策略是在长期趋势的短期反转和长期趋势的重新恢复中获利。这种反趋势交易能够使宽客在困难的时间段获利（但并不是全都如此）。在正常时期不进行交易的旁观者等待市场大规模混乱的信号，这才是他们潜在获利阶段的开始。

这种交易被称为**关键点交易**（breakout trading）。任何资产类型或金融工具类型都能发现这两种交易方式，不过通常它们更多存在于最具流动性的期货市场中。

宽客完全相同

这个言论也被广泛认可，尤其是在 2007 年 8 月许多宽客极具灾难性的表现之后。然而，我确认这是一个明显错误的言论。我们将聚焦于这个说法的理论性和实践证明，从理论证明开始。

这本书已经列出了宽客在建立量化策略过程中必须做出的许多决策。这些决策包括交易的金融工具和资产类型、数据来源以及如何清理数据、研究和发展交易策略的方法、互相结合的预测方法、预测需要提前的时间、赌注如何结构化、风险定义和管理的方式、交易成本如何模型化、投资组合如何构建、交易如何执行。换句话说，宽客建立量化交易策略的自由度是很大的。虽然策略种类并不多，表面上都是寻找异常现象进而获利，但是宽客可以利用其他因素将自己的策略同其他策略区分开来。依据策略的时间因素和持仓量水平，每年交易的次数可以达到数百万。据我所知，许多交易者每个交易日执行 10 000 到 100 000 个交易。正如你想象到的，当一年有数以百万计的交易时，一个交易的微小差异将会被放大。

包括持仓数据和回报率信息在内的实证证据也是充足的。在我的公司，对量化股票账户和主观型股票账户分别管理。一般情况下，量化投资账户同一时间持有 30% 的**相反**（opposite directions）头寸。这一事实与宽客完全相同的观点不符，尤其考虑到他们持有头寸中仅有 75% 是投在同一个国家。换句话说，许多量化交易者在同一个国家持有的头寸中，大约持有 40% 的相反方向的头寸。因为交易者数量增加，这个比率自然也会增加，这被许多研究所证实。2008 年，先是马修·罗思曼（Matthew

Rothman），然后是雷曼兄弟对 25 个最大的量化股票市场中性交易者一年的投资组合数据进行分析，发现它们持有的头寸中大约 30% 与组内其他头寸方向相反。一些较小的公司，差异更为明显。它们持有 1/3 至 1/2 比例的反方向头寸，因此，很难接受宽客完全相同的观点。如果事实就是如此，一个宽客的多头头寸不可能成为另一个宽客的空头头寸。

回报率数据证实了我们在持仓数据所看到的信息。由几十个量化经理的日收益数据作为样本（回溯到 1997 年），这些基金经理彼此间的平均相关关系是 0.03。总共 252 组数据中仅有 9 组数据的相关系数超过 0.20。在 2008 年 9～11 月危机最为严重的时间段，相关关系仅为 0.05。与之相比，基于日收益率数据的 8 个 HFRX 对冲基金指数（包括从可转债证券到风险套利基金和宏观策略基金各种风格）的**平均**相关系数为 0.21。28 对里面有 11 对的相关系数高于 0.20，28 对里面有 5 对相关系数高于 0.40，其中股票对冲基金与事件驱动型对冲基金之间的相关系数最高，达到 0.81。

对月收益率数据进行分析可以得到同样的结果。基于至少 25 个月的历史收益率数据，测量 53 个量化股票市场中性交易者的相关系数，可以发现它们平均相关系数是 0.13。值得注意的是，这并没有包括量化期货交易数据，量化期货交易数据会进一步降低相关系数。与之相比，22 个 HFRI 对冲基金指数（除去广义的 HFRI 对冲基金指数和基金中的基金指数以及卖空基金）平均相关系数是 0.48，其中包括宏观性对冲基金和投资与不良贷款的基金。这些数据均推翻了"所有宽客都一样"的观点，证实了我们的观点，并有助于进一步理解量化交易策略如何发展。

长远来看，只有少数几个大型量化公司能够蓬勃发展

我曾听到许多观察量化交易的人无数次地引用这一批评观点。初看

上去，这个观点是很有道理的，整个事情是这样的：最大规模的资金最充裕的宽客能够将最多和最佳的资源注入黑箱，最佳资源包括从数据到执行算法的各个方面，能够与他们的服务供应商进行谈判，获得更有利的条款。基于这个假设条件，他们能够比规模较小的同行表现更好是合理的。最终，规模较小的宽客将会因业绩不佳或投资者间的摩擦而被淘汰。进一步，表现好的宽客最终将用自有资金取代投资者的资金，使得那些渴望投资量化交易的投资者进退两难：是应该选择规模小的、较差的宽客，以能够保持自有资金而直到他们破产呢？还是在可能的情况下投资于少量规模最大的量化公司呢？还是因为这两者都不足够吸引人，简单避开这个领域呢？

这个批评和推断理论上是有趣的，但是它忽略了许多量化交易的重要事实，因此得出一个错误的结论。第一，2007年8月和2008年可以证实，管理大量资金并不总是件好事，因为在困难时期，重新调整如此大的投资组合是耗资巨大的。换句话说，在获得规模的同时牺牲了柔韧性。

第二，大型宽客制定最吸引人的策略是不可能的，是不切实际的，因为在最吸引人的策略中，能被有效管理的资金量太小，以至于不值得大型宽客付出努力。例如，大型宽客在市场中很少利用澳大利亚和中国香港这样的市场进行统计套利，因为他们不能将足够的资金投资于这些市场。任何市场的高频交易能力十分有限，因此在规模大的量化交易者的投资组合中，高频交易是很罕见的行为。

第三，有合理的证据表明，较小的对冲基金实际上**表现优于**大型的对冲基金[3]。一些观察者认为，这部分是因为小型的对冲基金被渴望成功的基金经理进行管理，而不是由自满的已经成功的经理所管理。不管如何，没有特别好的理由相信，资源的缺乏对于宽客而言是比主观判断型交易者更大的障碍，相对于规模较大和使用相似策略的交易者而言，资源的缺乏是任何规模小的交易者需要面对的。正如一个小型主观判断型交易者所言,"当经纪人获取了一个公司的有用信息,他们总是想:我不可能第一个得到这个消息。我只有努力工作,凭借自己的力量发现有用的消息"。换句话说,虽然有证据表明,较小的基金经理比大型的基金经理表现更好,但没有理由将小型宽客和小型主观判断型交易者区分开来。两者都面临着大型宽客不会面对的挑战,都必须寻找方法解决这些问题。

第四,较小规模基金的基金经理倾向于将注意力集中在他们熟悉的事情上,而大型经理为了扩大资金规模,需要多样化的投资领域,大型经理会涉及越来越多远离自己专业的领域。大多数成功的交易策略对于管理资金的能力有限。照此,为了获得成功,大型交易者必须综合其他策略,这些策略可能与原本获得成功的策略有所不同。长期资本管理公司和 Amaranth 公司便是如此,还有一些成功的大型对冲基金,诸如肖氏公司、卡克斯顿(Caxton)和城堡公司。虽然其中一些公司比另外一些更擅于管理分散型的投资策略,但是有利于大型多策略对冲交易基金的证据是含糊不清的。

第五,绝大多数的量化策略的成功与否是由负责人良好的判断力和有效的研究过程所决定的。因此,拥有重要的应用科学知识、交易经验和良好判断力的优秀宽客比数十个缺乏这些品质的博士更有价值。

这里,有一点值得提到:自从工业革命开始,各行各业都朝着专业化方向发展。对于量化交易,这通常意味着更大型的公司倾向于雇用拥有专业技术的人做特定的工作。然而,现实生活中并不是这样的(也可能是传闻)。实际上,无须雇用不懂软件开发(或者硬件问题、网络优化)和可能没有交易经验的数学家,能与广泛涉及量化交易各个领域(数学、计算机科学和金融)的资深合伙人进行合作可能效果更好。

一个领域的专家和另一个领域的专家沟通过程中经常会丢失信息。

让各行各业的参会者在一起开会，很容易发现这个现象。所用术语几乎总是不同，沟通方向可能不同，假设条件经常不同，也许最重要的是，对问题能否被解决的理解不在一个足够高的水平，各领域专家的沟通效率无法最大化。

我清楚地记得作为实习生在金融行业的第一份工作，在一个团队为交易柜台开发技术。花费大量时间和精力尽力堵住程序员、统计学家和交易者之间的沟通漏洞，而很多工作经常是徒然的。这并不是对那个团队的控诉：这是任何领域普遍存在的问题，需要各种学科的专家。另一方面，学科之间的交叉应用需要很多创造力。在量化交易发展过程中很容易看到这一点。计算机科学、物理、统计、遗传学、博弈论、工程学以及大量其他领域科学已经应用于资本市场。深入了解许多专业的人在使用多学科技术时更得心应手。

有很多第一手的、合理的并且引人瞩目的证据表明，由小型量化投资者组成的团队是有生产力的，能够从容应对与大型的量化经理团队之间的竞争。也有许多宽客虽然不是最大规模的宽客，但是确定也有充足的资源处理许多最大规模宽客所考虑的前沿问题。例如，最小规模的公司总是依赖于数据供应商，但是一些业绩比较好的小型规模的宽客实际上是自己收集和清洗数据，这件事被很多人认为只有最大型的公司才能操作。不论从理论上看还是从经验上看，很少有证据支持仅有最大规模的宽客才能生存的观点。

这并不是说最大型的公司没有优势，本书这部分刚开始就列出了其优点。但是支持大型宽客的论据并不是无懈可击，业绩较好的小型规模的宽客是足够强的论据。有数百个量化投资基金可供选择是件很好的事情。

总而言之，我们认为小型宽客和大型宽客之间并没有本质的不同。一些大型宽客公司投资于更好的基础设施，另一些则没有这样做。有一些小型公司具备许多专业知识和技能，即使它们是小规模公司，另一些由于缺乏资源而遭受损失。我们发现这归结为对经理自下而上的评估体系，没有有效的自上而下的证据表明大型宽客或者小型宽客谁更有优势。对经理的评估是我们下个章节会讨论到的话题。

宽客在数据挖掘中存在错误

在金融业，数据挖掘可谓臭名昭著。实际上，最应该进行批评的是与它可交换的另一种术语：过度拟合。数据挖掘是一个实证科学，是第6章讨论的主要学科框架中的一个。一般数据挖掘技术被理解为利用大量数据获取所发生事件的信息，并不关心事件发生的**原因**。数据挖掘和理论驱动型科学最大的不同在于：为了相信自己能正确预测未来发生的事情，理论家对理解事情**为什么**发生会很感兴趣。然而，正如我们所了解到的，理论家也利用历史数据寻找何种理论能够解释所发生的事情。这是一个明确的界限，足以阐明做得好的实证科学和做得好的理论科学之间的有效的区分是不完全清晰的。唯一可辨别的区别是，在理论科学中，人们期望推导出看上去合理的解释说明，而在实证科学中，分析数据的方法是最主要的研究内容。换句话说，几乎**所有的人**都要进行数据挖掘，即使只是不严谨的数据分析。这不是问题。我们从没有听过便宜的股票表现优于昂贵的股票，除非有数据支持这个结论。如果数据强有力地反驳这个观点，就没有人支持它是一个有效的投资方向。

在更广泛的社会经济领域的各行各业，数据挖掘都有着成功的应用。在国防行业，数据挖掘广泛应用在反恐领域。你肯定听说过美国政府详细调查了数百万的电话号码和电子邮件信息，希望能够预测和阻止恐怖袭击。政府并没有雇用专人偷听每个人的通话记录和在电脑终端阅读电子邮件。而是，利用计算机算法识别被定义的模式，这些模式对于发现潜在的恐怖袭击活动很有帮助。

本章我们已经给出了一些数据挖掘的成功案例。亚马逊网站基于你的购买记录和浏览记录，利用数据挖掘，对你可能喜欢的书籍种类给出相关建议。客户关系管理软件包（custom relationship management，CRM）帮助商家对顾客进行数据挖掘，使得利益最大化，使得销售人员将注意力集中在最具潜力的客户身上，花费更少的时间在没有利益可图的客户身上。人力资源部使用数据挖掘工具详细研究哪个高校的毕业生能成为最优秀的雇员（雇员的"优秀品质"是由生产力和品质进行测量）。科学家也在大量使用数据挖掘技术。尤其是在基因学领域，遗传信息模式使得某个具体的基因和人类健康及行为之间建立关系。所以，鉴于数据挖掘技术广泛应用于社会和自然科学学科的许多领域，认为数据挖掘技术不能应用于资本市场是有失公平的。但是，也许更重要的是，正如第3章所描述的，大部分宽客对数据挖掘策略**并不**感兴趣。相反，他们利用基于强大的潜在的经济准则的相关策略。许多宽客对拟合参数和数据挖掘中量化研究过程的其他方面十分认真。简言之，数据挖掘在金融领域不应该臭名昭著，但它很大程度上是一个悬而未决的问题，因为许多宽客不会首先进行数据挖掘。

过度拟合完全是另外一回事。**过度拟合**模型意味着研究者试图从数据中提取太多的信息。一个足够复杂的模型很好地解释过去是可能的。但是利用一个过度复杂的模型，对过去很好地进行解释，这与未来有什么关系呢？结论是：完全没有。想象曾有一段时间，每当美联储宣布利率决定时，标准普尔500指数平均会下跌1%。但是我们仅有少量的美联储通告观察数据，而这所有的通告都是有关利率**上调**的。如果过度拟合，我们将得出结论：美联储通告总是负面新闻。只要未来美联储通告与过去通告的方向一致，结论就是成功的。但是如果下一次联储宣布降低利率，会发生什么事情呢？这个策略很可能会遭受损失，因为他主要利用的是利率上升的样本。因此，我们应该注意数据过度拟合的问题。

作为一个试验，我在亚马逊网站建立了一个新的账户，随意点击了一些我感兴趣的书籍。返回来的推荐书目不如我主账户的推荐书目理想。因为我主账户是大量真实的数据，而新账户中的书目少于20个，且是随意点击的不同类型的书目。新账户中的推荐书目很可能存在过度拟合，而旧账户的书目存在过度拟合的可能性比较小。

为了估计模型的既定参数，宽客需要大量的数据。过度拟合忽略了这个基本事实，利用有限的数据解释过多的信息是不现实的。这些模型能够很好地刻画过去，但是未来的某一时刻与过去的步调不一致时，模型就会失败。在量化金融领域，过度拟合的必然结果就是损失金钱。毫无疑问，发现过度拟合的问题时，应该消除这个问题。说所有宽客都过度拟合他们的模型是不正确的。对过度拟合有过错的大都是进行数据挖掘的宽客。在数据挖掘策略中，我发现一个有用的准则，相对较长周期而言，较短周期更能经得起数据挖掘的考验。

第一，这可能是因为进行短周期的分析，能获得很多交易数据观测值，可供分析的数据量在逐步增长。如果一个策略持有头寸平均1年，将需要数百年的数据才能对策略的回报率进行实质性的统计分析。相比之下，如果交易美国股票的策略持有头寸为1分钟，那么每只股票每天将有390个交易周期（每个交易日有390分钟），每年大约有100 000个交易周期（每年有250～260个交易日），如果1000只股票被交易，每年大约需要观察1亿个交易周期，产生足够多的可供分析的数据。记住，当使用的模型对于可供分析的数据量过于复杂时，就会出现过度拟合的问题。可供分析的数据量越大，对于模型复杂度既定的情况，过度拟合发生的可能性越小。

第二，在较短的周期内，理论家不能对人们的交易行为进行有用的解释，实用指导是，持有周期少于 1 天的策略，数据挖掘策略可能更有用。对于持有周期近似为一个星期的策略，将数据挖掘技巧与健全的市场理论相结合的混合策略更有用。第三，对于期望持有周期为数月或数年的策略，如果依赖数据挖掘技巧，可能是不奏效的。

过度拟合策略不仅仅是可能的，而且实际发生在一些量化交易者中。但是，正如不能因为一些人易于过度分析而拒绝分析一样，我们不能因为一些人很可能（或者很容易）做得不好而快速驳回量化模型（甚至数据挖掘）。

小结

量化交易不是万能的，确定有宽客应该对这一章所提到的某一个批评或者所有批评承担责任。一些人做的是伪科学，低估了风险，在市场条件突然改变时损失金钱。一些人执行陈腐的被反复使用的策略，一些人利用有限的数据过度拟合模型。但是这些批评中的大部分同样适用于主观型交易者。做得好的话，量化交易能够产生优秀的调整风险回报率和大量的分散投资收益。

那么，量化交易做得好意味着什么？下个章节我们将覆盖这个话题，但是本章我们需要重述一些突出的观点：宽客必须关注自己正成为错误精确度诱导的牺牲品，尤其是在风险管理方面。打印出来的风险数字并不暗示这个数字是精确的或者正确推导出来的。宽客必须对市场里面的各种关系保持警惕心，对他们所进行的各种投资，以及投资组合中如何进行这些操作要有详尽的理解，即使在市场突发性改变时也能够安全驰骋。宽客必须对阿尔法策略和整个黑箱进行创新性的研究，减少存在于所有量化模型中的共同风险。最后，在明确利用数据挖掘时，不要对历史数据规模以及历史数据的预测能力过分自信。

注释

1. Scott Patterson, *The Quants* (New York: Crown Business, 2010).
2. 首先,维基百科中"美国房地产泡沫的原因"分析了监管方面和其他根源问题,"债务抵押债券"对与不良贷款相关的结构化产品进行了介绍。
3. 关于这个话题有趣的、技术性的初级读本是由 Damiano Brigo 提供的,其中伴随着宽客对任何金融工程师都应受到斥责的观点的辩论。在 www1.mate.polimi.it/ingfin/document/Crisis_Models_Mip_16_giugno_2010_Brigo.pdf 上可以找到相关文档。由 Damiano Brigo, Andrea Pallavicini 和 Roberto Torresetti (Hoboken, NJ: John Wiley & Sons, 2010) 编写的 *Credit Models and the Crisis: A Journey into CDOs, Copulas, Correlations and Dynamic Models*,对这个问题进行了深入的研究。
4. 这个研究是 Pertrac 公司完成的,该公司是对冲基金行业领先的数据库和业绩表现分析报告的供应商。这个研究被 2008 年 8 月 14 日的 Medill Reports 的 John Detrixhe 所引用。这篇文章可以在 http://news.medill.northwestern.edu/washington/news.aspx?id=97223 上找到。

第12章

评估宽客和量化交易策略

> ……天赋毫无意义,而谦卑地并努力工作获得的经验意味着一切。
>
> ——帕特里克·聚斯金德

本章,我们讨论评估量化交易策略和宽客的方法,这些方法能够将好的策略和宽客与中等的区分开,将中等策略和宽客与差的区分开。正如本书所谈到的,宽客所做的许多工作与主观判断型交易者的工作有很多相似点。宽客工作的重要性类似于公司 CEO 的工作或进行资源分配的其他人。关于这一点,本章的框架能被成功地用于判断一些决策者的工作。确实,基于评估宽客的方法,我培训过的某人,已经将这个方法用于信贷交易市场,目前使用这个方法判断不同公司发行债券和公司的价值。

评估宽客遇到的第一个挑战是洞察宽客的交易策略秘密。虽然,公平地说,宽客经常是神秘的,但是我有完全不同的经历。我评估过的数百个宽客愿意回答大部分或者是全部问题。区别在于,至少在一定程度上是因为在我的办公室提问问题,也归功于我们如何问这些问题以及如何处理从宽客那里得到信息。下一小节将描述采访宽客的准则。

结合这一章所描述的技巧，宽客评估者有两个目标。第一个是理解策略本身，包括风险种类和利润来自哪里。这是很重要的，因为它告诉投资者，既定量化策略何时进行投资。宽客评估过程中的第二个目标是判断宽客有多优秀。在许多方面，一个量化交易团队更像汽车制造业的工程队。这个团队制造出色的引擎是没有问题的，但是随时间推移，必须改进引擎。随着时间的变化，引擎甚至需要完全重新设计，或者其他车辆的其他类型引擎需要被设计。确定量化团队是否擅长设计或改进引擎，是否擅长设计新类型的引擎，这是非常关键的。所有分析宽客的各个组件最终都有助于评估者回答最关键的问题：我为什么相信使用这个特殊策略的团队在未来很可能获利？对于对冲基金，这个经理的**优势**（edge）是什么？

假定投资者发现值得投资的团队和策略，他必须确定这个团队人员是否正直。毕竟，技能只有掌握在善良的人手中，才是一件好事情。这里，对如何判断一个交易者是否正直，我提一些自己的想法，虽然这并不是量化交易的中心内容。最后，基于本书提出的方法，我将提供一些投资组合构建的简要想法。

收集信息

怎样才能发现特定宽客所做的事情？宽客因为其秘密性和偏执狂而臭名昭著。这不是没有原因的，量化交易的许多技巧来自经验和专业技术，并不是来自未加工的数学优势。有一本优秀的书叫作《审问者》(*The Interrogator*)，作者是雷蒙德·托利弗（Raymond Toliver），从这本书可以学到许多有用的经验，例如如何从宽客那里获取信息[1]。这本书的主人公汉斯·约阿希姆·沙尔夫（Hanns Joachim Scharff）是"二战"时期的德国空军审讯者，他没有使用体罚或心理压迫技巧，成功地从飞机被击落的盟军飞行员那里收集信息。沙尔夫主要使用的3个手段是：信任建立、专业知识和追踪并检索信息的组织体系。

在详细叙述沙尔夫的技巧之前，我想强调，我既不是战争和审讯的狂热爱好者，也不想将投资者和量化经理的关系比作审讯者和受审者之间的关系。但是我相信，两者之间有一个相似点使得后者所得到的经验教训对前者有用，相似点是：一方不愿提供的信息是另一方需要的信息。

沙尔夫使用的第一个技巧也是最明显的技巧：他与所要谈话的飞行员建立信任关系。事实上，战后，沙尔夫与很多受审讯的飞行员之间都保持着朋友关系，他们看上去都很尊重和喜欢他。对于宽客，信任部分来自建立关系，但更多与面谈者的行为相关。如果一个投资者向宽客询问敏感的信息，而且说话不讲究艺术，或喜欢谈论别的宽客所做的事情，宽客很可能不会信任这个投资者。毕竟，宽客告知的信息很可能传播到整个行业。在我的办公室，量化经理的策略是要严格保密的。宽客经常会问其他宽客所做的事情。我们的回答通常总是我们不能讨论其他宽客所做的事情，正如我们不会讨论咨询过我们的宽客做什么一样。然而，我们听过许多故事，证实了许多投资者和经理将宽客的策略传播到行业中的行为，这是一种丑陋的行为。

从《审判者》中得到的第二个技巧是，当问问题的人已经知道大部分可能的答案时，被审问者是很难保守秘密的。例如，沙尔夫知道一个飞行员家的宠物狗的名字以及大部分飞行员同伴的名字。在既定的谈话中，他的目的仅仅是再多了解一点他的谈话对象和他们的活动信息。他们常处于麻痹状态，认为审判者比他们知道得更多，保守秘密没有任何用处。虽然这不会导致明目张胆地说出所有信息，但这确定可以使询问者从面谈者那里一点一滴地收集大量的信息。类似地，在一个会议上，不用向特定的宽客寻求帮助，获取大量的量化交易信息是可能的。不需要了解宽客的专有信息，投资者就能获得宽客的大部分信息是事实。本书中，我们已经列举了许多宽客使用的方法。这些方法不是任何交易者专属的。渴望成功的宽客可以了解这本书的大部分内容。在某种意义上，这本书提供了对宽客有用的大部分菜单。宽客可以选择的方法基本都在这个菜单上，排除了宽客的许多秘密。投资者可以根据这个方法，了解被访谈的宽客选择的菜单的具体项目和这样选择的原因。例如，在理解宽客使用的阿尔法模型时，需要了解他们是相对的还是绝对的，交易速度如何，交易工具以及交易地点，以及需要承担的风险。这些信息对于建立分散的投资组合是很有必要的，对于实施策略也是有用的。

从《审判者》中得到的第三个技巧也是最后一个技巧是，收集到的信息需要组织和管理。获取新的信息需要付出努力，但是对获取的信息质量进行评估也是有用的。沙尔夫的团队使用检索卡片和卡片目录分类的文件发展了一个成熟的关系数据库系统。（记住，这是在计算机被发明之前。）当他们获得新的信息，他们将它与文件中其他相关的卡片连接起来进行整理。例如，如果他们发现另一个飞行员的名字来自一个既定的美国基地，他们会根据其他的相关信息对卡片做标签，信息包括来自这个基地的其他飞行员。这样一来，当他们审讯既定的飞行员时，他们就有一个包含不可思议的广泛信息的档案，这个档案组织得很好，并且很容易访问。现在有强大的计算机和数据库给予支持，这些工作做起来容易多了。

组织好信息有助于发展专业知识，对于探知宽客团队随着时间推移展现的"优秀品质"也是很有用的。例如，如果每3个月你对宽客询问一次，他所进行的研究课题是什么，过去的3个月他对模型增加了什么内容，随着时间的推移，你应该能看见，一个合理的生命周期，表现出重复稳健的研究思路和不断被改进的策略。如果突然出现一个模块，而这个模块不是过去研究的内容，这就是宽客研究过程马虎的证据。当访问一个宽客的办公室时，寻求看看宽客在前面讨论中宣称使用过的和已经发展的工具和软件是有用的。但是，即使了解你需要看见的具体信息，你也必须认真管理这些工具和软件属性的信息。

评估量化交易策略

在评估和创建量化交易策略的这些年里，我注意到一个极其有趣的事实：大部分情况下，宽客所做的工作与投资组合经理、CEO或者资源分配者的工作类似。毕竟，这些资源（例如，时间或者金钱）是有限的，必须利益最大化地进行投资。投资过程包括6个主要的内容。

（1）研究和发展策略；

（2）数据搜寻、收集、清洗以及管理；

（3）投资选择和构造；

（4）投资组合构建；

（5）执行；

（6）风险管理和监测。

可以注意到，这些内容与黑箱模块呈密切平行的关系，这些行为围绕在策略的构建和管理方面。宽客随着时间的推移正常进行交易的话，必须覆盖这些内容。前面已经提到，关于计算机的一个事实是，它不会将你可能疏忽的事情做得更好。因为随着时间推移，量化交易程序不断改进，它们不得不像投资组合经理一样做出无数的决定。在主观判断型交易中，许多重要的过程在缺乏足够分析的情况下被忽略，经常采用特定的方法处理。我访问过许多主观型股票投资者，他们能对为什么持有多头头寸或空头头寸讲出很多故事。但是当问到如何决定这些头寸在投资组合中的规模时,答案经常是没有进行深入思考和分析给出的,答案空洞无意义。

评估基金经理时,必须严格检查这些内容中的任何一个。一般来说,宽客应该愿意回答这些问题。我问宽客的几个问题如下。

- 研究和发展策略。
  - 对于交易策略,你如何提出新的想法?
  - 对这些想法如何进行测试?
  - 拟合这些模型的方法是什么,样本内测试和样本外测试的方法是什么?
  - 策略是否有效的判断依据是什么?
- 数据搜寻、收集、清洗以及管理。
  - 你使用的数据是什么?
  - 你如何存储数据?为什么要采用这种存储方法?
  - 你如何清洗数据?
- 投资选择和构造。
  - 你能描述阿尔法背后的理论吗?
  - 你所使用的阿尔法策略是哪一种类型(例如,趋势型、反转型、情绪指标、价值型/收益型、成长型或品质型)?
  - 你做的是相对赌注还是方向型赌注?
  - 如果是相对的,确切的相对均值是多少?
  - 你的阿尔法策略适用的投资期限是多长,投资领域有哪些?
  - 你如何组合不同的阿尔法模型?
- 投资组合构建。
  - 你如何构建你的投资组合?也就是说,你如何确定头寸大小?

- 有限额吗？为什么这样设置？
- 投资组合构建模型的输入参数有哪些？
- 你在投资组合构建模型中获得什么？（即，你的"目标函数"是什么？）

• 执行。
- 你所用的交易成本模型是哪一种？为什么选择这一种？
- 你如何执行交易？人工操作还是自动化？
- 关于你的订单执行算法：你用哪种方法构建它们？（即，明单还是暗单，主动的还是被动的？）

• 风险管理和监测。
- 你的风险模型考虑因素有哪些？为什么选择这些？
- 你的不同的风险限额是多少？为什么这样设置？
- 什么情况下你会干预自己的模型？
- 如果策略在持续运行过程中，你将检测哪些方面？

这只不过是我询问宽客数百个问题中的一部分。如果他认为一些问题的答案是专利性的，我不会简单地接受这个回答。当然，我会尽力弄清楚**为什么**他认为这些答案是专利性的，尽力让他知道**为什么**我需要知道这些。我遇到的许多宽客对投资者尽力理解的内容是认可的，投资者需要理解交易者的方法和敞口大小是否有利于投资者的投资组合的敞口，宽客是否擅长他们的工作。换句话说，一个人需要询问有关系统化交易策略的所有问题的整体理由如下：第一，投资者为了确定对投资组合所暴露的风险是否满意，必须理解策略是什么；第二，投资者必须确定执行策略的经理是否做得足够好从而值得配置资本，下一章我们将陈述这个话题。评估宽客的成功最终是由建立信任、专业知识以及有组织地管理信息所驱使的。正如我说过的，宽客选择做的事情很容易获得，这本书罗列了很多这样的内容，我确定我没有透露任何专利性的东西。一般情况下，宽客不会认为他不能透露这个菜单下他选择的内容。

投资者用于理解宽客策略的工具不止一个，历史收益是策略留下的足迹。想象一个投资者通过询问上面列出的问题，了解到宽客对各种金融产品正在使用趋势跟踪策略，平均持仓时间为6个月。当长期趋势存在时，策略会表现得较好。当更长期的趋势回复时，投资者应该看见策略表现不好。换句话说，策略的收益模式能够证实投资者通过上述问题而得到的基本观点。

评估量化交易者

在本书中我尽力强调一些事情，那就是对量化交易者的判断需要涉及他所建立的策略。所以，评估宽客时，评估与交易策略相关的技能和经验明显很重要，但是说起来容易做起来难。这部分列出了用于判定量化交易者技术水平的工具。

开发和管理量化策略的人在所使用的方法上应该受过良好的训练。至少团队的一些成员在与策略相关的量化交易领域，有大量的实战经验。经验有助于做出很好的判断，尤其是在研究和交易过程中有大量细节和陷阱存在的情况下。从性格角度来看，宽客应该在分析中保持细心和谨慎，必须对未来的预测能力保持谦逊的态度。做好量化交易需要克服很多障碍，比如被污染的数据和需要不断提高的竞争力。好的宽客既不会低估一些挑战，也不会在遇到挑战时高估自己的能力。然而，实际情况是，对于没有专业技术知识的人而言，评估科学家是否具有较高的水平不是一件容易的工作。正因如此，要想做出正确的判断，一个人必须依靠宽客的品质和经验、荣誉、以往的成功记录和投资过程分析等信息。虽然这需要做大量的工作，但是对于那些愿意承担这件事情的人而言，这些工作是可行的。

我了解评估宽客技能最方便的技巧之一是，深入了解一些投资过程的细节。为什么要这样？人们普遍认为，细节决定成败。如果用于制定决策的机制有缺陷，经理未来成功的概率比较小。因此，投资过程的分析，以及扩展的6个主要内容应该聚焦于理解宽客所做的事情以及宽客这样做的原因。正如这本书所讨论的，量化交易的许多方法能够获得可接受的风险调整收益。动量和均值回复策略都是有效的，即使它们是相对立的策略。绝对阿尔法策略和相对阿尔法策略也是有效的。因此，虽然理解交易者所做的事情很重要，但是理解他这样做的原因有助于理解他的判断、投资过程以及未来成功的潜能。

宽客建立策略的每个决定代表着与其他交易者的潜在不同点，但也是潜在成功与失败的根源。这是合乎情理的。许多宽客持有大量头寸，经常是数以千计，大部分宽客有相对频繁调整头寸的策略，从每隔几分钟换手一次到每隔几个月换手一次的策略都存在。例如，如果5000个头寸每个星期换手一次，这表示每年大约有260 000次交易。现在想象两个股票交易者，交易者A和交易者B。他们有非常相像的策略，甚至在细节上也极其相像，他们每个人管理着5亿美元的资金。对于自己管理的资金，他们够买2美元的多头头寸和2美元的空头头寸，这样每个交易员有20亿美元的投资组合。每个交易员每天换手投资组合中大约20%的头寸，即每天换手4亿美元的资金，每年他们每个人获得平均10%的年收益率。如果交易者A后来优化执行算法，加快交易速度，或者减少交易成本，或者改进阿尔法模型，使得每一美元增加收益0.01%，这样交易者A的年化收益率增加到每年12%。每年，这个收益比交易者B的收益高出20%，即多1000万美元。随着时间的推移，复利效应会产生巨大的差异。虽然一些宽客确实会犯很明显的错误，但是对既定宽客品质的评价经常来自细节方面的决策。

细节非常重要的另一个原因是我们对于市场运动的预测能力非常小。宽客经常依靠的是正确的概率比错误的概率高一点，盈利交易比亏钱交易多一点，进而获取利润（虽然趋势跟踪期货策略在超过70%的时间里会失败，但是盈利者获得的报酬比亏损者的损失要大很多）。因此，随着时间的推移，轻微影响盈利概率的小决策，或者曲解盈利交易规模对亏损交易规模的那些决策，将大大影响输出结果。

最后，如果在你抽查的几个领域，宽客已经有深入和充足的思考，那么他对于量化交易过程的其他领域可能也进行了深入的思考。这能够提高未来成功的概率，因为我们已经表明，严谨是量化交易成功的重要组成部分。虽然有些事情已经足够清晰，但我还是想清楚地表明，宽客拥有物理学博士（或者其他）学位并不是品质或者技能的象征。许多最聪明和最成功的宽客没有高学位，反而一些量化交易最大的失败者获得了诺贝尔奖。

聚焦于量化策略的细节缺陷在于，投资者在尽职调查过程中，一些细节不可能被揭露。虽然在"评估量化交易策略"小节中讨论的一些高水平话题与这个讨论不矛盾，但是细节并非如此。正如我前面谈到的，经常是细节将好的交易者和中等交易者分离开来，这些细节比数学技巧更为重要。所以，宽客可能应该谨慎提供细节。即使他们提供细节，投资者也必须对这些细节进行专业判断。换句话说，通过细节判断宽客的品质要求在量化投资领域有大量的经验。毕竟，正如我要求我的交易员有经验一样，我也能从判断他们能力的经历中受益。很多事情乍一看貌似可信，其实并不奏效。例如，宽客清洗数据向数据提供商支付了很多钱，并不意味着宽客实际上依赖于数据的清洁。评价宽客的非量化交易者的可取之处是，在评估和尽职调查过程中彻底的、强大的信息管理能力。

优势

在评估投资组合经理，包括宽客时，关键性因素是**优势**。我们定义的优势是指有利于投资组合经理成功概率的因素。优势有三个共性来源：投资过程、缺乏竞争和结构性因素。在投资和交易过程中，优势与竞争优势**不是**一件事情。交易者可能没有竞争者，但仍然亏损。这样的例子不止一个。投资优势更多的是内在优势，而不是比较上的优势。尽管如此，竞争依然很重要：如果有太多的竞争对手，有效策略的有效执行可能利润很低或者没有利润，然而，平庸的策略可能因为没有竞争者而获利。同样，一个人必须确定既定交易者优势的持续性。如果交易者不改进策略，随着世界的变化或者竞争增加，今天对于交易者比较有利，明天对交易者可能就是不利的。

投资过程优势（investment process edge）必须来自前面列出的投资过程的6个部分中的一个或几个。经常地，当询问主观判断型股票交易者的优势是什么的时候，他会说是"选股"。但这只是这个交易者的祈愿，并不能证明这个交易者每次都擅长选股。人们必须深入挖掘交易者宣称在每一次交易都有优势的**原因**。对于量化交易者，投资优势经常来自进行研究和获取清洁数据的经验和技能。这是因为，模型在投资选择和构造、投资组合构建、执行和风险管理等方面的优势通常是由研究质量和开发过程所决定的。如果一些模块没有很好地被研究，那么交易者在这些领域几乎没有优势。研究优势来自天赋或者进程方面的优势，但是在金融市场，实际经验通常是很重要的。换句话说，要在金融市场取得成功，必须有优秀的人才和为这些人服务的优秀的处理能力，但是无论哪种情况，经验是必不可少的。

对于如何评估量化交易公司的宽客，我已经描述了一些，但是有一点需要提及。对于理解优势和优势的持续性，宽客如何处理灾难是至关重要的。模型不能获利的次数有很多。知道如何和何时对这些问题做出反应是很重要的。类似地，一个缺乏经验或者水平较低的飞行员因为一点意外的骚乱，可能在沿着目的地的航线上选择紧急降落，这明显不是一个好结果。相比之下，全美航空1549航班的前机长切斯利·萨伦伯格，在飞机起飞大约3分钟后与飞鸟发生空中碰撞，两个发动机停止工作。他认为沿着既定南行航线并没有机会安全着陆，决定向北航行在哈得孙河上着陆。155名机上人员被安全疏散，甚至飞机也只是有点瑕疵。

类比是一个好方法。一个缺乏经验的宽客在遇到一点意外灾难后，可能放弃模型。他可能清算投资组合或者大量降低杠杆。然后，只是基于模型执行较好的小样本进行投资，可能允许继续积累头寸进行组合投资。但是，正如我们所看见的，交易是昂贵的，偶尔会适得其反（如2007年8月的宽客清算事件和2010年的闪电崩盘事件）。宽客在遇到基金损失时，经常会采用次优的方案，第一反应经常会毁坏策略本身拥有的优势。另一个极端情况是，当一直有效的策略突然失败时，宽客可能不能识别。有人认为长期资本管理公司的最大错误是忘记了凯恩斯的警告：市场保持非理性的时间会比投资者想象的更长。管理灾难的可靠方法是以良好的监测工具为基础，宽客可以利用工具查明问题并解决问题而不至于恐慌。交易者因为监测而获得优势是不可能的，但不充分或者糟糕的监测过程很容易丢弃潜在的优势。

在研究方面，高质量进程有几个特点。进程应该是强有力的和多产的，要有能力有效地将模型的研究阶段转化为生产阶段。这是因为许多量化模型最终变得平庸，成功的不间断的研究必须在衰退之前通过真实的交易策略来实现。研究过程也应该处理类似过度拟合和前视偏差的问题，评估者应该确定宽客如何思考和处理这些关键的问题。最后，进程至少应该很大程度上遵循科学方法。在评估量化交易者时，询问如何以及为什么选择策略中的各种元素的许多问题，是有用的。如果基金经理说如果头寸反转10%，他将平仓，你可以询问为什么选择10%，而不是5%或者50%。如果宽客说他在某几个市场运行的是趋势跟踪策略，可以询问他为什么选择趋势跟踪策略，他如何定义策略以及他为什么选择这些市场，而不是在其他市场或者更多的市场使用该策略。这些细节可以帮助你知晓经理是如何发展整个投资策略的。

数据优势（data edge）源于有权访问某些类型的数据。在本书的前面，我们给出了一个有关公司的例子，公司利用从手机上的GPS信号获取的地理位置数据，得到宏观经济指标。与政府发布的相关数据相比，这些指标并没有太多的延迟。事实上，如果证明这些数据是有用的，公司可能使用这个信息进行交易，就存在着数据优势。但是在这个讲究技术和监管的时代，很难发现可持续的数据优势。这些优势最终由于竞争和监管原因而消逝。通过出众的数据收集、清洗以及存储能力，建立数据优势是可能的。大体上，这些更具有可持续性。另外，访问者应该问一些问题，诸如数据从哪里获得，如何清洗数据，如何存储数据以及为什么这样存储等问题。一些答案他们经过了深思熟虑，另一些是草率回答。

一种数据优势与**缺乏竞争优势**（lack-of-competition edge）很相似。但是缺乏竞争并不会长期存在。经济学中众所周知的理论是，如果某个活动有高于平均的利润率，竞争就会越来越强，直到利润被压缩并达到正常的水平。这种现象至少发生在两个量化交易领域：量化多头/空头交易和统计套利。无论哪种情况，只有小部分人连续多年享受着很小的竞争，进而在这些年获得良好的收益。但是良好的结果会吸引许多人的注意，进而会引起专业人员的流失，这些专业人员是原始参与者的竞争者。随着竞争增加，利润率会减少，最终，这些策略甚至"死亡"。但是与其说是垂死的，不如说是有周期性的。当利润很低时，一些参与者会选择退出，给剩余较少的参与者留下更大的利润空间。这个循环过程反复发生。

无论如何，在评估时被认定为没有竞争的策略，确定其策略**为什么**缺乏竞争也是很重要的。一些策略本身对于新的竞争者比较难，另一些策略还没有吸引到竞争者的注意。前面有个例子是关于历史上的纯量化期权交易策略。由于这个策略具有很大的挑战性，包括获取和清洁数据、构造交易、对期权合同流动性模型化等方面，因而并没有广泛的追随者。但这并不意味着它未来不会成为一个拥挤的策略，许多竞争公司会追逐这个越来越小的"蛋糕"。

就像前面有关期权的例子，我想起一个富有经验的组建了对冲基金的团队，2002年在亚洲市场进行公司信用金融产品交易。在这之前，它们在银行自营部门成功地执行策略好几年。早些年，它们鲜有竞争对手，它们的策略非常强大。随着时间的推移，越来越多的竞争者进入这个有利可图的市场，它们不得不将策略扩展到其他不是很吸引人的领域。经过一段时间以后，它们的优势（很大程度上缺少竞争对手的优势）消失殆尽。最终，由于竞争迫使它们进入新的领域，基金大量削减。缺乏竞争真正归因于别人还没有发现商机，这些是转瞬即逝的优势。

结构优势（structural edges）一般与市场结构相关，通常由规章制度引起和移除。我曾经认识一个在纽约商品交易所工作的交易者，他管理着一只依靠他的短期主观判断进行交易的对冲基金。因为他在交易所的身份，他能够将结构优势变为合情合理的投资优势，允许他非常便宜并极快地进行交易。然而，日复一日，市场由场内交易转化为电子交易，结构优势消失。在量化交易中，最为常见的结构优势来自电子通信网络（electronic communication networks，ECN）中的流动性回扣。实际上，电子通信网络基于市场参与者的做市行为，通过提供佣金回扣的方式支付给市场参与者一定的费用。在某些特定的情况下，这种交易行为成为一种盈利模式，这也是一种结构优势。随着时间的推移，电子通信网络减少为订单流的支付费用是可能的，这个优势也将会彻底消失。

评估宽客的诚信

大部分宽客和普通交易者是诚实和有道德的。因此，基于"信任但需要核实"的基础，与他们建立合作关系是非常合理的。换句话说，对于大部分评估过程，假定交易者声称的母校、文凭以及自己不是罪犯等信息是真实信息，这是合情合理的。但是在做出投资决策之前，许多观察者认为，应该尽可能核实宽客的道德观念。

这里，有几个可自由支配的工具。首先，进行背景核查、教育背景审查以及征信调查。对于背景和学位审查，交易者的个人经历或职业经历中的严重问题会是危险信号。当然，这是一个复杂的命题。投资者必须判定宽客过去的一些错误或者不端行为是否给了他一个教训，这些行为是否会重复出现，即使不是以完全相同的方式。这个判定不能广泛适用于各种情形。但是我鼓励投资者只从特定的角度考虑这个问题：投资者的工作不是判断宽客人品如何，而是将宽客作为潜在的受托人，其代表着投资者行事。受托人一定会基于客户的最大利益行事，坦率地公开潜在的利益矛盾以及阻碍他们履行职责的任何事情。在许多困难的情况下，信托思路有助于解决问题。

在进行征信调查时，我发现对已有投资者进行调查是有用的，不仅询问他们为什么喜欢这个基金经理，还要询问基金经理的弱点是什么。这些有助于寻找基金本身不会提供的信息。对于任何交易者，发现一些人对她进行正面评价是相对容易的，但是如果这个交易者被其他人知晓就更好。相对于交易者自身提供的信息而言，那些人可能会提供更多有用的信息。如果你不能在自己的网络上定位你想联系的投资者，询问基金经理服务的投资者有时也是有帮助的。

了解宽客的细节也有助于证实他们是否诚实。尽管技能不足的宽客能够回答他们策略和进程相关的高水平问题，但是目的为欺骗投资者的宽客在回答低水平问题的细节时，很少能够充分回答。这是执法机关常用的、成功的审问技巧。如果你询问嫌疑犯，他昨天晚上在什么地方，他会快速、确切地提供一个托词，诸如"在我女朋友家"，这不足为奇。但是如果你紧接着问他在几点到达女朋友家、呆了多长时间、看了什么电影、在那里吃了什么、喝了什么等信息，他将不得不编造这些问题的答案，而对于这些问题，他可能事先并没有思考过。

为了掩盖技能缺乏而撒谎的宽客将不得不编造各种有关细节问题的答案，以使得与策略细节相关的问题保持一致。确实，一些人是说谎专家。然而，他们的答案也必须能够站得住脚。缺乏对主题理解力的答案、或者自相矛盾的答案、或者在别的方面有缺陷的答案，都不应该被忽视。这些答案可能并不能让你推断基金经理缺乏诚信，但是可以推断基金经理不是很优秀，这为避免雇用他提供了充分的理由。而且，可以像评估宽客的策略一样，用寻找细节的技巧评估宽客的背景。如果一个宽客说他在哈佛获得博士学位，你可以继续追问，他当时住在什么地方，最喜欢的餐厅是什么，论文答辩委员会成员是谁，论文题目是什么，论文一共多少页以及其他信息。这些细节应该可以证实哈佛大学是不是他的母校。

另外一点值得提到的是关于挑选基金经理。无论基金经理是否是宽客，如果没有深入理解策略，都不值得进行投资。换句话说，不是花费太多才说"no"，但应该有相当的自信时才说"yes"。足够长的和吸引人的过去业绩记录并不是充分的。事实上，我认为对于好问题能得到好的回答，要比看见长的业绩记录单重要得多。如果2008年年末，几乎一周时间内发生的麦道夫丑闻事件对投资者而言有一些经验教训的话，那必定是荣誉和业绩记录并不足以判断基金经理是否诚实。

没有投资者能有正当理由认为，他理解麦道夫的策略是如何持续获得正收益的。麦道夫从不解答这些问题，坚持认为他的策略（是主观判断型策略，而不是系统化策略）是专利性的。虽然本章提到的工具不足以揭露所有潜在的欺骗性投资，但这些工具确定能排除大部分投资。这些技巧应该结合相当严格的尽职调查进程一起使用，进一步减少因欺骗、违法行为或者其他不当行为而受骗的可能性。

宽客如何适应投资组合

假定你发现一个宽客值得雇用或进行投资，你不得不对如何给这个交易者分配资金做出决定。在做出决定之前，你必须理解策略是否适用于你的其他投资组合头寸。这很大程度上是平衡不同类型的风险敞口问题。本节将详细描述几种与量化投资相关的重要风险敞口。

阿尔法投资组合

首先，值得记住的是，投资组合构建是风险敞口分配的问题。包含较多风险敞口的投资组合比包含数量较少的风险敞口的投资组合更多样化。投资者必须寻找趋势型、回复型、价值型/收益型、成长型和品质型之间合适的平衡,以获得最优的多元化。从投资组合构建的角度来看,使用趋势跟踪策略的宽客并不可能与识别趋势的主观判断型交易者有很大程度的不同。确实,程序化交易策略不知疲惫的警惕性可能发现手工交易的交易员错失的机会。此外,人工交易员可能避免一些错误交易,而这些错误交易可能被程序化策略天真地执行。但是,一般情况下,当进行趋势跟踪时,很可能人工交易员和程序化交易都在运行。所以,投资者必须使阿尔法风险敞口多样化。在评估过程中,投资者应该至少能够粗略确定投资组合中不同策略的潜在阿尔法风险敞口。利用这个信息,投资者能够分配资本,使得不同阿尔法策略的分配与投资者满意的水平相一致。

赌注结构

与投资组合构建相关的第二个考虑因素是赌注结构,在第 3 章已经对此内容进行了描述。尤其当这些赌注结构用于不同类型的阿尔法模型时,相对赌注行为不同于绝对赌注。当量化策略使用的是相对赌注时,它依赖的是聚集在一起金融产品之间关系的稳定性。这使得结构本身成为风险来源。当金融产品之间的关联关系发生改变时,风险变得明显。例如,在这样的环境中,相对均值回复策略易于亏损。另一方面,绝对赌注的均值回复策略经常从市场体制改变中**获益**。这是因为策略倾向于赌注流行的趋势出现反转,而对大幅度的趋势回复造成破坏性的影响漠不关心,而趋势回复策略依赖于相对阿尔法策略。这仅仅是一个赌注结构如何影响结果和投资者的投资组合的例子。简言之,围绕着不同的赌注结构实现产品多样化是值得的,即使都是在阿尔法风险敞口的同一领域(例如,相对的和绝对的均值回复策略)。

投资期限多样化

最后，投资者必须平衡投资期限上的风险敞口。一般情况下，我的经验是长期量化策略（持仓时间超过一个星期）倾向于承受更长期的不均匀的业绩周期。他们有时候比一些宽客表现优秀，有时候不如一些宽客，需要花费几年的时间才能判断基金经理是否真正有问题。一些长期策略已经证明，它们也会遇到拥挤风险，正如1998年8月和2007年8月所发生的事情。虽然对这个策略有些不满意，但是人们还是可以在这个策略中管理大量资金，这有时是一种实际需要。

相比之下，短期策略倾向于有持续性的表现，但是它们没有能力管理大量的资本，这些策略也远非无懈可击。自2008年以来，短期策略要求交易量保持可接受的高水平，波动率高于较低的水平，金融产品之间的相关系数低于最高水平。虽然它们是令人满意的，但总是缺乏实用性。当一个人发现优秀的短期交易者然后进行投资，并不清楚这个交易者是否能够保持足够有效的小规模小周期的投资。当有融资渠道时，许多交易者乐于增加他们的资产，这需要引起投资者的注意。

对投资组合思考的总结

宽客是投资组合中有价值的组件。投资者必须认识到宽客最终与主观判断型交易者没有什么不同，因此，列出的几件事情对建立投资组合是重要的，其中包含宽客的情形和不包括宽客的情形没有太多不同点。与投资组合相关的因素中，关键因素是建立一个考虑了3个重要方面的投资组合。这3个重要方面是：

- 多种阿尔法风险敞口类型；
- 多种赌注结构；
- 多种时间期限。

有趣的是，这些考虑因素反映了理论型驱动阿尔法策略的分类情况，如图 12-1 所示。更为有趣的是，我认为投资领域（资产类、金融产品类或者各区域）以及模型中的其他各种细节（模型设定或者运行频率）对投资组合构建都是影响深远的。这些不同点在市场正常运行时增加市场多样性，但是在市场紧张时期，它们的重要性就远远小于上面所列出的投资组合所考虑的 3 个因素。

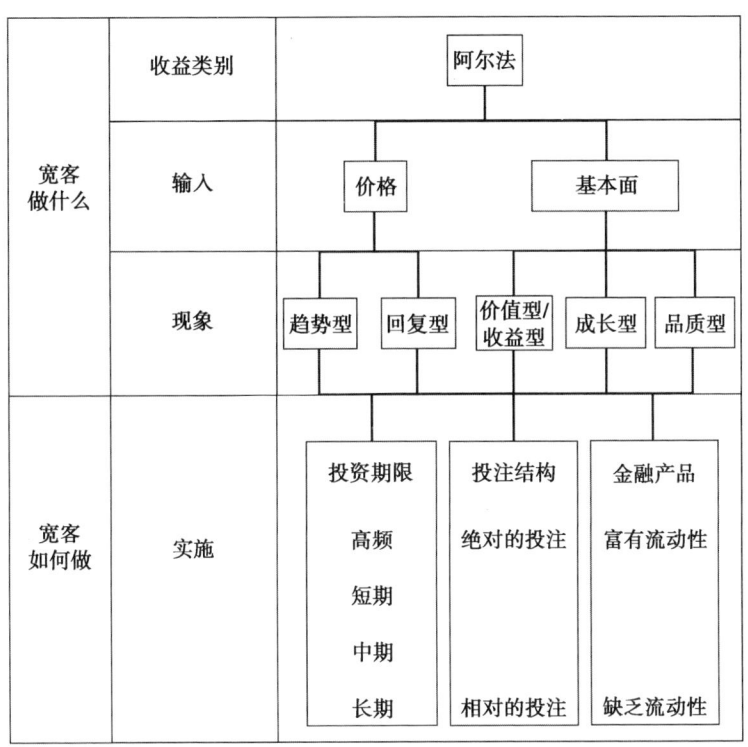

图 12-1　基于理论驱动的阿尔法模型的框架图

小结

为了评估宽客和量化策略，投资者必须理解所执行的策略、策略特征以及策略产生过程的活力状态。为了做好这些，投资者有 3 个武器可供支配：建立信任、尽可能获得量化交易的相关知识、所获得的信息尽可能有条不紊。对于既定的宽客和量化交易而言，这些工具通常可以用于提取和整合信息。

最后，投资者必须判断宽客是否有优势，优势根源是什么，优势可以支撑多长时间，未来会面临什么威胁。优势来自人的品质和/或者投资过程，评估宽客必须聚焦于这些领域。一旦宽客通过审查，就应该被认真地考虑在投资组合中。围绕着阿尔法策略的不同方向、不同时间期限进行分类以及结合赌注结构，更好地补充投资者的投资组合中的其他部分是很重要的。

我记得曾在全世界最好的量化交易公司采访一个高级职员。我问他，究竟他们如何做得这样出色，当然这是一个非常愚蠢的问题。然而，他的回答简明而且看似切中要害。引用他的原话："没有什么秘诀。我们不断地改进策略的每一个部分，数据、执行算法、投资组合构建算法不断地被改进……任何部分都可以变得更好。我们雇用合适的人，在这里，他们能够坚持不懈地一点一滴地改进我们所做的事情。"

注释

1. Raymond F. Toliver, *The Interrogator: The Story of Hanns Scharff, Luftwaffe's Master Interrogator* (AERO Publishers, 1978; Schiffer Publishing, 1997).

Inside
The Black
Box

第四部分

高速及高频交易

第 13 章

高速及高频交易概要[一]

> 昨天晚上,我在酒店关闭开关,然后以极快的速度在整个房间变暗之前上床。
>
> ——穆罕默德·阿里

2009年早期,市场刚刚从恐慌甚至近乎绝望的状态中恢复。这时,新闻媒体报道,2008年金融市场中为数不多的盈利者是一种新型的交易公司——神秘的量化交易公司,它们被称作高频交易者(high-frequency traders,HFT)。他们并不会在出版、管理等流程上花费太多的时间,甚至在金融产业讲述有关高频交易者的相关故事时也不会花费太多的时间。

让我们从一个程序员谢尔盖·阿里尼科夫(Sergey Aleynikov)的不幸故事开始讲起,阿里尼科夫离开高盛后,来到一个新成立不久的泰莎(Teza)公司(这家公司是由城堡基金前员工所创立的)。他在2009年7月被捕,理由是从高盛剽窃代码带到了泰莎公司。这件事情对于公众的

[一] 在本书的第四部分,概念性的、根据经验编写的重要贡献是由 Manoj Narang 所做出的。但是,整个写作是由里什·纳兰完成的,这里所包含的观点仅代表他本人。

警示作用与阿里尼科夫、高盛以及泰莎公司并没有关系（知识产权的剽窃案例从未引起公众的注意力）。检察官（试图去加重对高盛的指控）谈道，被剽窃的软件能被用于"以不公平的方式操纵市场"[1]。这是非常引人注目的，因为它与操纵市场的高频交易相关。阿里尼科夫最终被判有罪，但是，在3年的牢狱之灾之后，上诉法院撤销了对他的定罪。但是已经造成了伤害，这个阶段已经被定格。

2010年5月6日，美国股票市场坍塌并戏剧性地恢复。道琼斯指数下跌超过1000点，其中午后最剧烈的600点下跌发生在5分钟里。之后指数大幅回升，仅在20分钟之内消除了下跌600点带来的大部分损失。这种崩溃和恢复的高速性质被称为"闪电崩盘"（Flash Crash）。这种闪电崩盘广泛被归因于高频交易。一些人斥责高频交易由于其交易性质引起了崩盘。一些人认为是高频交易引起了崩盘，因为一旦市场恐慌，他们就会停止交易。我们将在第16章更详细地陈诉这些观点。但是现在，有充足的理由说明，对于人们经常否定几乎没有人理解的一些论题，闪电崩盘有着重大的贡献。

根据艾特集团（Aite Group）研究，高频交易目前占据的市场比例略高于50%，期货市场上的比例大致相同，货币市场比例大概是40%。尤其在股票市场，艾特估计在美国高频交易份额占比最高（略高于50%），欧洲占比高于40%，亚洲占比大约是20%[2]。虽然对于高频交易确切的交易份额有很多种估计方法，但无须一种证据来证明这种交易方式对于任何电子市场而言，都是一种极其重要的论题。

需要理解的是，高频交易与书中第二部分谈到的量化策略相互联系。在第3章，我们描述了系统交易者主要追寻的几种量化策略。在图3-7中，我们提出与策略相关的实施特征，包括时间范围等。总之，第二部分所呈现的框架与高频交易策略很相关，包括策略如何进行设计以及实施。然而，有一些思考只适用于很短期的系统策略。换句话说，在考虑高频交易的议题时，必须大量考虑到与长期交易相重叠的问题，这些问题不是必须完全完美重合。例如，长期交易策略经常聚焦于管理一个投资组合的风险因素暴露，而高频交易策略更倾向于关注管理累加大量头寸的风险。

高频交易到底是什么？正如第一部分和第二部分所阐述的，量化交易不是一些整体概念，而是包含大量不同的区域。而高频交易是既不容易被定义的，也不是同质型的交易行为。市场上有多种类型的高频交易者。可能能够包含大部分这些交易者的定义如下：①**高频交易者要求拥有高速度的交易设施**；②**高频交易要求投资时间范围低于1天**；③**任何时候不能持有隔夜头寸**。最快的高频交易者（有时称为超高频交易者，UHFT）无疑会嘲笑一些概念，如将持有头寸超过6个小时或者半天的交易称为高频交易。但是隔夜风险和日内风险之间有一个重要的区别，诸如很多消息是在闭市以后才会出现。任意降低高频交易策略的持有周期的努力看上去都很随意：是什么造就了1秒钟的高频交易，而不是1分钟呢？而且，我们的定义要求策略要有一个高速的交易设施。

然而，值得知晓的是，高频交易者与许多算法交易者共享了上面所提到的高频交易设施（将在下个章节详细阐述）。高速设施不是仅有一个速度。我们将在下个章节看到，一些设备的工程师所面临的挑战是根本性的，在很少的情况下，行业标准能满足所有的挑战。

对于算法交易，人们倾向于认为高速设施的使用者分为4类：超高频交易者（UHFT），高频交易者（HFT），中频交易者（MFT）以及算法执行引擎。但是所有的方法都满足上面所提到的定义中的要求（虽然一般情况下，算法执行引擎试图去帮助获得长期头寸，但是算法本身通常在第2天就会失效）。正如1964年，最高法院法官波特·斯图尔特

（Potter Stewart）的著名言论，"今天，我不会试图用速记所描述的去定义我理解的资料内容，要清晰地定义这些内容，也许我做不到。但是当我看见的时候，我理解……"当时他是在谈到低级色情描述时这样说，这种感觉在许多方面都适用于对高频交易的理解。

基于多种原因，给出定义很重要。首先，当讨论这个话题时，定义要求我们有一个共同的落脚点。其次，任何定义都有内涵，包括这个定义。高频交易的定义表明高频交易者有几个重要特征。首先，因为高频交易倾向于不隔夜持仓（在当天**平仓**，行业用语），他们的买卖行为会抵消。然而，买进来的股票同样要在当天卖出去，否则，当天结束时就会有净头寸。其次，因为当天必须平仓，高频交易策略不追求日内累积较大量头寸。

正如第7章所讲的，累积大量头寸会产生较大的市场冲击成本。解开头寸会进一步增加市场冲击成本。在日内持仓阶段，价格波动不足以弥补市场买卖带来的市场冲击。而且，因为高频交易者不能累积大量头寸，交易日的价格波动有范围限制，高频交易策略通常利润率较低。他们必须支付与其他投资者和交易者同样的成本，例如，佣金、市场冲击成本以及管理费。但是，他们引起的市场波动相对较小。经济刺激与较高的交易量相关（例如：兑换退税增加流动性，从经纪商处得到更便宜的佣金），但是事实上毛利润依旧很低，获得净利润之前还需扣除技术、佣金以及管理费等间接累积成本。

在美国股票市场相对牛市的时候，高频交易策略的盈利能力大约是每股0.001美元。将这个费用和美国证监会卖出每百万美元收取22.40美元的管理费相比较，具有启发意义。对于每股价格为70美元的股票而言，美国证监会管理费大概约等于每股0.006美元，虽然这适用于卖出的情况。因为高频交易者相对于卖出而言，更倾向于买入，可将这个费用分成两个部分以适用于整个高频交易，买入每股证监会管理费用大约是 0.003 美元，这个费用大概是美国股票高频交易利润率的 3 倍。

需要理解的是，每天交易 1 亿股的高频交易量超过美国股票市场容量的 1%。按照每天每股 0.001 美元的盈利计算，每天获利大概是 10 万美元，每年大约累计 2600 万美元。高频交易的容量大概是整个市场容量的 50%。如果将这个数乘以 50%，可以得到，在世界上最大的股票交易市场，高频交易整个一年的整体交易利润是 13 亿美元。这是极其高的利润，但是这些实际上仅仅是分类账中的收益部分。

真实情况是，为了获得这些收入，每个公司每年也需要花费数百万的费用，而且有大量的公司以失败而告终。因为有很多公司之间存在着竞争关系，美国股票市场 5% 的成功率才可能每年获得 6500 万美元的收入，这些收入是在考虑要求参与竞争的技术及人力资源成本之前的收入。

客观地看待这件事情，苹果公司报道称，截止到 2012 年 6 月 30 日，它们获得超过 **350 亿美元** 的收入。有人宣称，在当时世界上最大的资本市场，苹果进行了不公平的比较。但是甚至规模不是很大的在线经纪商电子交易金融公司（E*Trade Financial Corporation），报道称截止到 2012 年 6 月 30 日，过去 12 个月的大概收入是 20 亿美元。从当时交易量处于多年来的低点位置，及公司主要客户是零售商的角度来看，这个成绩是非常令人震惊的。在当时缺少大公司的时代，电子交易金融公司的市值为 26.5 亿美元。

对于高频交易，显然有"真正的利润"产生。然而，纵观全局，与其他类型的公司收入相比，高频交易收入是极小的。有个有趣的问题，我没有特别好的答案。这个问题就是为什么有那么多资金和那么多聪明的人聚焦于这种交易，他们竞相争夺这份小份额市场。但是我们能指出许多小公司正在经历可以获得巨额利润的初始阶段，相应地会吸收很多新的参与者。新的参与者加速竞争，继而会降低利润率。最终，利润有可能变为负值。一些证据表明在美国股票市场，高频交易确实是这样的。曾经希望去赚取被媒体夸大的利润的许多高频交易商已经意识到他们的公司由于微薄的收入而无法生存下去。结合高频交易的定义，以及这种交易经济上的背景知识，我们将继续解释高频交易的许多特征。在第14章，我们将解释高速交易，这是高频交易的工具包，也是其他交易类型的很大一部分。在第15章，我们将概述高频交易策略，解释它们与第14章所介绍的概念的关联关系。第16章将陈述对高频交易的各种争论，试图将事实从传说中分离出来。

注释

1. David Glovin and Christine Harper, "Goldman Trading-Code Investment Put at Risk By Theft," Blooomberg.com, July 6, 2009.
2. Aite Group estimate, September 2012. Figures for 2012 are estimates.

第 14 章

高速交易

> 薄冰上滑冰的安全性取决于速度的大小。
>
> ——爱默生

在深入研究高频交易之前，首先需要澄清一些重要的话题。其中最重要的是要弄清**高速**交易和**高频**交易之间的区别。这两个概念经常被出版商、管理层，甚至被一些精明的投资者混为一谈。这是可以理解的，因为高速交易是必需品和大势所趋，自然会引起高频交易。高速交易和高频交易只能算是兄妹，但不能等同。

高速交易也被称为低延迟交易，指的是对于不同类型的交易者，要求以最低延迟进入市场，能够以最低延迟执行决定。本章中，我们将陈述速度为什么对于许多交易者（不限于高频交易者）而言非常重要，讨论延迟的根本是什么，以及如何处理这些延迟。

纵观整个资本市场的历史，速度已经成为分离强弱竞争者的一个重要指标。股票交易商和证券公司在纽约将自己的办公地址建在交易所附近，期货交易公司在芝加哥将办公地建在交易所附近，自有不言而喻的原因。几乎可以在世界上任何一种交易品种或任何资本市场中心发现这个现象。物理上的近距离为快速度提供可能,这样市场中心之间交流速度加快。1815 年,伦敦的罗斯柴尔德家族银行利用信鸽发现拿破仑输掉了滑铁卢战役。他们利用这个信息做空法国债券,从而获得巨额利润。1845 年,世界顶级新闻及数据提供商之一路透的创始人在伦敦通过建立信鸽网络开始其事业,5 年的时间,其服务成为提供有关巴黎股票交易所信息延迟最少的服务商[1]。

速度的重要性

现今电子市场,有助于理解速度重要性的最好方法就是理解不同类型订单速度如何。毕竟,无论哪种阿尔法类型、风险类型以及投资组合构建模型类型,订单才能体现策略的完成过程。虽然有许多种类的订单,尤其考虑到世界上各种交易所时,但是订单通常被分为被动类型和积极类型。而且,一些订单(被动订单)一旦被搁置,可能被取消。我们将描述能够捕捉世界上大部分订单类型的 3 种情况:放置积极订单,放置有进取型的订单,取消被动订单。

首先,给出几个定义:**被动订单**(passive orders)是不能立即成交的限制订单。例如,对于股票 XYZ 的最低报价是 100 股 100.01 美元,交易者提供的限价订单是 100 美元或者以更低的价格购买 100 股,这就是被动订单,因为订单不能立即成交。在大多数市场,被动订单积聚成交易所的"限价订单簿",显示了交易所某一特定时间给定的股票价格收报机的所有被动订单。一个订单簿的例证看上去有点像表 14-1 的排列。

对于假设的市场,限价订单簿会显示价格/时间优先权。这意味着最高的优先权是在最合适的价格下单,最合适的价格指的是买单的最高价格和卖单的最低价格。如果两个订单有相同的价格,那么它们到达市场的时间就具有决胜属性。其他市场（例如，欧元期货）有价格/规模优先排序，同一价格水平的大订单相对于小订单而言，更具有优先权（最优价格订单最先进行交易）。

进取型的订单（aggressive orders）是一个可以立即执行的订单，其有两种主要形式。市场订单总是进取型的，因为它们不考虑价格，购买（或者卖出）一定数量的指令。这样，如果限价订单簿看上去像表14-1，一个购买3000股的订单进入市场，将会分离成两个部分。首先，以100.01美元的价格购买2000股（卖1），然后以100.02美元的价格购买1000股（卖2）。在这个交易之后，假设没有其他的交易者进入，订单簿将如表14-2所示。

表 14-1 虚构的股票价格收报机的订单簿模型

ID	规模	买	卖	规模	ID
买1	55	100.00	100.01	2 000	卖1
买2	1 000	100.00	100.02	2 950	卖2
买3	3 100	99.99	100.02	600	卖3
买4	200	99.99	100.03	300	卖4
买5	5 000	99.98	100.04	1 000	卖5

表 14-2 在一个大的市场买单执行后的虚构的股票价格收报机的订单簿模型

ID	规模	买	卖	规模	ID
买1	55	100.00	100.02	1 950	卖2
买2	1 000	100.00	100.02	600	卖3
买3	3 100	99.99	100.03	300	卖4
买4	200	99.99	100.04	1 000	卖5
买5	5 000	99.98			

进取型的订单的另一种类型是以最低价格卖单成交的限价订单（买家订单）。在表14-2中，以100美元卖出1000股的限价订单将首先会被买1以100美元的价格购买55股，然后买2以100美元的价格购买945

股。假设没有其他交易者进入，订单簿将如表14-3所示。

表14-3　限价卖出订单（以最高买入价）执行后的虚构的股票价格收报机的订单簿模型

ID	规模	买	卖	规模	ID
买2	55	100.00	100.02	1 950	卖2
买3	3 100	99.99	100.02	600	卖3
买4	200	99.99	100.03	300	卖4
买5	5 000	99.98	100.04	1 000	卖5

在这个例子中，55股首先成交，然后买2的945股以100美元的价格成交，留下规模为55股，买价为100美元的最新最高买价。这种卖出限价订单是进取型，因为它可以被立即执行。

与定义相关的其他一些术语有**连接**（joining）或者**改进**（improving）。连接意味着增加最低卖价的规模，这也被称为订单簿的第一水平，或者被称为内部市场（inside market）。连接的例子如表14-4，这个例子中，我们以100.02美元的价格为卖家规模增加1000股（卖6）。

表14-4　限价卖出订单（与最低卖出价相关）执行后的虚构的股票价格收报机的订单簿模型

ID	规模	买	卖	规模	ID
买2	55	100.00	100.02	1 950	卖2
买3	3 100	99.99	100.02	600	卖3
买4	200	99.99	100.02	1 000	卖6
买5	5 000	99.98	100.03	300	卖4
			100.04	1 000	卖5

可以看出，这个新的订单因为进入市场时间相对靠后，相对于卖3的600股而言，具有较低的优先权。很明显地，一个订单进入总是遵循较低的时间优先权。连接订单因为不能被立即执行，通常认为是被动订单。

最后，表14-5解释改进的定义。这里，我们看见一个新的消极限价卖单（卖7），这个价格缩小了买卖价差，将100.02美元的最低卖价降低到 100.01 美元。因为卖 7 是所有卖单的最低价格，它具有最高的优先权，即使它是最后进入市场。

表 14-5　加入低于最低卖价的限价卖出订单后的虚构的股票价格收报机的订单簿模型

ID	规模	买	卖	规模	ID
买 2	55	100.00	100.01	2 000	卖 7
买 3	3 100	99.99	100.02	1 950	卖 2
买 4	200	99.99	100.02	600	卖 3
买 5	5 000	99.98	100.02	1 000	卖 6
			100.03	300	卖 4
			100.04	1 000	卖 5

注意到许多参与者容易混淆提高流动性的被动订单和获得流动性的进取型订单。这是容易理解的错误，因为流动性经常被订单簿的容积或者规模所混淆。然而，正如我们在闪电崩盘和 2007 年 8 月量化清算所了解的，增加容积并不总是可以增加流动性。事实上，这两个例子中，对于追涨杀跌的投资者（例如，2010 年 5 月 6 日，加入 SPY 股票杀跌行列的投资者）而言，买卖规模不平衡会导致难以置信的流动性不足问题。另一方面，当有许多卖家时，即使从订单簿移除许多买卖单元，进取型的买单也可能急速增加流动性。我们的观点是，这种混淆是由于流动性的错误定义引起的，这本身容易理解。很多学术期刊对于流动性有着不一致的定义，因此这个概念可以以多种方式进行定义。

流动性在任何时候都可以定义为**立即以公允价格进行单元交易的可行性**。这是一个有用的定义，因为它考虑到所有重要的维度，包括即时性、规模和公允价格，没有被有关容积或者由方向主导的订单薄所困扰。这使得我们能够理解，获得巨大头寸的执行策略是被动地减小市场流动性。另一方面，进取型的订单，名义上是减少订单簿中的单元数量，如果它能够将价格推向更合理的水平，这时候可以增加流动性。

对价格的公平性需要有个简短的解释。这里，价格的公平性指的是，①能够广泛反映金融工具中潜藏的经济暴露的基本面；②对与其相似的金融工具具有敏感性。例如，某公司盈利能力较强，成长性较好，每股大约100美元。如果其他情况保持不变，而每股减少2美元，出现这种价格的公平性是极其不可能的。在这个例子中，没有原因的股价下跌，我们只能认为是公司股票缺乏流动性。至于第二个方面，如果公司是某指数组成的一个部分，其他公司以相似的方式运行，那么这个价格就是很客观的。（在第15章，当描述高频交易套利策略时再详细解释这个概念。）

基于这个背景，现在我们能够解释在被动买单、被动卖单以及取消被动订单中速度的重要性。有一个总的命题值得提及，就是**逆向选择**（adverse selection），这个概念在金融里面有着广泛的应用。想象我们给一个听上去很好的角色列出岗位列表。而相对于市场上其他类似工作机会，我们提供的补偿非常低。很可能我们接收到简历主要来自低于平均水平的求职者。这是因为自尊心较强的求职者很少申请报酬过低的工作。优秀的求职者，甚至超过一半的求职者，将会申请其他工作。即使不画出申请者在好、中、差水平上的随机分布图，也知道我们的候选人偏向于比较差的水平。

正因如此，在逆向选择交易中，存在着与速度尤其相关的一个重要问题。

放置被动订单中速度的必要性

任何时候，任何人在放置被动订单时都存在着逆向选择的风险。考虑当你放置被动订单时，真正会发生什么：你会表明你有买的意愿，例如，想以100美元的价格购买一定规模的XYZ。因为这个出价出现在订单簿中，一个预期的卖家会了解到这个信息，但是你并不知道卖家可能拥有的信息。这个卖家的信息可能会使得你后悔自己的决定。当然，被动订单给交易者提供赚取买卖价差的机会。而且，一些交易所为成交的被动订单发放回扣，根据他们的回扣，被动订单的张贴能赚取额外的利润。根据 Tradeworx 的内部研究，估计 2010 年全年，具有流动性的股票（每天交易额超过 5000 万美元）的被动订单的平均利润大约是每股 -0.2 美分。这是假定交易者能够在进入市场**一分钟内**无成本地退出交易（以市场中间价计算，这个价格是最高买家和最低卖价的简单平均值，没有考虑买卖的规模大小）。换句话说，缺乏流动性回扣的交易是赔钱的。

速度的必要性体现在哪里呢？从 XYZ 股票虚构的订单簿看起，如表 14-6 所示。

表 14-6　虚构的股票价格收报机的订单簿模型

ID	规模	买	卖	规模	ID
买 1	3 100	99.99	100.01	2 000	卖 1
买 2	200	99.99	100.02	2 950	卖 2
买 3	5 000	99.98	100.02	600	卖 3
			100.03	300	卖 4
			100.04	1 000	卖 5

想象你放置一个订单，以 100 美元的价格购买 XYZ 股票 1000 股（买 4）。进一步，想象有大量同等价格的买单（买 5），如表 14-7 所示。

表 14-7　加入买价的虚构股票价格收报机的订单簿模型

ID	规模	买	卖	规模	ID
买 4	1 000	100.00	100.01	2 000	卖 1
买 5	6 000	100.00	100.02	2 950	卖 2
买 1	3 100	99.99	100.02	600	卖 3
买 2	200	99.99	100.03	300	卖 4
买 3	5 000	99.98	100.04	1 000	卖 5

如果一个卖出 1000 股的进取型订单进入市场，你的订单将交易成功，你将拥有价格为 100 美元的 XYZ 股票 1000 股。然而，最高买价仍

然维持在 100 美元，因为还有其他订单要求以 100 美元的价格成交。这里，你想以低成本买入股票的概率是比较低的，尤其是在近期。表 14-8 解释了这一点。

表 14-8 买 4 成交后的虚构股票价格收报机的订单簿模型

ID	规模	买	卖	规模	ID
买 5	6 000	100.00	100.01	2 000	卖 1
买 1	3 100	99.99	100.02	2 950	卖 2
买 2	200	99.99	100.02	600	卖 3
买 3	5 000	99.98	100.03	300	卖 4
			100.04	1 000	卖 5

现在假设你想购买 1000 股 XYZ 股票，且排在 100 美元价格队列的最后面，有成千上万的买单排在你前面。卖单逐步进入市场，并最终，你的订单也交易完毕。这时，最高买价为 99.99 美元（买 1），很可能，最低卖价为 100 美元（卖 6）。所以，最高买价会瞬时下降，而你买入报价会成为最高卖价，如表 14-9 所示。

表 14-9 100 美元的买单成交以后的虚构股票价格收报机的订单簿模型

ID	规模	买	卖	规模	ID
买 1	3 100	99.99	100.00	2 000	卖 6
买 2	200	99.99	100.01	2 000	卖 1
买 3	5 000	99.98	100.02	2 950	卖 2
			100.02	600	卖 3
			100.03	300	卖 4
			100.04	1 000	卖 5

Tradeworx 以实践经验研究过队列布置的影响。他们发现，对于给定的价格，队列最前相对于队列最后面的盈利大约每股相差 1.7 美分。考虑到所有被动订单平均每股大概每股亏损 0.2 美分，这个数字是令人惊讶的。

这样，在放置被动订单时，对于交易的短期盈利能力，速度就显得非常重要。一些人认为，对于被动订单，长期投资者（持有头寸超过 1

年并希望每股订单都获得盈利）不应该关心每股一分或两分的损失。这一认识显然过于简单化了。如果具有多年投资年限的养老基金不顾及交易成本，尤其是交易量还比较大的时候，养老基金会犯错误。另一方面，对于给定的市场，达到顶级速度将要消耗巨大的成本，这并没有纳入计算。在交易中，被动订单的速度可以看成下面指标的函数：

（1）逆向选择指标；

（2）交易量；

（3）建立和维护顶级速度的成本。

显然，投资者越少，投资时间越长，对高速要求越低。然而，对于许多策略（包括量化阿尔法策略）和一些成熟的规模较大的长期基金，足够大的交易量才能保证至少有一些投资以较快的速度成交。这可以解释2007年以来机构业务兴起的原因。

放置进取型的订单中速度的必要性

放置进取型的订单的交易者更愿意支付买卖价差，因为他们确定交易能够成功。正如前面所示，有两种类型的进取型订单。一种是进取型限价订单，与限价订单簿中已存在的订单成交。另一种是市场订单。速度对于两种订单的必要性有些不同，后面将详细进行解析。

对于进取型限价订单，速度是重要的，因为你要在指定价格进行交易，而别人的出价可能击败这个价格。同理，这个价格会在交易完成之前消失。重新返回到表14-6，想象两个交易者中每一个都想以100.01美元的价格买入2000股，并放入限价订单。第1个进入市场的订单与保留在市场中100.01美元价格的2000股卖单成交。第2个进入市场的订单将不能立即成交，但将成为新的最高买单（买4），如表14-10所示。

表 14-10　加入两个 100.01 美元 2000 股的限价买单后的
虚构的股票价格收报机的订单簿模型

ID	规模	买	卖	规模	ID
买 4	2 000	100.01	100.02	2 950	卖 2
买 1	3 100	99.99	100.02	600	卖 3
买 2	200	99.99	100.03	300	卖 4
买 3	5 000	99.98	100.04	1 000	卖 5

新的最优买价是第 2 个订单。第 1 个订单已经以 100.01 美元的价格成交 2000 股。如果最高买价继续上升，第 2 个进入市场的交易者将会继续落后于其他参与者，可能会出现下列情形之一：①以 100.01 美元价格成交，但是会出现逆向选择偏差；②如果以一个更高的价格代替这个价格，将以更高的价格成交；③不能成交。无论哪种情形，相对于第 1 个进入市场的订单而言，都是不好的结果。

第 2 个例子是一个市场订单。这里，我们没有必要关心是否成交，因为市场订单基本上总是能成交。我们对市场订单成交的价格有很小的控制权。较慢传递给市场的订单会受到逆向选择的困扰。如果我们的买单进入市场的速度较慢，不容易有其他买单跟随在我们的后面，相对于较快的速度进入市场情形，我们将可能以一个更不利的价格结束交易。（这类似于限价订单中的逆向选择。）

而且，市场订单也非常不幸地会遇到滑价问题。想象我们购买 2000 股 XYZ 的订单，订单簿如表 14-6 所示。这里，如果另外一个交易者的订单（以 100.01 美元购买 2000 股的限价订单，或者按照市场价格购买 2000 股）进入队列，并且首先成交，我们的市场订单会出现滑价，将以 100.02 美元的价格成交。在一个流动性不强的市场中，这可能不会带来整体灾难，但是在一个流动性较强的市场中，首先成交的价格会带来非常大的滑价。而且，趋势交易者进入第一交易位置的意愿越强，对于滑价的影响越大。毕竟，当利用市场订单时，预测越精确，越有可能朝着我们预期的方向运动，这意味着我们的交易理念对于很好地完成交易非常重要。

取消被动订单中速度的必要性

取消已经放置的被动订单对于时间延迟是非常敏感的。如果发送一个以 100 美元的价格卖出 2000 股 XYZ 股票的限价订单，这个订单会加入订单簿。想象目前的最低卖价是 99.98 美元，低于我们的出价 2 美分。我可能期望利用 XYZ 股票的小波动，使得订单最终能够成交。毕竟，我的订单价格大约仅偏离最优价格 2 个百分点。然而，如果市场运动速度较快（倾向于在最不合时宜的时候），很可能我们的订单会与所有的高延迟订单一样，遇到逆向选择问题。这样，我想我会尽快提高我的订单价格，在成功交易之前，XYZ 股票价格可能会远远超过 100.00 美元的出价。如果我能够很快取消我的订单，并用一个更高价格的卖单代替，在这笔交易中，我可以节约资金。同样地，如果有类似或者相关的其他因素集结（例如，一些有利的宏观经济消息），很可能我卖出的价格会低于本应该可以卖出的价格。如果我意识到其他信息会带来上涨压力，或者我足够快撤销我现在的订单，同时用较高的价格订单进行代替，我将获得更多盈利。

也许对于一个 2000 股的订单，差异并不明显。但是在一年的时间里，因为较慢的取消订单能力而重复受到逆向选择的困扰，毫无疑问将会带来巨大的成本。有关美国股票市场（和其他市场）的取消速度有一些争论，将在第 16 章进行阐述。

延迟根源

很清楚，对于负责大规模资金的交易者而言，使用低延迟交易平台是很重要的。现在，我们将注意力集中在交易者可控制的潜在的延迟原因，以及针对这些原因能采取的措施。

市场内外的传输

对于算法执行引擎，第一个潜在的延迟原因来自获取数据的时间和订单进入市场的时间。一个好的执行引擎大部分的工作包括对市场改变的快速反应，逻辑上，实时访问这些改变是业务的第一步骤。而且，在你做出决定之后不久，你的订单进入交易时，要求订单保持新鲜（相对于陈腐的订单，指的是投资者近期没有更新的订单）。

距离交易所相匹配的引擎越近的地方，信息进入和流出的速度越快。**匹配引擎**（matching engine）指的是交易所用时间戳标记和对进入市场订单进行优先顺序排列，将买卖双方集中在一起进行逻辑匹配，并对交易数据进行播送的软件。这个软件封装在多个数据中心的服务器上（通常每个交易所有一个数据中心）。这些数据中心经常为那些愿意付费的人提供物理空间。当一个交易公司同交易所的配置引擎一样搭配它的服务器（包含交易算法），它的服务器和交易所的匹配引擎之间的连接被称为**交叉连接**（cross-connect）。在某些情况下，诸如服务器不允许托管，或者因为在大多数数据中心配置过于昂贵，宽客可以选择邻近主机服务。这被称为**主机托管**（proximity hosting）。

在确保由数据驱使的订单免受逆向选择的困扰方面，距离交易所的远近是有本质区别的。为了度量这一点，想象纽约的一个既定市场数据中心，不是布置你的服务器在纽约交易所匹配引擎的旁边，而是将服务器放在旧金山。在纽约和旧金山之间，以相对较快的光纤连接方式进行信息传输的时间大概是单程 50 毫秒，往返 100 毫秒。下订单过程需要将交易所的信息传输到你的服务器，并返回到交易所。这样下单过程需要的时间大约是100毫秒。(处理这些信息需要花一些时间,但是假设这些时间是可以忽略的。无论是在纽约还是在旧金山数据中心,这都是固定不变的。)

在这100毫秒的时间内,许多事情会发生。例如,对于EBAY,有零到超过40条(99%的分位点)的信息公布在不同的订单簿上(仅仅取一个例子)[2]。一天中流动性最强的时间段,是信息量最大的时间。这意味着,信息量最大的时间段,是敏感的算法交易集中活跃的时间段。如果在这个时间段,你的算法是在旧金山进行交易,相对于其他订单,你的订单将会延迟100毫秒。基于这个原因,我们会关心99%分位点的信息率以及活动,而不是关心平均水平。我们将在数据突发(Data Bursts)部分详细描述这种效应。

数据处理软件、订单生成软件以及存在于服务器上的问题也都需要提及。这些服务器一定存在于某个地方,一种可能性是将服务器放在自己的经营场所。除了上面提到的延迟问题外,一个办公楼很少有充足的能源、制冷(服务器会产生极高的能量)、网络速度、确保连续性的紧急备份能力。这样,很多人在数据中心托管服务器(也称为托管设备)。如果你想托管服务器,最好的地方莫过于距离交易所近的地方。

市场中心间的传输

算法执行延迟的另一个潜在原因来自市场中心间数据的聚集。即使对于一个单一的市场,证券也经常会在许多地方进行交易。例如,以美国股票为例,投资者可以在13个不同的官方交易所进行交易,还有许多暗池交易场所(这本书写作时,大约60个)。当信息从多个聚集地获得时,将会聚集为一个大的数据集。(虽然有许多可以整合这些数据的服务,但整合的交易数据包含本质上的延迟。如果自己能整合数据,效果会更好。）我们将陈述分别进行整合存在的问题，但是为了整合数据，这些数据物理上还是必须在一个地方。不同交易所之间的连接能被想象成**网状**（mesh）。正如前文所述，距离数据中心越远，自然延迟时间越长，将这些数据整合在一个地方遇到的困难就会越大。

我们进一步了解市场中心之间整合数据存在的问题。看上去，许多策略是通过金融工具类（instrument classes）进行交易。例如，在美国股票市场，许多市场庄家（一般在纽约附近交易）很想知道芝加哥市场标普E-mini 期货合约（简称 ES 期货合约）如何运行。这是因为 ES 会对 SPY（一个极其重要的跟踪标普 500 指数的 ETF 基金）和标普 500 指数的个股产生影响[3]。

在金融领域，最重要的长距离问题是在芝加哥和纽约，以及纽约和伦敦之间往返地获取信息[4]。数据以光速传输，但是问题是数据必须通过媒介进行传输。由于地球曲度和许多潜在的物理障碍（例如，楼房、飞机和鸟），数据不能通过空气以"直线"传播形式传输数千英里。如果可能的话，数据从纽约到芝加哥仅仅需要 4 毫秒（反之亦然）。目前，商业上，芝加哥和纽约之间单程的低延迟时间是 7～8 毫秒。这依靠的是光纤网络：①通过玻璃传输数据（玻璃是光纤最主要的材料）；②有点迂回，在芝加哥和纽约之间没有一家直接连接的电信公司。光速在空气中的速度大约是玻璃中速度的 1.3 倍。这可以解释额外延迟的一部分原因。芝加哥和纽约之间的传统光纤网络的非直线路径能够解释剩下的大部分，还有一小部分归因于不是最理想的硬件。

为了解决这个问题，Spread Networks 公司付出更多努力，在芝加哥和纽约之间建立了一条相对直接的路线。它们沿着这条线路租用、购买了成片的土地，发现这可能是最直的路线（某些时候需要逢山开路）。它们使用了金钱能够购买的最好设备。据报道，为了铺设一寸宽的线路，它们雇用了126组、每组4人的工作人员。最终,它们将传输距离缩短了100多英里[5]。为了使用这个服务(服务立即被售出),消费者必须签署多年的合同,传言会花费1000万美元的成本。作为交换,芝加哥和纽约之间的单程延迟缩短到6.5毫秒,相对于前面提到的传统的通信解决方案,提高了1毫秒。

随着Spread Networks揭开面纱,在这个方面的竞争并没有结束。几家公司,包括Thesys科技公司(Thesys technologies,Tradeworx的子公司)和McKay Brothers计划着在芝加哥和纽约之间利用微波解决方案(塔之间进行微波传输)进行近乎直线的路线传输。McKay宣称单程延迟大约4.5毫秒,Thesys期望延迟时间可以降到4.25毫秒。因为微波在空气中的速度,相对于光子通过玻璃的速度(即光纤电缆)可以更快,这些延迟是可以完成的[6]。

然而,在隧道结束的地方有光(并不是双关语)。对于速度的竞争看上去已经接近尽头。因为天气或者其他原因,潜在的微波解决方案似乎并没有实施监测的、专用的光纤线那么可靠。进一步,能够通过微波进行传输的信息量也相对较小。

伦敦和纽约之间使用Global Crossing的AC-1横跨大西洋的电缆进行连接,已经使用很多年,单程延迟时间大约是65毫秒。然而,Hibernia Atlantic花费大约3亿美元铺设横跨大西洋的光纤电缆,单程延迟时间为59.6毫秒,使得延迟时间大约降低了5毫秒[7]。这条线路于2012年5月投入使用。据报道,这条线路提前许多天就卖给了几个交易商。

建立订单簿

一个既定的交易所传送给交易者的数据实际上是以信息的形式(新订单、取消订单以及交易订单),而不是以订单簿的形式。利用这些信息建立订单簿是宽客的工作。这是一个极具挑战性的工作。为了得到一天中某个给定的时刻精确的订单簿，从这一天的第一条信息开始，每一条向前的信息都需要加工处理，不能有丢弃的信息。而且，这个处理过程必须很快；否则，将会产生延迟。众所周知，速度和精确度之间很难进行权衡。这是没有异议的。更糟的是，有一些解决这个问题的算法方案，但没有一个被认为是行业标准。

这个问题比较敏感的部分是时间标签（与下一个话题相关）。每一个交易所的每一条信息都有自己的时间标签。精确记录这些信息序列是至关重要的。所以，我们不仅要处理信息本身，还要处理每条信息的时间标签。

整合订单簿

对于分散的市场（以美国股票市场为例），有许多信息流需要整合到一个统一的订单簿里面。正确地合并这些信息将会遇到上面提到的挑战。例如，即使我们有一个精确的订单簿，里面有两个不同的交易所有关 XYZ 股票的交易信息，即使我们有这两个交易所的正确的订单信息，仍会遇到很多问题。第 2 个交易所的信息可能比第 1 个交易所的延迟时间要长，在建立统一的订单簿时，这一点必须被考虑。否则，将会出现不正确的序列。

数据突发

建立高速交易设备最重要的挑战之一（基本唯一）是每一天的信息并不是匀速到达这一事实。这是一个值得讨论的极其愚蠢的问题。

交通工程专业的数学家们研究电话网络工程。他们假设带宽的消耗率基本保持在一个合理的区间范围内，类似于几分钟或者几秒钟。数学上有个概念叫作泊松分布（在19世纪，法国统计学家提出这个概念），泊松分布适合于这个电话网络工程。泊松分布的假设条件在电话网络工程里面是有意义的，平均速率可以被假设为在一段区间内是不变的。例如，母亲节这一天会有非常高的平均通话率，但是基本上，你可以假定电话到达率是固定不变的，以及在母亲节最忙的时间段，电话到达时间是相互独立的。

然而，在交易中，一个人特有的交易行为会对其他人产生影响（例如，在订单放置和取消过程中）。这将导致正向循环，一个正常的人所考虑的合理周期内，潜藏的信息率绝不是平稳的。进一步详细说明，1秒内的平均信息到达率所包含的1毫秒内的到达率信息微乎其微。

返回到EBAY这个例子。表14-11显示了从1秒递减到1毫秒不同的时间片段内，相对应的不同的信息百分比。

表14-11 2012年7月20日，EBAY不同时间间隔和不同分位点对应的信息数

	50%	99%	99.9%	99.99%	99.999%
1秒	13	259	546	1 755	4 179
100毫秒	0	13	84	863	1 306
10毫秒	0	1	7	269	557
1毫秒	0	0	1	56	106

有关这个表格更有趣的是，它直观显示了信息率如何不平稳。对于每一分位点，你将会看到前一行1/10的时间里对应的信息数。例如，如果每1秒钟在99%的分位点对应的信息数是259条信息，你会期望每100毫秒对应的信息量是大约是26条（因为100毫秒是1秒钟的1/10）。然而，我们看到每100毫秒在99%分位点对应的信息数是13条。相反，在99.99%分位点，情况戏剧性的相反。在交易日，每1秒钟在99.99%的分位点对应的信息数是1 755条信息，这样你可能期望在同一交易日，每100毫秒在99.99%分位点对应的信息数大约是176条。然而，我们

的结果是863条，大约是预计值的5倍。

对1秒间隔和1毫秒间隔进行比较，会发现更有趣的结论。在99.99%分位点，你可能会期望1毫秒对应的信息数大约是2条（1755/1000＝1.755）。现实情况是，我们发现在99.99%分位点，1毫秒对应的信息数是56条。甚至对10毫秒和1毫秒的信息率进行比较，也会得到惊奇的结论（以10毫秒的标准进行计算，1毫秒的实际信息数大约是计算值的2倍）。

有人认为讨论99.99%分位点是没有意义的。但在这个领域中，很多事情发生在远远小于1%的时间里。一天的交易时间是6.5个小时，大约相当于2340万毫秒。这意味着一天中，有234 000观察值以1%的概率发生。所以一个系统如果"只"关注所有信息传送的99%的时间，有可能会丢失最繁忙的234 000毫秒的数据。对于任何一个算法系统，这显然是一个重要的问题。交易日时间的0.01%是2340毫秒，这本身也是一个很大的数目。信息分布尾部的10秒钟的信息相对较好，但是信息分布尾部的1毫秒的信息会极其异常。

这为什么是一个问题呢？因为如果你尽力去设计一个系统，能在给定的时标进行响应，你需要能够在大约同样的时标处理到达率。所以，如果你只关心毫秒响应时间，那么你要对1毫秒水平的信息理解和处理能力感到满意。但是如果你关心1毫秒的十分位点信息率（对于许多高频交易者），你必须能够处理1毫秒的十分位点的信息到达率。这里，变量当然可能是其他情况。让问题更为复杂的是，一天之内存在着周期性的繁忙。某一天，闭市之前是最繁忙的时间段，开市之后是第二繁忙的时间段，而其他时间段相对较为平静。这意味着这一天，你必须处理所有报价机上的异常数据。在其他繁忙的时间段（例如美联储利率消息或者一些其他大消息宣布后），同样的数据突发问题也会发生。

能够处理这些问题的量化系统同时也必须能够处理其他领域潜在的问题：高频交易的服务器和交易所的匹配引擎之间的连接（称为**交叉连接，cross-connect**）、网络交换、不同交易所的主机托管之间的连接和每一个交易所的反馈数据的处理等，这仅仅列出其中的一小部分。而且，可能对于各自易于处理的数据突发问题，聚合起来就会显得难以应对，就如同将不同交易所的订单簿聚合成一个实时的统一的订单簿一样，会遇到很多挑战。

如果这还不足以形成挑战，高频交易者处理数据和找出交易信号的模型都会增加延迟。需要花费时间精确地决定如何进行处理。执行交易信号最好的方法就是将它们分配给多个服务器。但是这本身又是一个更大的挑战，会遇到硬件、软件以及网络工程等很多问题。例如，当每个服务器正在计算及运行当前的交易策略时，如何及时地把这些整合的数据分配到不同的服务器？向不同的服务器分配的数据会增加不同数量的延迟时间。能把这些问题处理得越好，数据突发时所产生的延迟时间就会越少。这些问题处理得越差，在遇到高的消息流量时，延迟时间就会越长。

信号构建

一旦数据能被正确处理和分配，对数据的反应应该被正确构建和实施。广义地说，可以定义两种能被实施的策略类型：执行算法（第7章）和高频策略。由于复杂度的不同，策略变化多端。例如，考虑连续不断地控制整天风险因素的高频交易策略明显要比不考虑风险管理的阿尔法模型复杂得多。即使是日内的阿尔法策略，也由于复杂性不同使得差异极大。（下个章节，我们将详细探讨高频交易策略。）但是即使采取两种完全相同的高频交易策略，大多数情况下也有许多种算法能被用来计算这些信号。而这些算法并不是完全等同的快速。

举一个例子，指数套利在高频交易策略中众所周知。这个策略包含标准普尔500ETF（SPY ETF）及所包含的500只股票所对应的交易值。（注意指数套利指的是对指数和所构成成分进行交易，简单地将SPY作为一个例证。）如果你知道标准普尔500指数是由500只股票及500个权重组成，你应该能够计算出标准普尔500指数自下而上的估计值。然而，如果你发现，在去除费用比率以及其他类似于ETF和一篮子股票的结构不同等因素之外，标准普尔500ETF的实际交易值是另外一个不同的值，这时理论上可以买入低估的、卖空高估的，从而免费获得收益。正如你所想象的，对于这份收益会有很多竞争。这意味着你不得不对所低估的及高估的产品迅速做出决策。正如听上去很简单一样，高速度对标准普尔500ETF和一篮子股票进行比较非常重要。对这一问题，有许多算法解决方案，但并不总是以同样的速度进行计算。

在高频交易中，经常会在侧边栏看见许多策略。想法极其简单，计算极其简单，但是要求极快的设备捕捉信息。因此，当我们听到一些出版商谈论有关"高级的、复杂的算法"，会觉得极具讽刺性。难点不是理解所做的，而是做得速度有多快。

风险检查

在向市场发送订单之前的最后一步是向被称为风险监管的部门递交订单（在一些市场，例如美国股票市场）。监管者（根据市场准入准则）表明经纪交易商是有责任的，要确保每笔交易①在交易者的范围内，②不能出错，③遵守监管准则。他们也授权风险检查软件应该在经纪交易商的完全控制以及独立控制范围内，经纪交易商的顾客会做出交易。这个规则已于2011年7月被采纳，作为对高频交易的批评以及对没有任何规则下的市场稳定性的担心的回应。另外，在订单进入市场之前，还需要检查的事情包括：

- 交易者的购买力是否足够？
- 开放订单数量是否有效？或者是否会出现交易者犯一个错误而带来过多开放订单的情形？
- 单笔交易是否会因为量大而无法成交？

在规则进入市场之前，许多经纪交易商是遵循此规则的。但是少数几个大交易量交易商的操作有所不同。这些交易商从事着被称为**裸进入**（naked access）的交易。这意味着经纪交易商的顾客允许直接进入市场，如果经纪商对于客户自身的风险检查技术足够满意。为什么这一点很重要？是因为一般情况下，经纪商提供的风险检查存在于经纪商的服务器。在进入市场之前，进行风险检查的交易，必须先由顾客传送给经纪商。

这增加的步骤（added hop，网络工程用语）会因为两个方面的原因而增加更多的延迟时间。第一，存在着服务器之间的连接（客户的交易服务器和交易所的风险检查服务器之间的连接）。第二，经纪商的风险检查软件一般情况下会劣于对速度敏感的交易者所设计的软件。这可能是因为其他一些原因，包括高频交易者或者量化交易公司相对于经典的经纪公司而言存在更多优秀人才，或一些不同的目的。经纪商一般会关心可扩展性的问题，而不是高速问题。相反，对速度痴迷的高频交易引擎（更愿意处理上面提到的问题）希望**主机从接收到数据到做出响应所需的时间**（tick-to-trade）延迟低至 10 微秒（0.1 毫秒）。他们不会对增加的与风险检查相关的 50 微秒延迟感到满意。

这样，一些高频交易公司在进行内部风险检查以后，将它们的交易直接发送给交易所。不是所有的经纪商都能接受这样的安排，因为如果客户的风险检查存在问题，经纪商最终需要承担责任。然而，一些经纪商为高频交易者提供裸接入的服务，这些公司多年来在速度上都有一定的优势。随着市场准入准则的颁布，证监会禁止了这种做法，目前，交易者必须使用经纪交易商的风险检查。这就驱使着一些大型高频交易者扩建他们自己的经纪交易公司，以使得他们能够付出额外的监管费用并继续使用自己的风险检查。同时也加剧了创造最快的商业风险检查的竞争。到本书写作之时，大概有3种顶级的解决方案，其余解决方案远远落在后面。解决风险检查问题仍然是在高频交易者（和他们的服务提供者）聚焦的延迟减少的领域。

小结

本章，我们详细阐述了高速度（或者低延迟）重要的原因以及延迟的根源。依据交易的类型或者所实施的交易策略，注重速度的原因有所不同。虽然这带来了媒体上的大量负面关注，但是这与其他行业的处境绝对没有任何不同。如果在游戏竞争规则范围内发展优势，那么大部分有竞争性的玩家都会寻求发展其优势。但是，通常情况下，对于量化交易，当遇到高频交易和低延迟交易时，会有双重标准。人们看上去会对高频交易者感到不满，因为高频交易者（已难以置信地解决了上面提到的问题）相对于其他交易者而言，有着完全合法的、合乎道德的、公平的竞争优势。

具有讽刺意味的是（这一点将在第16章进行讨论）低延迟交易类似于适度自由企业系统的企业一样。承担风险并不意味着企业就会成功。无数的高频交易者在基础设施上投入了大量的时间和金钱，却发现缺少获得盈利的能力。更多的高频交易者对于建设自己的基础设备既支付不起巨额投资费用，也缺乏专业知识。这就会遇到**建还是买**（build versus buy）的问题，一些公司通过商业供应商购买一部分或者全部基础设施解决问题。一些公司宣称它们自己的"封装在一个盒子"（HFT-in-a-Box）的解决方案，允许拥有好观点的策略家不需要增加其他元素便可以实施其策略。不幸的是，很少供应商能够交付它们所宣称的内容（基本上其他行业也是如此）。结局就是当机会真正来临的时候（交易活动如火如荼的时候），很少有供应商能够交付真正的低延迟解决方案。正如Tradeworx的首席技术官（CTO）迈克·贝勒（Mike Beller）(在这一章节，他对我有很多帮助）所述，"对只列出平均值，或者平均值和标准差的任何人值得怀疑。责任心强的人会追求第99分位点的特征"。

有众多资源的优质公司也会遇到大量风险。批评高频交易的人指出，2012年骑士资本集团（Knight Capital）濒临破产的经历已经证明高频交易会导致市场的不稳定，指出现实世界是完全不同的，骑士改变了它们存在问题的软件。自己处理这件事情犯下了一个错误。谁应该承担这些？骑士！骑士几乎处于倒闭状态，不得不保留紧急资金以保持生存。虽然骑士以及股东很难过，但这确实公平。骑士犯了一个错误，从而付出沉重代价。散户、养老金和市场系统没有受到伤害。所有这些人在追求每股0.001美元的预期收益。

也许最重要的就是记住这一点。每股0.1美分是**成功**的美国股票市场高频交易者的期望利润率。为了得到这些，这些交易者在极强的竞争环境下，承担着与资本和时间消耗相关的风险。对于期望持有头寸1年以及交易25%甚至更多的交易者而言，高频交易增加了市场流动性。而它们每股0.001美元的收益提供给市场的流动性是微不足道和相当公平的。现在我们将转向研究高频交易者使用的各种策略。

注释

1. Christopher Steiner, "Wall Street's Speed War," *Forbes*, September 27, 2010.

2. 这部分的信息都来自于 Tradeworx 2012 年 9 月的研究。
3. 万一你很想知道**为什么** ES 期货合约会对 SPY ETF 产生影响，主要原因是 ES 期货合约是现存最大的美元合约。这可能有两个原因。一个原因是 ES 期货合约比 SPY ETF 影响更广，所以这是它的一种义务和责任。也因为一种习惯（一旦一种金融工具成为既定敞口选择的金融工具，它倾向于保持一种惰性），当交易者已经交易期货，转而交易股票（ETF 和股票的交易方式一样），是一件令人讨厌的事情。第二个原因是，相对于 ETF，期货市场具备更多的结构性优势，期货合约更少受到繁重税收的影响。而且，期货合约可以提供更高的杠杆，交易者无论是想进行大的赌注还是不想花费大量金钱进行赌注，期货交易都是完成交易的有效方式。然而，由于散户投资者从投资积极的互助基金转移到进行被动式 ETF 的交易，尤其由于 ETF 比较便宜，这个缺口已经变窄。
4. 值得注意的是，纽约是我们与美国股票市场连接的城市，与股票交易所相关的数据中心实际上大都驻扎在芝加哥。
5. Melissa Harris, "Some High-Speed Traders Convinced Microwave Dishes Serve Up Bigger Returns," chicagotribune.com, August 19, 2012.
6. Jerry Adler, "Raging Bulls: How Wall Street Got Addicted to Light-Speed Trading," wired.com, August 3, 2012.
7. Matthew Philips, "Stock Trading Is About to Get 5.2 Milliseconds Faster," bloomberg.com, March 29, 2012.

第 15 章

高频交易

> 如果老鼠已经在你的手上,那就为时已晚。
>
> ——布莱尔·赫尔,2000 年 12 月

前面已经描述了建立一个高速(低延迟)基础交易设施的重要性、组件以及挑战。这些组件主要被用于高频交易应用程序或者用于完成自动化的执行算法。这一章,我们将聚焦于高频交易,理解这些交易者所使用的策略,并弄清楚这些策略是如何与基础设施相关联。

高频交易策略并没有广泛可以接受的分类方法。然而,我们可以将其分为 4 种类型:契约型做市(contractual market making)、非契约型做市(noncontractual market making)、套利(arbitrage)和快速的阿尔法策略(fast alpha)。本章,我们将描述这些策略、风险管理以及投资组合构建应该注意的事项。

契约型做市

契约型做市(CMM)是高频交易最接近于传统市场特征的类型。首

先，应该理解做市的概念。

两个客户同时反向地做一件事情的概率是相当小的（例如，顾客A想以100美元的价格购买XYZ股票2000股，而顾客B想以100美元的价格卖出XYZ股票2000股）。当然，有一定比例的交易意愿可以被实现是很可能发生的。以上面的例子为例，也许顾客A想购买2000股，而顾客B想卖出5000股。剩下渴望卖出的3000股可能在后面的时间里卖出（通常在不利于卖家的某个时间），也可能被一个愿意承担买入3000股风险的中间商买入，买入的唯一原因就是顾客B想卖出这些股票。做市商就是这种类型的中间商，他们为有需求的人们提供市场流动性。

正如在日常生活中，生产厂商很少直接向零售客户卖出商品。因为实际上，他们需要管理生命周期。他们不能根据零售客户突发奇想的价格和所需产品做出改变。这样，分销商从制造商那里购买货物，并储藏这些货物，直到零售市场需要这些货物。同理，市场参与者没有必要做出完全一致的投资决定，做市商因储藏风险获得报酬。

做市商有两种类型。这一部分，我们将描述契约型做市商，有时也被称为**订单流内在化者**（order flow internalizer）。理解契约型做市商首先是要理解市场上契约型做市商所拥有的经济上的契约关系。契约型做市与市场、工具以及地理位置有关，但是我们以美国股票做市商为例。契约型做市商与各种经纪公司（公司的客户乐于进行交易）有着法律关系，使得经纪公司能将客户的订单传送给做市商，进而完成订单。作为对经纪商将自己的零售订单流（retail order flow）发送给契约型做市商的回报，契约型做市商经常被要求做到：①支付给经纪人一定的费用[1]；②完成客户发送的所有订单。一般情况下，最后一个义务有两种不同类型的订单需要完成：一种是小批量订单，一种是大批量订单。

美国股票市场的契约型做市商通常被要求自动化地完成全部"小批量"订单（这很恰当地被称为**自动填充**，autofill）。例如，某个投资者在一些网络经纪公司有账户，这个投资者想购买 XYZ 股票 200 股，无论现行市场的最低卖价是多少，契约型做市商都会同意卖出 XYZ 股票 200 股。但是有趣的是，无论是顾客的买单还是契约型做市商的卖单都没有进入交易所的限价订单。虽然这笔交易偏离交易所进行交易，但是它参考了发生在交易所的活动（特别地，参考了最高买价和最低卖价）。

契约型做市商，由于同意和经纪商之间的契约关系，获得甚至取代最快交易者位置的优势。实际上，因为契约型做市商被动地作为客户订单流的对立面，因而没有必要公布买单和卖单。这一切发生的次序与正常的市场情况正好相反：通常是限价订单簿中存在着一个被动订单，后来一个活跃的订单进入市场，与被动订单进行交易。在这种情况下，活跃订单进入市场，契约型做市商使用交易所的现行最优报价完成活跃订单。虽然，契约型做市商的订单实际上并不在队列，然而总是有一些支持它们的头寸。毕竟，契约型做市商在完成客户订单时，利用的是现行市场最优报价。正如刚刚谈到，迄今为止，由于经纪商已经建立了契约关系，显而易见，客户境况不会太差。客户的订单会以现行可获得的最优价格成交，而没有必要与其他活跃订单进行竞争。

在第 14 章，我们认为因为逆向选择的原因，被动地交易并不一定是高回报率的行为（尤其在一些交易所提供流动性刺激交易之前）。然而，当对手是零售订单流，消极的参与者更愿意享受最有利的选择。零售订单流一般包括大量的小订单，以给定名字累积的订单数量是相当小，这意味着它们不太可能造成任何重大的价格影响，这是逆向选择的一个重要决定因素。

对于大批量订单，契约型做市商一般有权利担当客户的代理商，尽力在市场中完成订单。这样，如果客户想买 10 000 股 XYZ 股票，做市商代表客户，尽力完成订单。然而，这里可能存在不正当的动机。但这至少是一个有趣的事情。以 XYZ 股票订单簿为例，在客户欲购买 10 000 股的订单进入市场之前，订单簿如表 15-1 所示。

表 15-1　虚构的股票价格收报机的订单簿模型

ID	规模	买	卖	规模	ID
买 1	1 000	100.00	100.01	2 000	卖 1
买 2	3 100	99.99	100.02	3 000	卖 2
买 3	2 000	99.99	100.02	1 000	卖 3
买 4	5 000	99.98	100.03	4 000	卖 4
买 5	6 000	99.97	100.04	1 000	卖 5

如果设想此时存在 10 000 股的买单，契约型做市商则进入市场，以 100.01 美元的价格购买 2000 股（卖 1），以 100.02 美元的价格购买 4000 股（卖 2 和卖 3）。目前，他以 100.016 7 美元的平均价格购买 6000 股。然后他以 100.03 美元的价格在卖家 4 购买 3500 股，剩下的 500 股以 100.03 美元的价格成交。现在这份订单完成以后市场订单簿如表 15-2 所示。

表 15-2　契约型做市商作为客户代理购买 10 000 股后的
虚构的股票价格收报机的订单簿模型

ID	规模	买	卖	规模	ID
买 1	1 000	100.00	100.03	500	卖 4
买 2	3 100	99.99	100.04	1 000	卖 5
买 3	2 000	99.99			
买 4	5 000	99.98			
买 5	6 000	99.97			

殊不知最先卖出的 9500 股大约会使得价格增加 2～3 美分。在这种情况下，契约型做市商会知道客户的订单会推高价格，他会延迟卖出，直到买单几乎被耗尽。最后的 500 股被卖出的话，很可能已经获得盈利。

如果在10 000股买单之后没有其他买单，上涨趋势可能立即反转，订单簿的卖单部分很可能被低于100.03美元价格的卖单所填充。这将会使得契约型做市商获得盈利退出头寸，那些最初订单为更低卖价的交易者将付出代价。

上面提到，至少这是个有趣的动态过程，然而，这可能会刺激契约型交易商以不利于客户的方式进行代理交易。如果契约型做市商有能力作为客户的代理**并**完成交易的最后一个部分，契约型做市商就有动力去完成大部分客户订单，因为它会驱使价格上升到非常具有吸引力的水平。换句话说，契约型做市商对最先的9500股使用非常无效率的执行策略，旨在达到最坏可能的价格（尤其是最后几百股股票），以使得契约型做市商能够进入市场，并以不可思议的高价将最后几百股作为自己的存货。

交易所已经开始反击订单流的内在化。有趣的是，在2012年8月，骑士资本几近坍塌的惨状是纽交所引荐的用来对抗订单流内在化的新程序的间接结果。这个程序叫作零售流动性程序（Retail Liquidity Program, RLP），为的是能让零售订单接入最好的成交价格，而不是历史上能得到的价格。为了在市场结构中应付这种改变，骑士对它们自己的软件做了一些修改。归因于新发布中的一个漏洞，仅仅半个小时，骑士的破产历程得以开始。骑士损失资金的大约140种股票均是纽交所股票，这并不是一个巧合。也就是，类似RLP的程序目的并不是让契约型做市商远离业务。相反，到目前为止，一些程序的最大参与者是契约型做市商本身。

将契约型做市商的行为与第14章所提到的高速交易和不同类型的订单相关联，我们能够理解为什么契约型做市商的速度必须要快。虽然他们没有必要为了得到一个头寸（这些头寸直接来自经纪公司）而需要更好的队列顺序以与其他参与者进行竞争，但是他们需要：①对市场有精确的、实时的估计，以便在合适的价格水平完成订单；②能够快速退出头寸。毕竟，他们是其他交易者的对立面。而且，虽然零售订单可能并不是最糟糕的对立面，但是仍存在一个真实的风险，即零售参与者会在一个既定的金融工具上朝同一个方向运动（例如，如果一只股票有利好消息，许多客户很可能买进这只股票）。这会导致做市商必须在相反方向拥有大规模的金融产品，这就强调为了减少已获得库存而在放置订单中速度的必要性。就是说，契约型做市商对速度的要求并没有与高频交易者处在绝对同等水平，我们将在本章的下个小节进行描述。

非契约型做市

非契约型做市商（NCMM）也包括活跃订单的另一个方面。非契约型经纪商为不同交易所提供（尤其是公开交易所（lit exchanges）在"发送订单到哪里"中有所描述）订单簿中的买单和卖单。在许多市场，由于流动性回扣，他们更有动力提供流动性。在其他市场，活跃订单流是足够良性的，快速的非契约型做市商仍然能在没有其他任何补偿的条件下获得收益。通常情况下，非契约型做市商通过放置被动订单获得头寸，等待某人和他的订单成交。一旦获得，非契约型做市商可能被动或者主动存在，这取决于流动性回扣以及市场的运动趋势。

考虑到他们依赖于被动订单，任何市场所暴露的最大风险都是逆向选择。一个订单的一面的做市商希望能够快速成为另一个订单的另一面的做市商，盈利至少等于买卖价差。或者，根据市场运动情况，能够积极地退出，从而获得盈利。这就是"低买高卖"但修改为"低买，速度极快并重复地以稍微高的价格卖出"的具体体现。确实，正常缺乏短期趋势情况下，这是可能实现的。

但是，首先，速度足够快这件事本身可以避免公开市场困扰任何被动订单的逆向选择问题。正如第14章所陈述的，处在第一的位置是一个不小的壮举。当我们看美国股票市场非契约型做市商的另一面的交易类型时，会发现大部分最优订单流被契约型做市商或者被暗池内在化了。在公开市场，这使得非契约型做市商主要与专业投资者互相作用，而不是与交易危险的订单进行作用。这样，因为速度对于任何做市商都很重要，非契约型做市商尤其需要速度快。此外，非契约型经纪商通常也进入暗池交易所，经常通过暗池传送订单，在发送其余订单到公开市场之前，通过承担费用利用优先的流动性。

其次，非契约型做市商必须能够快速得到信息，以帮助他们避免逆向选择问题。第14章，我们谈到快速取消被动订单的能力对于消极交易者成功的概率是至关重要的。例如，如果一些股票指数的期货合约大幅反弹，大部分股票会在近期大幅反弹是大概率事件。不能及时得到期货市场信息的非契约型做市商很可能因难以取消被动订单而结束，将使得他需要在卖出交易上经历逆向选择。

对于非契约型做市商，一个重要的挑战是如何处理和解决由于其他参与者消除买卖订单而获得的库存。当市场趋势性运动时，尤其具有挑战性，留下了趋势对立面拥有大量头寸的非契约型做市商。正如早些谈到的，非契约型做市商有时积极退出交易持有头寸时，承担着大量的风险，即使这意味着横跨买卖价差（crossing the bid-offer spread）以及可能也为流动性支付费用。处理库存风险的另一个方向是在库存中持有与之紧密相关的相反的头寸。例如，如果UVW是一个与XYZ同行的假想公司，属于同一行业团体，有相似的市场资本（以及其他），XYZ很可能与UVW的大运动方向一致。这样，如果对XYZ完成消极买单（多头XYZ），他的算法可以考虑对UVW放置消极卖单，或者积极卖出，以便

XYZ 在遇到大幅变动时对冲风险。

套利

套利暗含着无风险盈利，这是很有吸引力的，无风险盈利很难得到也是显而易见的。当金融工具**结构性地相关**（structurally correlated）时，套利机会存在。我们定义**结构性相关关系**（structural correlation）为必须存在的相关关系。例如，跟踪标准普尔 500 指数的金融工具大概完美相关。如果标准普尔 500 期货合约（S&P 500 futures contract, ES）今日上涨 1%，而 SPY ETF（也跟踪标准普尔 500 指数）仅上涨 0.6%，无风险套利机会存在，即做空期货，做多 ETF。按照这种方式，交易者几乎可以保证获得 0.4% 的盈利。这两种金融工具都是在跟踪同样 500 只股票的表现，当其中一个表现优于另外一个时，必定是因为交易中出现的暂时失衡。例如，一个购买期货的大订单突然进入市场，会突然驱动期货合约上涨，取消 ETF 中的被动订单（无论买单还是卖单）或将其价格推高，可能花费小部分时间。在这个时间段里，套利者能够应对取消速度慢的被动订单，获得无风险盈利头寸。

为了取得真正套利的资格，交易必须捕捉市场的无效性，即在精确的同一时间点金融工具在不同的地点（例如交易所）或者形式（例如，ETF 和构成 ETF 的股票）中价格有所不同。套利者卖出相对高估的金融产品，买入相对低估的金融产品，当价格收敛时，获得盈利。

高频交易套利最常用的形式是**指数套利**（index arbitrage），诸如前面标准普尔期货和 SPY ETF 的例子。这个套利指的是，比较跟踪一个指数的金融工具和跟踪同个指数的另一个金融工具之间的值，或者和这个指数的成分股的值相比较。想想一个期货合约跟踪一个指数，指数以 50/50 的权重包含两个金融产品。这个指数可以直接通过期货合约进行定价，或者间接以每个组成部分的值乘以各自的权重（我们的例子中，均是50%）进行定价。因为指数与它的组成部分（经常在不同的交易所）各自进行交易，作为整体交易的指数价格和以正确的权重购买成分的综合价格在短时间内存在偏差。

另一种套利类型是**跨市场套利**（venue arbitrage），这仅存在于分散的市场。跨市场套利主要利用分散的市场结构（意味着有许多交易所允许交易同一金融产品），有时会引起不同的交易地点、同一金融产品的价格有所不同。这里，金融工具不仅是与另一金融工具结构化相关，实际上，是**同一金融产品在多个地方进行交易**。与指数套利机会存在同样的原理，跨市场套利机会也存在。在美国股票市场，2007年，国家市场系统管理准则（Reg NMS）颁布，试图解决这个问题。在其他某一市场，跨市场套利仍有可能发生。

在某种意义上，当契约型做市商收到客户要求在同一时间买进和卖出同一金融工具的订单时，则存在着套利机会，因为它能够以不同的（有利的）价格同时卖出金融产品给一个团体和从另一个团体买入。买单在现行的最低卖价成交，卖单在现行的最高买价成交（根据定义，买价低于卖价）。为了处理这极其明显的不平等性，一些经纪商开始要求当拥有相匹配的并且相反方向的订单时，契约型做市商以最优买价和最优卖价的中间价格进行成交。

虽然无风险套利不可否认地具有吸引力，要求获得快速捕捉机会的最高层的技术能力的成本是巨大的。初看，速度很重要是显而易见的，就像100美元的钞票不会在大街上停留很久一样。如果你能横跨买卖价差（cross the bid-offer spread）并意识到套利机会，这样做是有意义的。但是偶尔也会根据机会大小，被动订单能被用来增加回报。如果价格相差较大，以及如果交易所提供流动头寸回扣（liquidity provision rebates），使用限价订单完成套利交易可能会增加收益。但是通常情况下，这些是积极交易（active trades）。以 100% 的确定性获得无风险套利比冒着为了获得稍微好的盈利而错失整个机会要好得多。

实际情况是，并不是所有的高频交易套利都是严格无风险的。在更有效的市场（例如，美国股票指数和单一的股票市场），实现套利交易的两方面经常是不可能的。机会稍纵即逝，某个时间只能完成交易的一个方面。例如，对于 ETF 和期货的套利策略，可能只能够完成 ETF 的交易，打赌两种金融工具存在着领先－落后的关系。但是期货可能在交易者锁定利润之前多次运动。这仍是一个好的交易策略，但是基于一个给定的交易，实际上胜率不一定会更好。在弱有效市场（less efficient markets），真实地存在无风险盈利机会。

快速的阿尔法策略

我们将考虑高频交易的第四种类型是**快速的阿尔法策略**（fast alpha）。快速的阿尔法策略本质上和第 3 章讨论的策略是同一种类型。它们主要利用基于价格的信号，例如动量、均值反转和技术面情绪指标。如果我们考虑第 8 章所描述的各种策略的数据类型，这很关键是有道理的。基本面不会频繁改变。当它改变时，需要花一些时间才能完全消化（大部分情况下要多于 1 天）。而且，当流动性很弱的时候，大部分基本面消息会在几个小时后或开盘前发布。然而，重要的（例如，令人吃惊的）基本面数据确实会在极短的时间内（日内）对价格产生影响。例如 24 小时交易的外汇市场，这种影响更真实存在，虽然在更传统的市场时间流动性会自然增长。总之，策略的不同增长或价值类型会在日内实现，但这是在极少数的情况下。通常，快速的阿尔法策略对贯穿于交易日频繁变化的信息，包括价格、容量和限价订单簿等信息起作用。因为基本面的变化能够导致高交易量，当这些改变发生时，高频交易者异常活跃，即使他们并没有明确地基于基本面信息进行交易。

将快速的阿尔法策略与套利策略相比较是有用的。套利策略利用结构相关的金融工具之间的价格差异获利，快速的阿尔法策略有时基于统计的角度从价格差异中获利。例如，如果 XYZ 和 UVW 是同一行业群体的两个公司，具有相似的市值和基本面，大部分时间里一个会跟踪另一个的运动趋势。如果 XYZ 偏离 UVW，你有理由相信它们会收敛。但是如果是因为 XYZ 和 UVW 的去耦合的开始信息而引起的偏差，结果又会怎样呢？正如第 10 章提到的美林证券（MER）和嘉信理财（SCHW）的例子，两者经历了紧密相关的时间段以及完全不同的时间段。换句话说，没有结构性的理由认为两种金融产品必须保持相关。因此，我们建立暗含一些风险的统计关系。

预测方向的类型也是如此，预测是基于历史行为对未来行为进行推断。例如，如果一些金融产品连续几秒钟创出新高，之后将会下降是一个好的机会。但是这仍然是一个偶然事件，金融工具过去的表现和未来表现之间的结构关系不是引起保持回报策略的原因。

一些快速的阿尔法策略是很被动的。例如，日内统计套利。从它们被动地防止提供流动性订单这个意义上来看，它们可以被认为非契约型做市商的近亲，但是也许可以减少逆向选择问题。对于一些策略，第 14 章讨论的关于放置和取消被动订单速度的必要性得以应用。日内动量策略也能被动完成，通过取消与现行趋势相反方向的被动订单以及运行与趋势方向一致的策略得到头寸订单。很明显，这些订单最不可能被执行，因为它们试图去捕捉趋势中小的撤退。而且，尤其当趋势逆转时，逆向选择问题存在。正因为如此，速度的必要性源于渴望将被动订单放置于订单的顶部，以及源于有必要取消陈腐的被动订单，以避免逆向选择问题。

更多的时候，日内跟随趋势是积极地实施策略。这些策略有极强的挑战性，因为市场影响和滑价会对策略主体产生不利的影响。如果一个金融工具在极短的时间内呈下降趋势，一个快的跟随趋势的策略自然地想快速得到那个金融产品（或者与之紧密相关的金融产品）。然而，任何处理数据以及将订单反馈到市场的延迟都是不利的，因为市场不会等着一个慢的交易者弄清楚如何去做。趋势会从慢的交易者身边溜走，导致大的滑价成本。而且，因为有些时候交易者渴望购买（或者卖出）已经上涨（或者下跌）的金融产品，这种情况下，市场冲击成本也可能更严重。基于这些原因，接下来的日内趋势不像均值反转交易策略显示的那样常见，要求低延迟能力。

高频交易风险管理和投资组合构建

很多时候，高频交易策略的风险管理与相对较慢的交易的风险管理有所不同，即使对于类似的策略主体（例如快速阿尔法类型中的策略）。考虑到风险因素，例如，交易成本模型及对优化的不同输入会花费宝贵的计算时间，这将放慢完成阿尔法策略的过程。而且，大部分长期策略想对冲的风险因素很少应用于隔夜证券市场。例如，一些长期交易者关心平衡**规模**因素（实质上是市场资本规模）的敞口。他们并不想对看多小资本公司和看空大资本公司存在偏见。日内交易没有明显区别，因为市场中风险因素表示的方式在（短期）日内不会发生。另一种考虑方式是相对于长期而言，短期的统计相关意义很弱，虽然异常（主要是流动性驱动的）情况很重要。

风险模型应用于前面所陈述的4种高频交易策略中的3个存在深层

次的问题。例如,套利策略清晰地要求风险管理类型与风险因素模型所提供的类型不同。按照设计,多头头寸和空头头寸本质上是同一种金融工具。常见的风险因素敞口没有什么不同。套利者的考虑因素是要确保多头和空头之间价差的临时差异不会让他们破产。对于契约型做市商和非契约型做市商,目的是尽快尽可能地去除库存,而不是担心风险敞口。

对于高频交易策略,风险管理最常见的方向是控制极少数的易于计算的风险。例如,限定既定收报机上的最大订单数、限定既定金融产品的最大累计头寸规模、限定最大的累计投资组合规模或者限定某个金融产品开放订单的最大数量,都是几乎不会增加延迟的简单风险检查。如果触及事先定义的止损水平,许多交易会自动停止。许多高频交易者也会通过限制净多头百分比和空头百分比,选择控制他们方向上的敞口。大部分高频交易策略更关心价格逆转之前对冲交易的速度。例如,如果一个套利者看到购买标准普尔500指数和看空相关股票的一些小收益上的机会,这个交易的两个方向很可能不能精确地在同一时间完成。执行完一方以后,交易者对股票市场的方向做简单的方向判断。直到第二个方面完成,交易才能成为一个无风险套利。同样地,如果第二个方面的交易还没有完成,市场运行到第一个交易的对立面,机会不仅仅可能会消失,而且很容易损失资金。这被称为滞后风险(legging risk),许多高频交易者尽量去管理这一点。

高频交易者的投资组合构建看上去与长期量化投资者的投资组合构建也有所不同。有关这个方面最明显的例子是套利交易。如果有机会赚取无风险收益,你应该进行市场允许的最大交易。对于两种做市商而言,他们很少控制被动订单有多少是被更积极的参与者所完成。对于他们,归根结底是简单地确保他们分散风险,或者限制累积的最大库存数量（因为累积库存在不久之后必须进行分配）。对于快速阿尔法策略，交易者如何制定头寸没有常用的标准。但是他们倾向于使用第6章所讨论的简单想法。相等权重的头寸或者基于期望收益加权的头寸都是常用的方法。由于很少将协方差和波动性因素考虑在内，因而在优化甚至解释风险和交易成本模型方面几乎没有什么意义。所有这些会增加做出交易的时间，所以简化策略计算过程（正如第14章所讨论的）是减少延迟的一个重要方式。

高频交易者最令人惊奇的是，当他们积极地交易时，经常没有考虑到他们策略中的交易成本。这似乎是自相矛盾的：交易成本模型应该是帮你以更聪明的方式进行交易，为什么积极的交易者会避开他们？在某种意义上，另一些投资者支付的交易成本（因买卖价差和流动性承担的费用）经常是许多高频交易者阿尔法策略的主要资源。正因如此，交易成本的经典定义经常是不对的：它们是获利的资源。很明显，尽可能频繁交易是受欢迎的，这是在消极高频交易的控制之外，因为它们不能让其他人积极交易。尽管如此，消极高频交易是客观存在的。

相反，积极的高频交易策略必须克服适用于其他投资者的交易成本，但没有长期持有头寸的利好。正如你所想的，在极短的时间即几分钟内，并没有太多的机会持有头寸并基于交易成本产生利润。这样，高频交易者倾向于考虑佣金、管理费和税收以及因提供或者利用流动性除去市场冲击和滑价后的经济形势。

小结

我们已经探寻了高频交易者使用的几种策略。你可能注意到高频交易策略和第3章描述的阿尔法策略有一些显著的不同点。确实，私下里，许多高频交易参与者会告诉你，他们根本不考虑阿尔法策略。即使他们确实这样做了，阿尔法策略也是技术面关注的最佳备选，主要风险是失去速度优势。当你看到这两种策略已经被利用，并且归因于速度慢而受到惩罚（第 14 章有所描述），为什么会是这样就很清楚了。

基本上，标准普尔 500 指数应该和跟踪它的每一个金融产品具有相同的值，即标准普尔 500= 标准普尔 500。有时候，可以在存在偏差的短暂瞬间获利。特别地，这是一个技术问题，由技术所驱动的与预测未来的更好方法所驱动的高频交易者使用的许多策略同样重要。

注释

1. 这种实践被称为**为订单流支付费用**（payment for order flow）。对于这一点，伴随着许多争论，因为受益人通常是经纪商，而不是顾客。当然，是发送订单的顾客。围绕这个话题激烈争辩的结果是，随着时间的推移，达成的共识越少。但是，它已经成为资本市场的一个特征，比高频交易存在的时间还要长。

第16章 关于高频交易的争论

> 沟通速度和交互能力的主要优势在一个世纪以前就有所体现。从航海技术到电报的转变远比从电报到电子邮件的转变进步要大得多。
>
> ——诺姆·乔姆斯基

正如在第四部分开篇所描述的,高频交易伴随着争论进入公众的视线。反对高频交易的许多争论,如那些不顾其事实,或者由于自身利益向公众提出偏见和带缺陷的信息,刺激着我。普遍地,各种批评声不考虑高频交易者的不同类型,混淆高频交易实战中市场结构的不同元素,将高速交易(以及通常的量化交易)和高频交易进行合并。

对高频交易的批评中4种主要的观点引人注意,根据批评者进行分类,高频交易:

(1)通过创造"有-没有"两层体制,代表不公平的竞争;

(2)操纵市场和/或进行老鼠仓交易;

(3)带来结构性不稳定和/或产生额外的波动率;

（4）没有社会价值。

下面将按顺序陈述这些争论，最主要的目的是将事实和虚构进行区分。

高频交易创造不公平的竞争了吗

2009 年，T. Rowe Price 的高管安德鲁·布鲁克斯（Andrew Brooks）谈道，"但是我们正向高频交易套利者和其他类型交易的两层市场前进，人们想知道他们有获得公平交易的权利。否则，市场将失去公平性"。[1]这个争论背后的观点是超速计算机、算法和通信设置都非常昂贵，普通人难以利用这一点，他们创造了双层体制，而高频交易者在其中具有很大的优势。这并不是对当前市场的准确评估。主要存在 3 个方面原因，我们将逐一进行阐述。

做市商中速度的作用

市场需要做市商，就像制造商和消费者需要经销商一样。总有一些做市商，如果没有他们，市场就不能正常运行。而且，做市商不得不拥有快的速度，因为存在被动交易相关联的逆向选择问题（在第 14 章有所论述）。过去，速度优势被一些享有特权的交易者（交易所的知情人）获得。他们通常被称为局内人（locals）、场内交易者（floor traders）、专家（specialists）及其他。现在，速度优势有一个公平竞争的环境，相比几年前，有了很大的进步。

今天的资本市场相对于过去而言，更具有平等性。我们已经给出了一个 19 世纪早期的一个例子，信鸽具有速度上取胜的优势。在华尔街的早期，物理位置越靠近交易所的公司越具有速度和接入优势。后来，那些最先拥有电话的人具有优势。诸如此类。相对于 2009 年，1929 年，大银行相对于普通投资者而言，存在着数量级上的优势。2009年，世界上最快的高频交易公司，格泰斯勒公司（Getco）高于在线经纪客户的优势也就是在瞬间。即使在很忙碌的一天，速度上的优势也极其微小。而30年前是在交易所大厅进行实时交易，散户第2天在报纸上才能复核收盘价。

当在公平的游戏中，公平的竞争环境中获得优势，这既不是一个不公平的竞争问题，也不是一个双层体制问题。它是一个**竞争优势**（competitive advantage）。布鲁克斯的言论意味着越聪明的人，以及投资昂贵的基础设施的人使得他们成为更具竞争力的人，与其他人相比，具有不公平的竞争优势。但是根据这标准，沃伦·巴菲特相对于别人，有较早将好的想法付诸实践的优势。他有额外获取信息的能力，他足够聪明，他有能够处理信息并能将工作做得很好的分析师。这为什么不会降低市场的诚信呢？这种类比可以推广到竞争存在的所有领域。纽约扬基队（New York Yankees）能够支付给队员他们想要的工资，从而建立足够有才华的队伍。不是所有的球员选择为它们服务，扬基队也不能因为拥有最高的工资单就确定能成功。一级方程式赛车团队在提供资金和天赋方面的能力并不完全相同。一些车队拥有较好的驱动和引擎，它们参与研究与开发，从而获得很多比赛的胜利。现实就是这样，并没有不公平。它遵循基本的金融原理：如果你愿意承担风险，你可能获得回报。

如果一些选手没有获得承担风险以及获得报酬的机会，将是不公平的。但是高频交易并不是这样。任何人可以得到主机托管空间。任何人可以得到最好的硬件和快速的通信网络。2012年有一个事件，纽约证交所为了弄清楚仅一些高频交易者利用的数据集而受到惩罚。但是本质上纽交所就违反了现存的规章制度（尤其是国家市场系统管理规则603（a）），那里清楚地表明**任何**想利用特殊数据的人都不能获得这些数据。

它们被处以罚金，这件事情才得以结束[2]。很清楚，想要进行竞争的公司需要在基础设施方面投入大量资金。它们也不得不获得竞争的技巧。对于任何企业，都是如此。

而且，投资于昂贵的基础设施并不能保证成功。我不能公开点名，但是我知道许多高频交易者在基础设施上花费巨资，最后除了赤字没有剩下什么。这说明为第14章谈到的几种速度进行投资，并不一定能保证获利。它只是把交易者推向与尽力做类似事情的其他交易者的一个公平竞争环境。任何公平的竞争都是如此，存在着赢家和输家。但是，输家对我们是有教育意义的，因为它证明并不存在高频交易者通过花费很多资金而获得号称低风险获利的"俱乐部会员"资格。对好的实体资产的投资、良好的技术、聪明的人员以及其他具有潜在优势的资源事实上是可能取得成功的投资，也有可能是不能取得成功的投资。

速度的目的

认为双层体制不正确的第二个原因是高频交易者不能使用他们公平获得的竞争优势和投资者进行竞争，而宁可相互之间进行竞争。高频交易者（尤其是做市商）职责是促进订单成交，意味着他们是这些订单的对立方。正如第14章所阐述的，获得超过其他高频交易者的速度优势对于处理与被动订单相关的逆向选择问题是很重要的。

有宣称不愿意累积太多头寸的交易者，以及不愿意持有隔夜头寸的交易者将与时间跨度为周、月、年的交易者进行竞争，这种宣称是不正确的。确实，高频交易者是庞大的流动性净提供者，而投资者是净消费者。

统计数据可以支持这一观点。高频交易者消耗在速度上的巨大资源和成本能够产生一个与速度相关的策略。美国股票市场大约每股盈利

0.001 美元，前文已经提到。市场中最快的交易者能获得盈利。当然，他们需要交易大量的股票，正如第 13 章所示，即使进行累积，美国股票市场高频交易利润仅仅稍高于一个美国股票市场的中型零售经纪公司的盈利。

现在，与良好的统计套利交易者的情况相比较。一个公司的利润是每股 0.01 美元到 0.02 美元。在这种情况下，通过拥有更好的基础设备，盈利额外的 0.001 美元就是很有用的，但仅仅是边际收益。对于长期投资者，回报目标都是以几（许多）美元或者 10% 以上进行衡量，每股赚取额外的 0.001 美元并没有太多的动力。因为长期投资者交易的频率很低，这一点在这里尤其重要。

将高频交易者和长期投资者进行比较，是证明这些参与者有一点竞争或没有竞争的一种方法。然而，每一种投资者在市场中都有自己的角色。高频交易者之间的竞争仍然存在，是因为他们彼此之间进行竞争，至少以不利于非高频订单流的方式进行交互作用。

哲学观点

投资的每个优势，尤其在阿尔法驱动投资中，都是有关速度的。不论是更快地得到数据，更好地处理信息，还是更快地执行订单，只有具有相似想法的人在你**后面**完成订单，你的投资想法才能获利。价值投资和高频交易投资均是如此。

这是有关阿尔法的基本陈述，与第 3 章给定的阿尔法定义是一致的：阿尔法策略取决于时间。特别地，阿尔法策略是在别人之前实现价值。无论你是像沃伦·巴菲特的长期投资者、统计套利者、期货市场的趋势跟随者还是高频交易者，只有在你多头上涨和/或空头下降时，你才能获利。这只有当其他投资者聚集跟随你的脚步时才会出现。也许这是投资需要考虑的最重要的部分：成功投资和交易内在地依赖于对未来其他投资者和交易者群体行为的预感。预期某人的交易和预期某人的长期赌注并没什么特别不同。

总之，很难看出高频交易不公平以及高频交易创造双层体制的观点的任何价值。高频交易者确实相对于普通人而言有一些优势，但是话说回来，IQ 高于平均值的人，或者在投资分析和交易决策上花费更多时间和金钱的人本应如此。无论是对于长期资本管理类型的投资，还是高频交易类型的投资，这个优势本质上取决于速度。更确切地说，就是在其他人拥有相同的想法之前获得头寸，以及保持获利退出头寸。这直接导致高频交易者的第二个问题。

高频交易导致老鼠仓交易或市场操纵吗

高频交易者被指控为老鼠仓（front-running）投资者。这是一个很有热度的话题。但是不幸的是，能够检验这个话题的可靠例子又很少。至于市场操纵，在具有特定争论的稀有例子中，批评者指出例如**塞单**（quote stuffing）现象，即防止或者取消大量订单，目的是干扰其他投资者进而犯错。另一类受欢迎的批评者认为，是"高频交易者的计算机本质上能够吓唬慢的投资者放弃利润，然后在任何人都知道他们在那里之前消失"[3]，这通常没有进一步进行解释。完全与高频交易不相关的事情，例如 2012 年 Facebook 陷入困境的 IPO 历程，被一些媒体和公众认为是高频交易操作问题。

有关操纵的说法看上去有它的理由，比如谢尔盖·阿里尼科夫在离开高盛后被送往联邦调查局的例子（正如在第 13 章所描述的）。这个例子（直到谢尔盖·阿里尼科夫的定罪被撤销以后）给那些在 2008 年疑惑如何才能赚钱的人们一个启发。在陈述那些所谓的已经被剽窃的代码敏感性时，高盛明确表示："知道如何使用这个程序的人会使用它以不公平的方式操纵市场，这是危险的行为。"[4] 我们下面将详细陈述。

老鼠仓

要真正明确一点：当受托方利用客户订单的信息，在客户有机会进行操作之前进行同样的买卖操作，就是进行老鼠仓交易。但是高频交易者并没有看到顾客的订单，然后决定是否进行老鼠仓交易。他们进行极其短期的预测，有时会推测其他交易者下一步的行为。正如我们在"高频交易创造不公平的竞争了吗"中所指出的，时机是所有阿尔法策略投资者的决定因素，许多对时机的判断与预见其他投资者后面可能的行为相关。但是许多高频交易者在进入市场之前没有得到顾客订单的信息。通常，他们对一些订单做出反应，但这是大部分交易者都会有的行为，无论是否有计算机这个工具。

一些高频交易者（套利者和高频交易阿尔法策略交易者）会对因其他交易者获利而引起的转瞬间的低效做出反应。非契约型做市商（NCMM）会对限价订单簿和放置被动订单的其他信息做出反应。他们没有别人计划进行交易的信息，在他们订单进入市场之前没有看见订单。契约型做市商（CMM）实际上确实能看见顾客订单流，并有要求向那些订单流提供流动性。具有讽刺意义的是，在这里，老鼠仓交易实际在理论上存在可能，与刚刚提到的观点正好相反。然而，契约型做市商（CMM）很少成为公众反对高频交易者的主题。事实上，一些批评家想让所有的高频交易者成为契约型做市商，承担契约型做市商所拥有的责任和义务。这将会有反常的结果出现，高频交易者能够看到进入市场之前的订单流。

一个对高频交易的批评是**延迟套利**（latency arbitrage），这是一个程式化的策略，用来说明高频交易如何利用捕食者算法提前运行机构交易者的执行算法。这是一个故事，从假设高频交易能在顾客订单进入市场行情之前看见订单为前提，然后按照这个信息进行提前交易。有人进一步宣称这种捕食者算法对于高频交易者而言，在美国股票市场每年能够产生15亿～30亿美元的盈利。

如果高频交易能在订单进入市场行情之前看见订单，它将能够提前运行顾客订单。如果这个假设是真的，争论就是无关紧要的。然而，这种假设是完全错误的。

想象中的情况是，当订单被放置，将需要一些时间才能在"全国最优买卖价"（national best bid-offer，NBBO）中有所体现，归因于延迟，在更新集中数据反馈（centralized data feed）已经有所描述。正如我们已经指出的，为了减少延迟，许多高频交易者从交易所建立直接的数据反馈。这样，他们能在顾客订单反应在集中行情之前看到订单是真实的。然而，一个既定的交易所的顾客订单已经进入队列之后，高频交易的直接数据反馈才能看见。

高频交易能在订单发生之前看见订单是不可能存在的。相对依赖于统一行情的投资者而言，高频交易能够更好地意识到现有订单簿的状况，这是真实存在的。得到即时信息方面确实有优势，否则，高频交易受到昂贵的难以管理的直接反馈系统的困扰是多么愚蠢的行为。但是这个优势是要付出成本的，这是任何参与者进行竞争的成本。如果一个交易者的策略要求像高频交易一样得到即时反馈，那么很可能他将会经受各种考验。如果不需要的话，他将不会。但是这对于任何行业建立任何不同类型的竞争优势并没什么不同。（详见"高频交易创造不公平的竞争了吗"。）

在我看来，高频交易的对立方对比他们更快地进行交易和进行老鼠仓交易之间的区别有所误解。老鼠仓交易是非法行为，高频交易的范围内基本不会发生。然而，高频交易者比其他市场参与者速度要快。博尔特是最快的短跑运动者。他获得金牌，我们对他的速度惊叹不已。我们不会惊讶于一个马拉松运动的速度不能像博尔特的百米速度一样，我们不会将"世界上最快速度的人"和"世界上最快速度的马拉松运动员"进行比较，这是因为这样比较会让人觉得很奇怪：他们在不同的项目中进行竞争。博尔特并不用尽力超过马卡奥（最快马拉松纪录保持者）。正因如此，高频交易并没有想对养老金进行老鼠仓交易（他们也不能这样做，考虑到基本事实是养老金订单会直接进入市场）。他们在不同的游戏中进行竞争。

想象世界上没有程序化的交易策略，没有执行算法。在这样的世界，一些交易者仍然有能力比别的交易者以更快的速度更精确地访问和处理信息。那些交易者同样能以智取胜获取利润。这是完全正常和可以接受的。对于高频交易者而言，是同样的道理。他们并不能在客户订单进入市场之前利用客户订单，他们能尽快找出客户订单流的情况，他们能够试图迅速对信息做出反应。这也是完全正常和完全可以接受的。

操纵和取消率

目前聚焦于操纵，一些人宣称高频交易者操纵市场，或者通过移动价格，或者通过频繁地取消订单。2012 年，陷入困境的 Facebook 的 IPO 已被一些观察者认定为市场操纵的例子。事实证明，Facebook IPO 开盘指令受到纳斯达克技术上的驱动，这与高频交易者有什么关系不在我能够想象的范围之内。也有人指出 Facebook IPO 与高频交易操纵市场无关，因为价格下跌，直到这本书写作时仍保持低于 IPO 的价格（到现在，距离 IPO 的日子已经 5 个月的时间，Facebook 价格大约低于 IPO 价格的 50%）。

但是，我们想象高频交易中一些喜欢做坏事的人会操纵市场或者塞单。对一些为了非法目的使用强有力工具的人或者所使用的工具应该进行审判吗？因为亨特兄弟 20 世纪 70 年代操纵白银市场的行为㊀（并没有使用比电话还复杂的技术工具），投机交易应该被禁止吗？就此而言，因为电话能够被用于或者已经被用于邪恶的目的，就应该被禁止吗？

但是，我们没有必要认定高频交易者参与实际操纵。操纵通常要求一个交易者获得大量足够的头寸储存，进而能够驱动市场。但是考虑到高频交易的定义，这与高频交易的要求：不持有隔夜头寸相悖。正如我们已经看见的，库存通常对于高频交易是不受欢迎的。所以，高频交易者操纵市场和他们不喜欢持有头寸的事实之间存在着逻辑上的不一致性。事实是，有充足的手段和动力的任何人能够试图操纵市场。

批评者还指出高频交易者取消订单的频率（被称为取消率）在微观层次操纵市场。高速率的进入和取消订单被称为**塞单**（quote stuffing）。高频交易的对立方宣称，高的取消率存在两个问题：第一，高的取消率暗示着我们认为我们看见的流动性或者根本不在那里，或者非常劣质；第二，高频交易通过防止和取消太多的订单操纵市场。对于这些争论有很多问题，但是首先，我们需要理解，如果市场运行正常的话，取消率为什么会比较高或者为什么**应该**比较高。

在第 14 章，我们陈述过在放置和取消被动订单中，队列位置的重要性。时间优先市场（例如，美国股票市场）要求被动交易者要迅速恢复，如果他不想被退出。因为许多高频交易是消极的，有大量的竞争者向活跃的交易者提供流动性。这种竞争对于活跃的交易者是有益的，因为它意味着她的交易将以一个好价格成交。每当市场中价格变化并有交易时，

㊀ 本书英文版出版于 2013 年。——编者注

这是必须被做市商考虑的一个新信息。这通常意味着取消一个先前存在的被动订单并放置一个新订单。股票的十进制化导致价格变化的频率增加，这反过来意味着长期的高取消率。

美国股票市场的分割是另一个重要的贡献。因为在国家市场管理规则（Reg NMS）下，存在着超过一打的官方交易所，因为全美最佳买卖报价形成速度较慢（正如第14章所陈述的），许多高频交易者直接放置订单到各自交易所。但是它们提供的流动性比它们实际想要提供的更多，一旦它们完成了想要交易的订单，他们必须取消额外的被活跃订单覆盖的订单或风险。这是我们在第15章描述过的最基本的风险管理，高频交易者关心管理风险总是一件好事情。

最后，许多新订单进入市场太迟以至于不在队列的前面。在这些情况下，允许订单停留在订单簿中，对于做市商而言是很危险的，这些原因我们在第14章有所描述。同样地，太迟到达市场的订单有充足的理由被取消。

高频交易的对立方宣称提供的流动性仅仅是一种幻想，或者如果真实存在，也是劣质的。不幸的是，没有证据支持这些结论。但是事实是这样的：SPY股票是世界上最大容积的股票，在2010年的上半年，全美最佳买卖报价平均持续时间超过3秒钟[4]。一般股票容积越小，全美最佳买卖报价持续时间更长。这些数字与对立者在2004年高频交易前期所宣称的有所不同[5]。

高频交易的对立面也认为高的信息率（当有高容量的订单和取消订单时发生）引起交易所会的延迟，交易所会争取高频交易的时间（去做一些事情，我不确定）。真实的情况是，当信息容量突然增加时，交易所必须处理与高频交易者不得不解决的同样的微爆发的问题（见第14章），极端情况下，交易所确实看见延迟。但是减慢信息拥堵并没有为高频交易的经济目的服务。确实，在闪电崩盘中，许多高频交易者都停止交易，是因为数据延迟使得他们感觉数据质量已经恶化，以至于他们不能负责任地进行交易。数据延迟对于高频交易是个敌人，而不是朋友。

进一步，如果交易所没有被高频交易者牵制，对于它们而言处理这些问题是足够容易的。确实，交易所对连接它们的每一个参与者进行信息交通监督，它们警告、处罚，如果有必要时，禁止产生额外堵塞的交易者。这是处理这种情况完全合理和可以接受的方式，因为不是所有的交易所拥有同样的能力去处理信息。一个人为的信息限制对于一些人来说太低，对于另一些人来说太高，这为交易所之间的良性竞争增加了一个任意的参数。

最小的停留时间，即不允许立即取消订单，已经被建议。一个变化的近似影响是大比例的订单将变为陈腐订单，一些陈腐的订单将变为新的订单和高频交易者极好的套利机会。例如，想象标准500ETF（SPY）的全美最佳买卖报价（NBBO）显示存在最高价为144.20美元的买单1000股，最低价为144.21美元的卖单1000股，假设这些是新进入的必须停留一段时间的订单。现在设想标准普尔期货在这个时间快速下跌。以144.20美元购买1000股的交易者会受骗，因为在最小的停留时间内看到订单被一个来自指数套利者的活跃订单所成交，指数套利者很可能接下来立即返回来以更低的价格买回空头头寸。记住，基于第14章所描述的，一个被动订单被取消的主要原因是避免被选择。为了解决这个问题，提供流动性的被动交易者允许自身被选中，这个要求看上去不可能成为对当前市场结构的有效改进。

最后需要指出的是，2012年9月，一篇学术论文第一次详细地研究了高频交易者对于市场操纵的影响[6]。作者分析了从2003年1月至2011年7月的世界上22个证券交易所的情况，他们发现：

通过验证不同的国家、不同的市场、不同交易所的差异点，以及使用包括偏差测试在内的各种鲁棒性测试方法，我们可以看出高频交易在一些市场的出现大大缓解了日终操纵的频率和严重性，与媒体最近所表述的正好相反。与交易规则、监管、执行以及缩减频率和缓减日终操纵的严重性的合规条件相比，高频交易的影响更显著。我们的发现除了个别，对于日终操纵，包括但不限于期权到期日的不同测量，是稳健的。

高频交易导致更大的波动性或者结构不稳吗

偶尔，计算机软件会有小故障。当一个故障导致数百万的订单错误，成为市场价格大量不稳定的原因时，人们会担忧。而且，在一些人的代码中即使没有这些小错误的出现，类似2010年的闪电崩盘事件，仍会使得高频交易者应对极端市场波动性负责的推测沸沸扬扬。确实，尽管有大量的证据反对这一观点以及缺乏支持这一观点的理论，仍有相当广泛的人认为闪电崩盘是计算机驱动事件。尽管美国证监会报道了这件事情，政府报告以最大限度清晰地免除了高频交易者的责任，但是对于高频交易者应该受到谴责没有起到什么作用。

除了闪电崩盘，其他事情也无助于改善公众对高频交易的评价。例如，一个名为英飞纳姆（Infinium）的高频交易公司在2010年8月遭到调查，因为它的高频交易程序中的一个错误导致原油价格在大约1秒钟的时间内增加1美元。这样高频交易者就应该为不稳定性和波动性负责吗？

正如对这个例子的争论一样，对高频交易的指控同样适合或者更为适合于其他形式的交易。有一个瑞穗证券（Mizuho）交易员偶然地以每股1日元的价格卖出股票600 000股，而不是600 000日元/股。这里不是故意挑剔日本人的错误，仅在几个月之后，另一个交易员以510 000

日元的价格购买 2 000 股，而不是 2 股，损失 1000 万美元。在道琼斯出版物《金融时报》上有一篇有趣的文章，列举了从 2007 年 3 月 7 开始的 10 起令人震惊的人为交易错误，包括欧洲医药在内的超过 1000 亿美元的股票；一个交易员的肘部触碰了键盘的及时卖出键，导致产生一个法国政府债券的巨大期货订单；一个交易员错误地试图交易超过 81 亿英镑的股票（接近于公司市值的 4 倍）；一个交易员在一个订单的字段部分错误地输入股票在证券交易所挂牌的 6 位证券识别编码，导致 6000 万英镑的损失，等等。

高频交易是否引起波动，即使在没有错误的情况下，这恐怕还是一个问题，我们将进行实证分析。然而，这个问题需要放在一定语境中讨论。很清楚，投资者是否系统性地过高进行交易是真正值得关心的事情。如果投资者是基于剧烈的短期波动性进行交易，一些超额偿付确实会发生。如果高频交易者是短期波动性加剧的驱动者，那么应该会有很多担忧。但是常识告诉我们的结果和周密的实证分析结果一样。

市场上已经包含着，而且将继续包含着严重的经济和政治问题。1929 年的经济危机；20 世纪 70 年代通货膨胀和债券收益率的上升；1998 年长期资本管理公司的坍塌和俄罗斯债券危机，互联网泡沫的存在以及接下来股票市场下跌 50% 的事实；2008 年的经济危机（这一点我们没有太多涉及）；希腊和欧元区等问题都比高频交易对市场波动性产生的影响更大。无论是计算机，还是高频交易者都不会在实体经济投资者关心的问题上扮演任何角色。

高频交易者和波动性的实证分析

实证分析结果是，高频交易者不需要对波动性进行负责。批评者指出标准普尔 500 的波动上升由于高频交易者是市场的佼佼者引起的。

2011年9月《纽约时报》刊登文章"市场波动正成为新常态"[8]。这篇文章认为股票市场很可能"做出3%或者4%的大幅波动,比近期股票市场的任何时候都要剧烈",接着指出高频交易是其中一个可能的原因。在高频交易者网站,马诺杰·纳兰(Manoj Narang)详细陈述了这个观点,对波动性的根源做了实证分析[9]。这里我们将更新并且进行分析。

标准普尔500指数在任意给定的24小时内,都会经历两个不同的阶段。第一个阶段是在开市时间段,我们能够通过比较开盘价和收盘价衡量标准普尔的行为。第二个阶段是闭市时间段,为了理解市场这个阶段的行为,我们应该着眼于今天的收盘价和第二天的开盘价。这两个互斥段(开盘价:收盘价,收盘价:开盘价)说明了从一天的收盘时间到第二天的收盘时间指数的变化情况。

高频交易者在交易日是活跃的。他们几乎整夜处于休眠状态(记住,他们倾向于不持有隔夜头寸)。大部分影响市场的新闻会在夜间出现(虽然也有如联邦公开市场委员会的一些公告会在当天发布)。正因如此,就经验而言,隔夜(收盘价:开盘价)波动性与高频交易者无关,而日间波动性可能与高频交易者相关(或者与其他日间发生的新闻和事情相关)。前面《纽约时报》的错误之一是指出闭市到闭市的波动性会增加归因于高频交易者是市场中的佼佼者。但是我们可以通过比较市场闭市后的行为和高频交易者活跃时(市场开市时)的行为,更好地理解波动性增加的根源。

对于这个分析,我们可以观察4个参数,并对两个不同阶段的参数进行比较分析。第一个参数是标准普尔500指数从一天的收盘价到第二天的收盘价(收盘价:收盘价)变化比率的绝对值。第二个参数是单日的开盘价到收盘价(开盘价:收盘价)的百分比变化的绝对值。第三个参数是一天的收盘价到第二天的开盘价(收盘价:开盘价)的百分比变化的绝对值。第四个参数是单日的最高价到最低价的百分比变化的绝对值。我们观察 2000 年 1 月 1 日到 2012 年 9 月的数据，将 2007 年 1 月 1 日作为分割点。这是因为国家市场系统管理规则（Reg NMS）在 2007 年颁布，这个规则改变了市场结构。而且，2007 年以后，高频交易者明显活跃起来。如果批评是正确的，应该看到开盘价：收盘价波动性至少要远大于收盘价：收盘价的波动性，因为那是高频交易者可能影响价格的唯一时间段。

比较收盘价：收盘价的结果，可以发现标准普尔 500（使用 SPY ETF 进行测量）在 2000～2006 年的平均变化为 0.84%，2007～2012 年的平均变化为 1.03%。百分比增长幅度为 23%，这是高频交易者增加波动性的主要证据。然而，如果我们将数据进行自然的划分（收盘价：开盘价和开盘价：收盘价），我们将看到不同的结论，如表 16-1 所示。

表 16-1　SPY 价格变动的平均值

	2000～2006 年	2007～2012 年	变化
收盘价：收盘价	0.84%	1.03%	+23%
开盘价：收盘价（日内）	0.76%	0.82%	+8%
收盘价：开盘价（隔夜）	0.37%	0.59%	+59%
最高价：最低价	1.47%	1.72%	+17%

从这个表格可以清楚地看到，总体而言，2007 年以后波动率都有所增加，实际上日内增加幅度要小于隔夜增加幅度。日内最高价到最低价的变化增长幅度也小于隔夜增加幅度。这些数据清楚地表明市场波动性增加与高频交易者没有关系。

比较中值而不是平均值的变化情况，会发现更具明显的结论，如表 16-2 所示。这里，可以看到波动率增长幅度较小，日内波动性有点紧缩是因为高频交易者的增加！通过对比，可以得到与平均值变化分析相一致的结论，隔夜波动率的增长幅度也是最大。

我们也能检查一下大的波动是否更加频繁。为了回答这个问题，我们以同样的方法查看波动率大于等于 3% 的频率，结果如表 16-3 所示。这里，我们能看到每种情况波动率的增长情况，但是隔夜模式的波动率增长远远大于日内增长幅度。

观察更大波动情况的结果更为有趣。当计算更大波动情况（大于等于 4%）时，日内的波动率变化情况与收盘价：收盘价的结果更为一致，而最高价：最低价的波动率增加幅度继续扩大，如表 16-4 所示。

表 16-2　SPY 价格变动的中值

	2000~2006 年	2007~2012 年	变化
收盘价：收盘价	0.62%	0.67%	+8%
开盘价：收盘价（日内）	0.55%	0.53%	-3%
收盘价：开盘价（隔夜）	0.26%	0.39%	+51%
最高价：最低价	1.26%	1.33%	+5%

表 16-3　SPY 价格波动大于等于 3% 的频率

	2000~2006 年	2007~2012 年	变化
收盘价：收盘价	2.56%	5.87%	+129%
开盘价：收盘价（日内）	1.53%	2.69%	+75%
收盘价：开盘价（隔夜）	0.11%	0.83%	+629%
最高价：最低价	6.20%	10.91%	+76%

表 16-4　SPY 价格波动大于等于 4% 的频率

	2000~2006 年	2007~2012 年	变化
收盘价：收盘价	0.68%	2.97%	+335%
开盘价：收盘价（日内）	0.28%	1.38%	+386%
收盘价：开盘价（隔夜）	0.11%	0.48%	+325%
最高价：最低价	1.65%	5.73%	+248%

在更为极端的情况下，在解释 2007 年以来更大波动性的频率时，隔夜波动率不如日内波动率的解释性更强。然而，即使在这里，结论仍然不统一。首先，虽然日内波动率增加幅度较大，但是我们可以看见最

高价:最低价的波动率增长幅度相对较小。其次,正如我们检查异常事件一样,我们处理很少发生的事件。例如,自 2007 年 1 月 1 日以来,1448 个交易日中间看见 20 个交易日的日内波动至少在 4% 以上。正因如此,从这些数据得到一些严肃的结论是不明智的。

然而,有人认为高频交易者与市场波动的关联如下:大部分时间里,他们的活动与低的波动性保持一致,但是在极端情况下,他们的活动与高的波动性相一致。即使我们犯了一个大的统计错误,反对高频交易者的确凿证据是,过去五年半的时间里,日内波动率超过 4% 的 20 个例子中,高频交易者可能在一些不可知的程度上助推了那些大的波动。其他投资者确定也承受了一些谴责。但是对于其余的 1428 个交易日,高频交易者减少了波动性。

数据支持高频交易者减少波动性的一个主要原因是在固定的时间段内,买卖大约相同数量的策略不会对交易的金融工具产生净价格的影响。多头头寸产生的价格影响会在相反的空头头寸方向上抵消。既然没有影响,与高频交易者相关的波动性,甚至针对高频交易者(日内)测量的波动性实际上为 0。高频交易者的定义逻辑上排除了这个结论。

此外,资本市场的基本事实是放置限价订单不会引起波动性,更确切的是减少波动性。而放置限价订单是高频交易者活动的主要部分。订单簿中每一个订单代表着在市场到达订单簿中这个价格前必须克服的摩擦。非流动性滋生波动性,充足的流动性不会引起波动性。这个事实看上去不能引起高频交易者的对立方的注意。即使在有压力的时间段,当高频交易者必须活跃地交易时,被动地清算所获得的头寸也是经常发生的。这暗示着即使在有压力的情形下,高频交易者对流动性也有更多的贡献,下一节将详细进行阐述。总的来说,很显然他们是流动性的提供者。

闪电崩盘

许多蓝筹股在少于 20 分钟的时间内下跌大约 5%。对于较小规模的资本公司，这种情况会更糟糕。宾士域集团（Brunswick Corp）在 12 分钟的时间内下跌 9.3%（下跌超过开盘价的 22%）。有大量的交易，足以使得纽约证交所在闭市后需要花费大约两个半小时间的时间完成场内交易报告。做市商被发现由买方转为卖方时加剧了市场下跌。在一般市场，相对于理论上的情况而言，执行价格一片混乱。对于资本市场的诚信存在着大量厌恶感和失望感。伴随这件事情，许多经纪公司交易量减少、利润降低。这些事件发生在 1962 年 5 月 29 日[10]。但是它们得到与 2010 年闪电崩盘同等重要的教训。现实情况是，真实的深刻的市场危机发生时，计算机和高频交易者并不能帮上什么忙，价格方面的快速波动亦是如此。

2010 年闪电崩盘的原因有几个。第一，并且最重要的是，市场对于酝酿欧洲主权债务危机和暂时复苏的美国经济已经比较敏感。股票市场在下午 2 点 40 分急剧下跌之前已经下降了几个百分点。负面短期情绪在大量市场参与者中的作用必须予以考虑，这是 1962 年和 2012 年闪电崩盘最大的原因。

第二，沃德尔和里德（Waddell & Reed）公司的一个共同基金经理放置了一个卖出标准普尔期货的大订单[11]（看上去有点荒唐，实际是酌情决定的）。这个订单的面值大约是 41 亿美元，当市场已经开始下跌时，这个订单加剧了价格运动，足以触发更多的卖出订单，例如止损和各种类型的停止订单。这个订单进入市场的时间大约是在 2010 年 5 月 6 日下午 2:30，就在这个时间点，标准普尔 500 指数当天已经下跌 2.5%。毫无疑问这个花费 20 分钟去执行的 75 000 份合约订单推高了市场波动率。特别是，他们的交易算法在设计时并没有考虑价格波动，只是将市场容积水平作为放置每个订单规模的决定因素。但是因为他们自己的订单引起市场恐慌，从而容积增大，他们的 75 000 份合约订单成为雪球的中心。需要指出的是这件事情并没有受到任何宣判。沃德尔公司的订单是完全合法的，这背后没有什么邪恶的意图。进入市场是公司的权利，之后发生什么和这件事情毫无关系。

第三，美国股票市场围绕在不同交易所和各种金融工具类别（例如，标准普尔期货、标准普尔交易所交易基金、基金的成分股以及与这些成分股对等的一些工具）之间的关联性对于市场的震荡扮演着互相传播的角色。正如我们在第 15 章讨论的指数套利，结构性相关的金融工具的价格呈正相关关系。所以，当标准普尔期货下跌，跟踪这个指数的 ETF 会同步下跌，同样标准普尔 500 和 ETF 的成分股也会同步下跌。那么，统计相关性表明，其他相似的股票也会顺势跟随。也很少有人对这种情况有看法。一般情况下，有很多种方法表达一种投资理念是一件好的事情。每一种方法有优点也有缺点，它们倾向于与另一种工具步调保持一致，并不意味着它们之间有需要解决的问题。

第四，美国股票市场的分割起着作用。分割本身在市场结构中先于顾客的改变。在 20 世纪 90 年代后期，随着电子通信技术网络（electronic communication networks，ECN）的传播，其加速发展。与以前垄断的股票交易所之间的竞争增加驱使成本降低、流动性提高。但是假若如此，分割因为其自助模式确实与流动性崩溃有关系。国家系统市场管理规则要求，如果交易所中一个或许多个存在问题，交易所要停止与其他市场中心参与和分享信息。例如，NYSE Arca 交易所被指控技术上存在问题，导致信息量的巨大增长。（记得我们在第 14 章有关微爆发的相关讨论吗？这就是其原因。）几个交易所指出它们认为是 NYSE Arca 交易所的问题并宣布自助。这加重了分割问题，减少了流动性。这对于

塞单问题有所贡献，导致一些股票以明显荒唐的价格成交。

最后，一些高频交易投机者极其合理的停止交易的决定，加剧了闪电崩盘。他们不要求成为做市商，来自交易所的数据延迟时间对于他们而言后果是严重的。当市场明显出现问题时，反对任何不愿意参与市场异常波动的交易者是没有判断依据的。我们注意到，闪电崩盘的交易量高得惊人，所以在闪电崩盘阶段，可能非高频交易者的交易量是平常交易量的许多倍，否则的话，高频交易者不需要广泛地停止交易。

总之，高频交易者既不用对闪电崩盘负责，也不用对我们目前面对的非常现实的经济问题负责。高频交易能通过小故障或者不正当行为引起市场问题吗？当然可以。但是许多不是高频交易者的其他投资者也同样可以。他们有时会将市场弄糟，但即使这种情形出现，也没有人谈论禁止交易。为什么对程序化的交易者要有双重标准？这里，监管是很有用的，他们应该经常对代价比较大的以及疏忽性错误做出反应。首先并最合适的反馈是做出愚蠢交易的人会损失资金（例如，骑士资本）。他们也同样要对投资者进行反馈。考虑到缺乏其他有效的选择方式，这种自然的惩罚方式，加上任何必需的事后强制措施，看上去是非常合理的。

高频交易缺乏社会价值吗

这也许是我听过的对高频交易最令人失望的争论。实际上，惹人发怒的原因与高频交易一点关系也没有。从哲学的观点来看这是有问题的，令人失望的是这个观点被许多作家所接受。诺贝尔奖得主经济学家保罗·克鲁格曼在《纽约时报》的专栏上指出：高频交易通常是一个游戏中的"坏角色"（bad actors），"很难看见那些防止订单速度比别人快 1/13 秒的交易者是如何促进社会功能的"[12]。允许我明确地陈述这一点，这是一个灾难性的坏观点，尤其对于一个自我认定为自由主义的经济学家而言。

我不关心这个事情，但无可争辩的事实是，撇去这些所有相反的言论，高频交易者实际上为市场提供了大量的流动性，这促进了那些言论中有社会价值的大量其他交易者的交易活动。这无关紧要，这个问题远远超出争论的意义。

当有人提出社会价值的旗帜时，第一个想问的问题是，谁来决定社会价值含有什么以及不含有什么？对于一个投资者顺利地被判断为改进市场的社会功能的最低持有期是多长时间？在哪里可以停止社会价值的分析？做空者怎么办，对于贝尔斯登（Bear Starens）、美国国际集团（AIG）以及其他在2008年失败的公司，谁最应该受到谴责和质问？对于美国亚利桑那州尤马机场、士力架、可口可乐、香烟、枪、喷气式战斗机以及核武器的制造商又怎么样？提出社会价值这个问题可能有点太难了。烟草公司或枪支制造商的社会价值是什么？谁来决定？这是一个自由的国家，人们可以谈论和做他们想做的事情，只要他们没有侵犯别人的权利。借助于不合理的假设，这种想法直接侵犯了别人的追求。

监管注意事项

计算机是个强大的工具。工具越强大，威胁（或者好处）确实越大。虽然要求详细的审查和合理的监管，但并不要求禁止使用强大的工具。

尽管有来自市场一些焦躁的言论，但美国监管者出人意料地冷静，对这件事情考虑周全。迄今为止，对于高频交易所走的每一步看上去都很公平。禁止裸接入是一件合理的事情。证监会有关闪电崩盘的报道是具有颠覆性的，非常准确，或多或少将责任（不是指责，灾难真正发生时会发生的事情）推到正确的一方。

美国最有争议的措施之一是金融交易税（financial transaction tax，FTT）。这也是针对高频交易和对市场结构潜在改进最愚蠢的想法之一。如果这个税收不具有普遍性和全球性，那么可以将交易移动到税收比较低或者没有税收的市场。如果税收具有普遍性和全球性，以及如果高频交易者无论可图，交易可能会大幅下跌，这既会减少金融交易税的数额，也会对资本收益税收产生影响。市场容量下滑也会对银行和经纪公司造成严重的危害，风险最小和利润最高的部门成为重灾区是很可能发生的事情。银行的主要经纪业务几乎是无风险操作，能够从客户佣金里面获得大量收入。如果客户交易量减少，银行将会减少收益。这可能也暗示着大量就业机会的丧失，不仅对于银行有影响，对于与市场相关的各种交易实体也有影响。

这并没有阻止欧盟的 11 个国家采取金融交易税，但是如果它们继续沿着瑞典已经走过的路前进的话，选择金融交易税不足为奇。1984 年，瑞典实施了金融交易税。围绕着各种资产类型的交易量大幅下降，期货交易量降低 98%，债券交易量减少 80%，期权市场完全消失。到 1990 年，瑞典股票市场超过一半的交易量流向伦敦交易所。累计收入仅仅超过瑞典财政部预期的 3%，总的来说，金融交易税实际上使得瑞典财政收入减少，因为其他资本利得税收入下降，微不足道的收入远远不能抵消下降的资本利得税收入。1991 年，金融交易税被废止[13]。毋庸置疑，2012 年 10 月，瑞典没有成为加入采取金融交易税的 11 个国家之一。

讽刺的是这个税被设计为"为了恢复市场，让导致混乱的金融公司付出代价"。但是实际中，金融公司的客户（例如，对冲基金和高频交易者）确定并没有引起宽松的抵押贷款、债务抵押债券（CDO）、伪造的 AAA 评级以及其他。是金融公司的顾客，而不是金融公司支付了这笔税费。如果只有高频交易者和对冲基金支付这笔税费的话，也许许多人就不会关心这件事。但是荷兰中央银行（Dutch Central Bank，DCB）"反对欧洲金融交易税的引进，认为这会花费国家银行、养老金以及保险大约40亿欧元，从而损害经济增长"。荷兰中央银行推断在荷兰，超过40%的金融交易税的年成本（17亿欧元）是由养老金来承担的[14]。

我不太关心媒体上的口出狂言。至今我参与对冲基金已经超过16年的时间。刚开始时，很少有人知道对冲基金是什么。当他们接受了以后，对冲基金成为中伤的对象（进攻亚洲外汇市场的索罗斯，几乎破坏金融市场的长期资本管理公司，等等）。我们获得了不错的报酬，如果我们不能博得那些信任新闻报道的人的欢心作为一种补偿成本的话，我需要每天负责交易。我只是希望那些有能力做出改变的人继续采取有建设性的措施，而不是留意那些少数的对高频交易有偏见的和/或无知的意见。确实，我们应该对那些从无知的、目光短浅的或者有偏见的人们中获取的不好建议的意外结果有所警觉。

一些改进市场结构的合理想法确实存在。早就被提出（被使用在类似于期货的市场）的熔断机制是一个对过热市场降温的有效方法。结束对封闭市场的禁令，也不是在很短的时间内就能消除美国股票市场的最严重的无效性，这将进一步消除ISO订单（实际上，ISO订单不适用于所有的投资者，因为经纪商必须确定投资者能够遵守国家市场系统管理规则，许多投资者做不到）。流动性回扣目前是分层布置的，目的是最活跃的参与者能够获得最优回扣。虽然回扣本身是一件好的事情（回扣使得接受提供流动性的风险是值得的），但分层回扣使得低容量的客户通过放置被动订单获利成为不可能。更为平整（完全平整）的回扣结构将解决这个问题。最后，监管者更应该张开双臂欢迎能够让他们正确监管市场的各种技术。到如今这似乎是很好理解的，我们开始看到证监会在正确的方向采取重要的行动。

小结

　　总的来说，我尽量说明白一些，高频交易不是由邪恶的人们所操纵。他们遵守市场规则和公共准则，具备良好的意识。他们经常对当局主动汇报由他们交易引起的不合规行为。强大的计算机和快速的通信线路可能被用来操纵市场并不意味着利用这些工具进行的活动会被停止。正如用假炸弹制造威胁的人将被指控一样，操纵市场、进行老鼠仓交易以及其他坏行为也应该被指控，但是没有证据表明程序化交易者尤其应对一些行为感到内疚。而且因为几个贪污腐败的案例，呼吁禁止他们的行为是没有逻辑依据的。

　　让我们记住，一些人需要被告知对与错，如果他们无视规则将受到惩罚。美国人被告知拥有奴隶是错误的，强迫我们的孩子成为煤矿工人和烟囱清洁工是错误的以及其他的禁令。这些禁令不会使得农业或者整个农户情况变糟，不会使得家庭和父母变糟。不幸的是，它使得条例和正确的事实成为绝对必需品，因为，否则一些人将越行越远。即使有好的监管和实施，这仍会发生。但是没有什么能治愈人性的恶习。

　　高频交易并没有路边的狗那么邪恶。它不应该被禁止。诚然，一些狗的主人会让狗在你的草坪上肆意妄为，并大摇大摆地走开。这并不能说明狗比较坏，这只能说明狗的主人扰乱社会，应该受到惩罚。计算机，即使用来交易，也只是被人所使用。如果那些人是恶意或者粗心的，他们将会伤害到其他人，那他们应该被控诉。

　　但是人们因恶意或者粗心伤害别人的时间要比我们有计算机、电子通信系统（ECN）或暗光纤的时间长很多。将注意力远离参与有害活动的人们，将注意力集中在他们引起伤害的工具上，是很愚蠢的。而且，几乎每一个严肃的学术研究或者证明了从经验上来看，高频交易者增加了流动性，改进价格发现功能，或者表明了没有什么证据支持高频交易者创造了额外的波动性或者减少了市场的有效性的结论。最关键的文章经常认为问题可能来源于高频交易，但是他们很快注意到一些问题在高频交易之前已经出现，在高频交易的到来时归因于其他原因陆续出现。近期包含了更多参考内容的非常卓越的总结，能在前瞻性计划（Foresight Project）里面发现。前瞻性计划是由英国政府科学办公室来自 20 个国家的重要学者所管理[15]。

注释

1. Charles Duhigg, " Stock Traders Find Speed Pays, in Milliseconds, " www.nytimes.com, July 23, 2009.
2. http://sec.gov/litigation/admin/2012/34-67857.pdf.
3. http://topics.nytimes.com/topics/reference/timestopics/subjects/h/high_frequency_algorithmic_trading/index.html, September 26, 2012. 这篇文章将高速交易和高频交易进行合并。它混淆了原因与结果，混淆了与高频交易相关联的事情，制造了小茶杯里的大风浪（例如骑士资本近乎坍塌事件）。这是一篇相当陈旧的文章，我这么说因为有人喜欢《纽约时报》。
4. Manoj Narang, " What's All the Fuss About High-Frequency Trading Cancellation Rates?, " www.institutionalinvestor.com, June 24, 2010.
5. David Glovin and Christine Harper, " Goldman Trading-Code Investment Put at Risk by Theft (Update3), " www.bloomberg.com, July 6, 2009.
6. Douglas Cumming, Feng Zhan, and Michael Aitken, " High Frequency Trading and End-of-Day Manipulation, " available at SSRN 2145565September 12,2012.
7. Stacy-Marie Ishmael, " The Curse of the Fat-fingered Trader, " FT Alphaville, March 16, 2007, http://ftalphaville.ft.com.
8. Louise Story and Graham Bowley, " Market Swings Are Becoming New Standard, " *New York Times*, September 11, 2011, www.nytimes.com.
9. Manoj Narang, " HFT Is NOT Responsible for Market Volatility—You Are! " September 15, 2011, www.highfrequencytraders.com.
10. Jason Zweig, " Back to the Future: Lessons From the Forgotten ' Flash Crash ' of 1962, " online.wsj.com, May 29, 2010.
11. Marcy Gordon and Daniel Wagner, " ' Flash Crash' Report: Waddell & Reed's $4.1 Billion

Trade Blamed for Market Plunge," www.huffingtonpost.com, October 1, 2010, www.huffingtonpost.com.

12. Paul Krugman, "Rewarding Bad Actors," www.nytimes.com, August 2, 2009.
13. http://publications.gc.ca/collections/Collection-R/LoPBdP/BP/bp419-e.htm.
14. Maud van Gaal, "EU Transaction Tax Is 'Undesirable,' Dutch Central Bank Says," www.bloomberg.com, February 6, 2012.
15. www.bis.gov.uk/foresight/our-work/projects/current-projects/computer-trading/working-paper.

第 17 章

量化交易的展望

所有思想和行为的演变必须首先显示为异端和不当行为。

——萧伯纳

所谓的黑箱交易已经存在了30多年的时间。对于读者而言，更清楚的是，这些策略与其说是黑箱，不如说是交易者和投资者已经做过的事情的系统化实施。不幸的是，自动化过程经常伴随着危难。有时候，这是易于理解的，即人的工作岗位被自动化所取代。其他时候，无知成为恐惧的充分原因。不论哪种情况，我相信强烈反对宽客的核心牵涉甚广。我们只是过去市场的一个转折点。市场中的自动化和程序化已经在很好地进行。但是，近期仍然有充足的现象显示，那些没有做好准备参与现代市场的机构和个人是痛苦的。但由于这些投资者适应、迁移到别的行业或者撤退，非常乐于参与这些市场的更新的参与者是足够多的。

展望未来，我看见许多值得观察的有趣的趋势。毫无疑问，今天的市场要比过去更加公平和平等。然而，今天市场的透明度水平以及任凭甚至不太熟练的市场参与者和观察者使用的技术水平，对确保市场简单公平，而不只是减少不公平性形成连续的压力。我认为至少一些引起问题的因素（例如，对封闭市场的禁令）将会得到解决。

同时，这场低延迟技术竞争的尽头是一片光明。我们快速地向最小延迟的渐近极限靠拢。许多投资者喜欢市场的这个状态，因为它能将市场参与者聚焦到谁更聪明智慧的更有趣的挑战上来，而不是简单地看谁跑得更快。看上去也可能，一旦我们达到这一点，每个公司重新建设同样标准的、最高性能的技术设施的原因就会减少。平台的标准化也将减少许多对高频交易的（毫无根据的）批评，因为大家都使用同样的基础设备。

从我写这本书的第 1 版的时候开始，我所强调的研究领域的进步很小。相对简单的、频繁无效的策略仍和阿尔法模型混合在一起、仍用来管理持仓以及风险。这些都是需要研究的领域，但少见有用的文章，这些研究领域仍需改革创新。而且有关量化交易行业的研究领域几乎完全被忽略。预测一些策略未来可能盈利或者可能亏损的模型也不多见，虽然这些越来越多地被许多系统化交易公司所探索。

量化交易系统所使用的方式也需要发展。已经有一些混合量化的策略，在使用量化系统筛选机会的同时，允许对所管理的剩余流程有自由判定权。许多操作能够查明某一投资过程是否能够将人性的主观性与机器的客观性和稳定性相结合。例如，很容易想象分析师将自己的想法输入计算机系统，并允许系统确定投资者组合。换句话说，并不是使用计算机支持人类决策，而是人类输入信息支持系统决策。至少一个非常突出的有自由决定权的资本交易公司在这个领域已经做出努力，初期结果显示非常有前景。

另一方面，主要归因于计算机处理器不断增长的处理能力，复杂的机器学习方向越来越具有可行性。处理极其嘈杂的、肮脏数据具有挑战性。但是对于那些能够应对这一挑战的人而言，为了盈利，可以开发可能存在着有趣的暂时的低效性，尤其对于短期交易策略而言。

大数据（big data）是来自技术行业的一个术语，是超出标准数据库工具处理能力的大数据集。在量化交易中，它指的是通常来自网络的大数据集以及洞察到情绪的数据集。例如，大量对微博、博客以及其他网络内容进行分析，用以尽力判定网络内容是否能够预言近期股价走势的策略突然出现。

高频量化交易策略和更传统的量化交易策略的交叉点看上去是一个有趣的机会集。这些"中等频率"的策略的持仓时间要比传统的量化策略的持仓时间要短，更多聚焦于阿尔法策略。但是它们追寻多种机会，例如，利用限价订单簿预测一个小时之内或者更长时间段的价格行为，要求有在高频交易中表现较好的技术设备。正因如此，这些中等频率策略介于两种同样难于掌控的风格之间，而且机会集合也许是尤其有趣的，因为进入壁垒比较高。因为伴随着交易量减少以及竞争激烈，高频交易在许多市场越来越具有挑战性，这可能是一个值得观察的有趣领域。迄今为止，我们已经看见一些高频交易公司冒险进入资产管理业务，这些冒险业务的成功并不是振奋人心的（虽然得出这个结论还为时尚早）。也就是说，短期量化策略的需求是比较高的，当产生利润比较难的时候，资本已经被强有力地聚集在这个领域。

先前感觉太不透明的系统化交易策略被投资者越来越多地接受，是一件有趣的事情。2012年，我知道数十亿美元集中在量化基金，尤其是养老金和庞大的传统的基金中的基金（FOF），那些人曾说，"我们不会投资量化基金"。然而，太多的资金进入大型资产集合装备，相比产生阿尔法而言，他们更关心聚集资产。

确实，至少部分因为资金主要分配给最大的管理者的趋势，最近5

年已经看见公司层面的巨大变化。许多倍受尊重的量化交易机构已经倒闭，而大量的机构进入市场。2007年的量化清算，2008年雷曼兄弟坍塌以及对冲基金行业的制度化，对此有很大的影响。《多德－弗兰克法案》对银行进行自营交易的限制也导致许多有才华的人离开这个行业。许多宽客，像世界上其他人一样，失业而且看不到前景。我期望建立量化策略的更厌烦的和昂贵的方面能够得到集中和共享。一个业务结构的主要内容包括数据获取和数据管理、操作和制度管理以及执行。然而，筹集交易资金对于较小的公司和没有知名宽客领导的创新公司仍然具有很大的挑战性。

为了生存，除了一般的要求需要改进外，每天量化交易者还要面对巨大的挑战。随着大众媒体对量化交易和对冲基金妖魔化，监管者也充满了敌意。被大型投资银行加剧的经济问题、失败的IPO例子和许多其他问题已经渗透到宽客和高频交易者中。具有讽刺性的是，因果实际上是相反的方向。宽客们并没有引起问题，自2008年后期以来，宽客们因为无数的政府干预和令市场慌乱的地理政治事件倍受煎熬。在多年经历重复事件后，许多有选择的投资专业者厌恶地离开了量化交易领域。对于宽客，这可能是一个自然选择的时间段，较弱的与不幸运的公司被强制退出这个领域，较强和较幸运的公司只有更加努力才能生存下来。

推荐阅读

序号	中文书名	定价
1	股市趋势技术分析（原书第11版）	198
2	沃伦·巴菲特：终极金钱心智	79
3	超越巴菲特的伯克希尔：股神企业帝国的过去与未来	119
4	不为人知的金融怪杰	108
5	比尔·米勒投资之道	80
6	巴菲特的嘉年华：伯克希尔股东大会的故事	79
7	巴菲特之道（原书第3版）（典藏版）	79
8	短线交易秘诀（典藏版）	80
9	巴菲特的伯克希尔崛起：从1亿到10亿美金的历程	79
10	巴菲特的投资组合（典藏版）	59
11	短线狙击手：高胜率短线交易秘诀	79
12	格雷厄姆成长股投资策略	69
13	行为投资原则	69
14	趋势跟踪（原书第5版）	159
15	格雷厄姆精选集：演说、文章及纽约金融学院讲义实录	69
16	与天为敌：一部人类风险探索史（典藏版）	89
17	漫步华尔街（原书第13版）	99
18	大钱细思：优秀投资者如何思考和决断	89
19	投资策略实战分析（原书第4版·典藏版）	159
20	巴菲特的第一桶金	79
21	成长股获利之道	89
22	交易心理分析2.0：从交易训练到流程设计	99
23	金融交易圣经II：交易心智修炼	49
24	经典技术分析（原书第3版）（下）	89
25	经典技术分析（原书第3版）（上）	89
26	大熊市启示录：百年金融史中的超级恐慌与机会（原书第4版）	80
27	敢于梦想：Tiger21创始人写给创业者的40堂必修课	79
28	行为金融与投资心理学（原书第7版）	79
29	蜡烛图方法：从入门到精通（原书第2版）	60
30	期货狙击手：交易赢家的21周操盘手记	80
31	投资交易心理分析（典藏版）	69
32	有效资产管理（典藏版）	59
33	客户的游艇在哪里：华尔街奇谈（典藏版）	39
34	跨市场交易策略（典藏版）	69
35	对冲基金怪杰（典藏版）	80
36	专业投机原理（典藏版）	99
37	价值投资的秘密：小投资者战胜基金经理的长线方法	49
38	投资思想史（典藏版）	99
39	金融交易圣经：发现你的赚钱天才	69
40	证券混沌操作法：股票、期货及外汇交易的低风险获利指南（典藏版）	59
41	通向成功的交易心理学	79

推荐阅读

序号	中文书名	定价
42	击败庄家：21点的有利策略	59
43	查理·芒格的智慧：投资的格栅理论（原书第2版·纪念版）	79
44	彼得·林奇的成功投资（典藏版）	80
45	彼得·林奇教你理财（典藏版）	79
46	战胜华尔街(典藏版)	80
47	投资的原则	69
48	股票投资的24堂必修课（典藏版）	45
49	蜡烛图精解:股票和期货交易的永恒技术（典藏版）	88
50	在股市大崩溃前抛出的人：巴鲁克自传（典藏版）	69
51	约翰·聂夫的成功投资（典藏版）	69
52	投资者的未来（典藏版）	80
53	沃伦·巴菲特如是说	59
54	笑傲股市（原书第4版.典藏版）	99
55	金钱传奇：科斯托拉尼的投资哲学	69
56	证券投资课	59
57	巴菲特致股东的信：投资者和公司高管教程（原书第4版）	128
58	金融怪杰：华尔街的顶级交易员（典藏版）	80
59	日本蜡烛图技术新解（典藏版）	60
60	市场真相：看不见的手与脱缰的马	69
61	积极型资产配置指南：经济周期分析与六阶段投资时钟	69
62	麦克米伦谈期权（原书第2版）	120
63	短线大师：斯坦哈特回忆录	79
64	日本蜡烛图交易技术分析	129
65	赌神数学家：战胜拉斯维加斯和金融市场的财富公式	59
66	华尔街之舞：图解金融市场的周期与趋势	69
67	哈利·布朗的永久投资组合：无惧市场波动的不败投资法	69
68	憨夺型投资者	59
69	高胜算操盘：成功交易员完全教程	69
70	以交易为生（原书第2版）	99
71	证券投资心理学	59
72	技术分析与股市盈利预测：技术分析科学之父沙巴克经典教程	80
73	机械式交易系统：原理、构建与实战	80
74	交易择时技术分析：RSI、波浪理论、斐波纳契预测及复合指标的综合运用（原书第2版）	59
75	交易圣经	89
76	证券投机的艺术	59
77	择时与选股	45
78	技术分析（原书第5版）	100
79	缺口技术分析：让缺口变为股票的盈利	59
80	预期投资：未来投资机会分析与估值方法	79
81	超级强势股：如何投资小盘价值成长股（重译典藏版）	79
82	实证技术分析	75
83	期权投资策略（原书第5版）	169
84	赢得输家的游戏：精英投资者如何击败市场（原书第6版）	45
85	走进我的交易室	55
86	黄金屋：宏观对冲基金顶尖交易者的掘金之道(增订版)	69
87	马丁·惠特曼的价值投资方法：回归基本面	49
88	期权入门与精通：投机获利与风险管理（原书第3版）	89
89	以交易为生II：卖出的艺术（珍藏版）	129
90	逆向投资策略	59
91	向格雷厄姆学思考，向巴菲特学投资	38
92	向最伟大的股票作手学习	36
93	超级金钱（珍藏版）	79
94	股市心理博弈（珍藏版）	78
95	通向财务自由之路（珍藏版）	89

推荐阅读

金融、数学、物理、计算机及其他理工背景人士进军量化投资领域的必读之书
量化投资领域里程碑之作

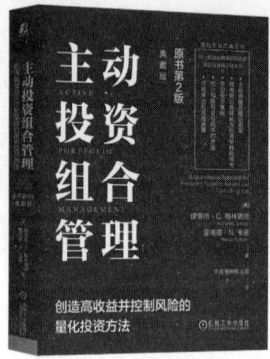 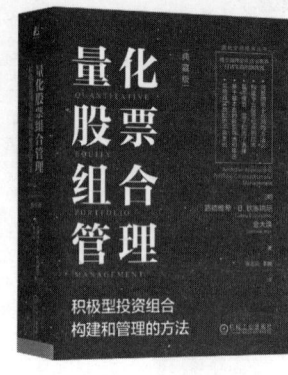 

主动投资组合管理：创造高收益并控制风险的量化投资方法（原书第2版）（典藏版）

华尔街人手一部的量化组合投资圣经
每一个打算在量化投资之路上出发的探索者都应配备这本书

量化股票组合管理：积极型投资组合构建和管理的方法（典藏版）

将金融理论在真实世界付诸实践的全方位指南
组合投资经理与MBA学生的必读书籍

投资组合再平衡：应用量化分析增强投资组合收益（典藏版）

作者钱恩平因风险平价理论闻名于业界
本书揭示了量化分析工具在组合投资中的强大威力
为再平衡操作对投资组合的风险收益特征的影响提供了数学分析和实证分析
帮助量化研究人员更好地理解组合再平衡这一细节但重要的问题